沙村凤林

罗榕华 编著

吉林文史出版社
JILIN WENSHI CHUBANSHE

图书在版编目（CIP）数据

沙村凤林 / 罗榕华编著 . -- 长春 : 吉林文史出版
社，2023.8
ISBN 978-7-5472-9461-1

Ⅰ．①沙… Ⅱ．①罗… Ⅲ．①地方文化－沙县 Ⅳ．
①G127.574

中国国家版本馆 CIP 数据核字（2023）第 107143 号

沙村凤林
SHACUN FENGLIN

编　著：罗榕华
责任编辑：王　新
封面设计：四川悟阅文化传播有限公司
出版发行：吉林文史出版社
地　　址：长春市福祉大路 5788 号
网　　址：www.jlws.com.cn
印　　刷：三河市华东印刷有限公司
经　　销：全国新华书店
开　　本：210mm×285mm　1/16
印　　张：12.75
字　　数：334 千字
版　　次：2024 年 1 月第 1 版　2024 年 1 月第 1 次印刷
书　　号：ISBN 978-7-5472-9461-1
定　　价：68.00 元

印装错误可与印刷厂联系退换。

沙村凤林

写在前面

　　沙县历史悠久，建县时县名为沙村县。唐武德四年（621年）改沙村县为沙县。2017年8月21日，沙县获授"中国地名文化遗产——千年古县"称号，无形之中沙县又增加了一张"金名片"。2021年1月12日，经中华人民共和国国务院批准，同意撤销沙县，保留"沙县"地名，设立"三明市沙县区"。沙县建县已有1600多年的历史，"沙县"这个地名沿用至今已1400余年。

　　沙县人以"沙县"这个千年古地名为荣。《沙村凤林》编纂出版之目的就是要把沙县地名作为宝贵的文化遗产加以保护，让沙县人"望得见山、看得见水、记得住乡愁"。此书名曰《沙村凤林》。沙村者，沙县旧县治所在地也，乃沙邑历史之源头。凤林者，唐中和四年（884年）新县治迁至凤林岗沿袭至今。古时该山遍植梧桐，传说曾有许多凤凰栖落山岗繁衍生息，沙溪北区域史称凤林岗，为沙邑历史之腹地。《沙村凤林》既有对沙县地名的深度溯源，又有对沙县地域文化较全面的探索。从"沙村"到"凤林"，不仅是地域的跨越县治的迁徙，更是文明的更迭，历史的纵深，其中承载着沙县的发展史、变迁史、文化史。

从《沙村凤林》中，可以让人感受到沙县这座城市的历史脉搏、人文气息和特质品位。沙县的两座城隍庙是解读沙县历史源头的密码；街市圩集之热闹可以佐证沙县曾经舟车云集的商业繁华；面朝沙溪水，可以感受到浸润历史腹地的源远流长；驻足洞天岩，可以听见唤醒亘古岁月的文明远歌；探寻古今塔，可以穿越时光隧道，体会时空的苍茫与风尘；从独特的七夕节民俗活动中，可以领略润物无声的儒家文明；而不断创新的小吃节则是吹响小吃行走江湖的号角……探索沙县地域文化，感知千年古邑气息，聆听城市脉搏心跳，对吾辈而言，举足轻重，任重道远。

"昔我往矣，杨柳依依。今我来思，雨雪霏霏。"一句"你是哪里人"，让游子对"生于斯，长于斯"思念之情油然而生，牵动游子的乡愁。沙县地名溯源与地域文化探索，对弘扬沙县地名文化，延续历史文脉，提高城市品位，增强"爱虬情怀"，有着十分重要的意义，也会让改区后的沙县儿女记住乡愁！

辛丑年冬月

目录
CONTENTS

第一编

概况

千年古邑　生态新城
物华天宝　人杰地灵
美食源地　金沙美名
实说实干　敢拼敢上

姓名：沙县

古名：沙阳

籍贯：闽（福建）

人口：250503 人（第七次人口普查）

面积：1798.83 平方千米

民族：汉族、畲族、苗族

成员：6 个镇 4 个乡 2 个街道 2 个省级开发区，191 个村（居）委会

特产：沙县小吃、沙阳板鸭、南阳葡萄、郑湖水柿、夏茂花柰等

沙村凤林
■
SHACUN FENGLIN

美丽虹城

地理位置

　　沙县地处福建省中部偏西北，位于武夷山脉与戴云山脉之间，雄踞闽江三大支流之一的沙溪下游两岸。位于东经117°32′—118°06′，北纬26°06′—26°41′。沙县最北处在高桥天台山，北纬26°41′；沙县最南处在湖源双峰山南，北纬26°06′；沙县最西处在夏茂烧香岐，东经117°32′；沙县最东处在郑湖长山坑以东，东经118°06′。

　　沙县北连将乐县、南平市顺昌县。南接大田县，西靠三元区、明溪县，东邻尤溪县、南平市延平区，沙县人民政府驻地为凤岗街道府前中路89号，距福建省省会福州市205千米。全境总面积1798.83平方千米。

地名溯源

沙县，别称"沙阳"。如果把 1600 年前的沙县比作初生儿，那么可认为"沙村县"是其乳名，"沙阳"为其别号。

沙县最早的名字叫"沙村县"，主要是因为沙县旧县治设在今县城东 5 千米的古县村，旧称"沙源地"。古县村处于河宽水缓与河窄水急的交界处上方，由于泥沙积淀，沙洲众多，古人便取"沙源地"之名。为凸显建县于"沙源地"这一特征，加上辖区散落在沙溪流域的各个村落规模较小，始称"沙村县"。沙村县始置时间，专家学者持两种观点。一种观点认为沙村县在东晋义熙年间（405—418 年）划延平南部区域设立。另一种观点认为沙村县是在刘宋元嘉年间（424—453 年），由沙戍升格为沙村县。随着南渡的中原人不断拥入，以及政权的更替和所辖政区人口不断增加，辖地也不断扩大，"村"字被去除，唐朝武德四年（621 年）改"沙村县"为"沙县"。中国人民大学历史学教授、中国地名文化遗产保护促进会副会长华林甫先生考证认为，"沙县"县名始置年份应从唐武德四年算起，若此，至 2021 年，"沙县"县名历史已足 1400 年矣。

改名"沙县"，依旧是因境内多沙洲之故。闽江主源流——沙溪，自建宁县严峰山麓发源，向南流入宁化县水茜溪，汇入翠江后再流向清流、永安、三明市区及至沙县以上河段。沿途险滩礁石密布，水流湍急，可流经沙县城区上游 3 千米的磨面坑后，河面豁然宽阔，形成"十里平流"景观，水流平缓，河沙阻滞，遂有大洲、仙洲、沙源等大片沙地堆积，可谓"多沙地带"，加之这条河也叫沙溪，所以该地区取名"沙县"。故《福建郡县·释名》载曰："沙县因'县多沙洲'而得名。"《读史方舆纪要》称："沙县，因建在闽江支流沙溪河北岸，而得名。"

唐中和四年（884 年），沙县县治由下游"沙源地"迁往上游沙溪水北"杨篑坂"。遵循古人为地理命名"山南水北为阳，山北水南为阴"的原则，沙县新县治正处沙溪之北，故沙县又别称"沙阳"。

沙溪的沙县城关河段，传说潜有一无角龙。古语云："有角曰龙，无角曰虬。"所以此河段又称"虬溪""虬江"，沙县城关则简称"虬城"。

历史沿革

沙县历史悠久，是福建省建县较早的古县之一。逐水而居的古人类（约 18 万年前）早就在沙县建县时所辖的万寿岩一带繁衍生息。东晋太元四年（379 年）沙源地已置"沙戍"；义熙年间（405—418 年）设沙村县。隋代废置。唐武德四年（621 年）复置时改为沙县，后并入建安县；永徽六年（655 年）再置；大历十二年（777 年）改属汀州。五代后汉乾祐元年（948 年）改属剑州。宋太平兴国四年（979 年），为别于蜀之剑州，闽之剑州改称南剑州，沙县隶属南剑州。元至元十五年（1278 年）、大德六年（1302 年），南剑州分别改为南剑路、延平路；至正二十年（1360

年），陈有定据守延平路，沙县为陈有定辖地。明洪武元年（1368年），明王朝平陈有定，改延平路为延平府。清袭明制。元、明、清三朝，沙县隶属不变。

民国初废除府州制，1914年，沙县属建安道；1928年沙县直属福建省。1933年底，"福建事变"中成立的中华共和国人民革命政府将沙县划归延建省，在延建省政府成立之前，政务由设在福州的闽海省省府兼理。1934年1月，中国工农红军东方军攻克沙县，成立中华苏维埃共和国沙县革命委员会。2月底，红军撤离，沙县仍为国民党统治区；同年末，沙县属第三行政督察区；1935年，沙县改属第二行政督察区。1949年6月16日，成立沙县人民民主政府，隶属福建省第二行政督察专员公署。1950年2月，属南平专员公署。1970年7月1日，改属三明地区行政公署。1983年，沙县为三明市辖县。2021年1月12日，经中华人民共和国国务院批准，撤销沙县，设立三明市沙县区。同年4月27日，沙县区正式挂牌成立。

第二编

行政

　　沙县历史悠久。沙村县设立之时，辖地广袤，南尽黄田岭（今龙岩市界），西极站岭（今江西石城县界），地界几乎涵盖了整个沙溪河流域，是当时闽中沙溪河流域的政治、经济、文化中心。2003年起，沙县辖2街道6镇4乡，即凤岗街道办事处、虬江街道办事处，青州镇、夏茂镇、高砂镇、高桥镇、富口镇、大洛镇，南霞乡、南阳乡、郑湖乡、湖源乡。

地域（政区）变迁

沙县辖区变化较大，沙村县设立之时，辖地广袤，南尽黄田岭（今龙岩市界），西极站岭（今江西石城县界），跨有如今的沙县、梅列、三元、永安、明溪、清流、宁化、尤溪、大田县市地域，几乎涵盖了整个沙溪河流域，是当时闽中沙溪河流域的政治、经济、文化中心。南唐时期，沙县辖地仍然延至闽西武平地区。明景泰三年（1452年），割出沙县二十四都部分及二十五都至三十二都，成立永安县；明成化六年（1470年），沙县又割出十九都，划归明溪。到1939年，闽西北成抗战后方，沿海内迁，人口剧增，遂划出三元、历东（今列东）、历西（今列西）等地，成立特种区，翌年成立三元县。1983年划出洋溪公社，归新成立的梅列区管辖。至此，沙县县域基本稳定。

2002年沙县调整为8镇5乡；2003年调整为2街道6镇4乡：即凤岗街道、虬江街道、夏茂镇、高桥镇、富口镇、青州镇、高砂镇、大洛镇、湖源乡、南霞乡、南阳乡、郑湖乡、湖源乡。沙县人民政府驻地设在凤岗街道。

武平原属沙县管辖地

沙县政区沿革表

朝（年）代		隶属	县名
夏、商		扬州	
周		七闽地	
春秋战国		楚地	
秦		闽中郡	
汉	神爵四年（前58年）	会稽郡冶县	
	建安初（196年）	会稽郡	
三国	吴永安三年（260年）	建安郡	
东晋	太元四年（379年）	建安郡	
东晋	义熙年间（405—418年）	建安郡	沙村县
南朝	刘宋元嘉年间（424—453年）	建安郡	沙村县
隋	开皇元年（581年）	隶建泉州	沙村县
	开皇十八年（598年）	隶建泉州	废
	大业年间（605—616年）	闽郡、建安郡	
唐	武德四年（621年）	建州	改沙村县为沙县
	永徽六年（655年）	汀州	复置沙县
五代	后汉乾祐元年（948年）	剑州	沙县
宋	太平兴国四年（979年）	南剑州	沙县
元	至元十五年（1278年）	南剑路	沙县
	大德六年（1302年）	延平路	沙县
明	洪武元年（1368年）	延平府	沙县
民国	1914年	建安道	沙县
	1928年	直属福建省	沙县
	1934年末	第三行政督察区	沙县
	1935年	第二行政督察区	沙县
	1949年6月16日	福建省第二行政督察专员公署	沙县
中华人民共和国	1950年2月	南平专员公署	沙县
	1970年7月1日	三明地区行政公署	沙县
	1983年	三明市	沙县
	2021年	三明市	沙县区

街道（乡镇）概况

2003 年起，沙县辖 2 街道 6 镇 4 乡。即凤岗街道办事处、虬江街道办事处；青州镇、夏茂镇、高砂镇、高桥镇、富口镇、大洛镇；南霞乡、南阳乡、郑湖乡、湖源乡。

将沙县乡镇名称编成口诀，曰：二高二南二湖（高桥、高砂，南阳、南霞，郑湖、湖源）；虬凤青夏皆大富（虬江、凤岗、青州、夏茂、大洛、富口）。

凤岗街道办事处

凤岗街道办事处位于县城主城区，是沙县区政治、文化、商业、金融服务中心所在地。辖区北邻富口、高桥镇，南面与虬江街道隔河相望，西面与三明梅列接壤，东接琅口村、高砂镇。唐乾符年间（874—879 年），驻仙洲的崇安镇将邓光布首倡将沙县县治由沙源地迁往凤凰山下凤林岗杨篑坂，"凤岗"之名由此而来。

凤岗从宋至清，县治所在地皆分为东西二坊，西为和仁坊，东为兴义坊；1940 年改设为和仁、兴义两镇；1943 年 10 月，兴义、和仁 2 个镇并为凤岗镇。1949 年设为凤岗一区。1958 年置城关人民公社。1963 年改为城关镇。1984 年 10 月，原虬江公社位于城区的 7 个生产大队并入城关镇，更名为凤岗镇。2000 年 12 月，原西霞乡撤销改际口乡，尔后又撤销际口乡，将其行政区域以及琅口镇古县村划归凤岗镇管辖。2003 年 9 月，撤销虬江、凤岗、琅口 3 个乡镇建制，以沙溪河为界、南北两块进行区划整合，以北由原虬江乡水北片的西郊、垅东、水美、井后、三姑、漈岩、灵元、龙坑 8 个建制村和原凤岗镇北片 7 个社区（石桥、城西、府西、城北、莲花、府前、东门），13 个建制村（大洲、西门、西山、北门、庙门、东山、古县、漈口、西霞、村头、根坑、际硋、张坑湾）整合组建凤岗街道办事处。

沙县城区

凤岗地势从东北、西南、正南方向向沙溪河谷倾斜。辖区最高点为三姑村的狮子峰,海拔1007.4米,最低点(城区)海拔约100米。辖内溪河均属沙溪水系,沿岸的"十里平流""仙舟半岛""廿八曲性天峰",古县溪面的"月牙平湖"等为自然独特的山水风光。矿产资源有稀土、高岭土、黏土、花岗岩、砂石等。三明沙县机场坐落境内,鹰厦铁路、省级沙将公路304线、福银高速公路三明连接线穿境而过。省级经济开发区金沙园坐落辖区内。旅游资源约占全县总量的50%,共有40多个大小景点景物。沙县小吃城为国家AAAA级景区,淘金山为省级风景名胜区。水美土堡群为国家一级文物保护单位。虬溪试院(兴国寺)、沙县城隍庙、豫章贤祠(罗从彦纪念馆)3处为省级文物保护单位;沙县步行街、人民体育公园、龙湖公园亦独具地方特色。

虬江街道办事处

虬江街道位于沙县中西部,地处城区和城郊,北与凤岗街道隔沙溪河相望,南与大洛镇、南霞乡毗邻,西南与三元区洋溪镇交界,东与高砂镇、南阳乡接壤。传说沙溪河沙县城关段古时有一无角小龙"虬"潜伏而称"虬江",城关因此也称"虬城"。此地原为城关公社,1981年7月,在地名普查时,为避免和城关镇同名,将城关公社更名为虬江公社,后沿用为街道名。

虬江,宋代为新昌乡感义里;元代为崇善团;明清时为九都;中华人民共和国成立后,分别归沙县第一区凤岗镇和第二区镇头乡管辖;1958年4月,分别归城关人民公社、镇头公社管辖;1981年7月,城关公社改名虬江公社;1984年10月,虬江公社位于城区的7个农业生产大队并入凤岗镇,虬江公社改为虬江乡,镇头公社改为琅口乡;1993年5月,琅口乡改为琅口镇;2003年9月,撤销虬江、凤岗、琅口3个乡镇建制,以沙溪河为界,南北两地进行区划整合,由原虬江乡的洋坊、金泉、墩头、长红、官南5个村委会,原琅口镇全境的13个村委会(柱源、茅坪、镇头、茶丰峡、曹元、田坑、田口、琅口、后底、麦元、肖墩、山峰、安坪),原凤岗镇的城南居委会和水南村委会组成虬江街道办事处。

虬江街道区位优越,交通便捷。205国道、省道304线穿境而过,市县快速通道、县道琅南公路与沿线各村的乡村水泥道路相接;三明生态新城、昌福(向莆)铁路三明北站位于境内;南三龙高速铁路、厦沙高速公路贯穿境内。主要溪流有张尖溪(墩头溪)、洛溪、南溪(琅溪、洛阳溪),溪上建有官蟹航运枢纽上院码头。矿产资源有钾长石、黏土、瓷土等。省级循环经济示范单位——沙县金古经济开发区位于境内,三明市农业科学研究院坐落于境内柱源村。茶丰峡村为市级历史文化名村,省级文物保护单位有陈氏大厝(孝子坊)等。

夏茂镇

夏茂镇地处沙县西北部4县(沙县、将乐、顺昌、明溪)交界处。北与将乐县、顺昌县接壤,南接富口镇,西与明溪县毗邻,东邻高桥镇。镇驻地古称"下茂",相传隋代胡郡守巡行到此,见其土肥物茂,故改名"夏茂"。

夏茂宋代为翔鸾乡,辖礼宾里、化剑里;元代为下仁团、卢源团、耆甘团、重兴团、善庆团,共5团;明清为十五都、十六都、十七都、十八都4都以及夏茂街8坊;1915年,夏茂地区为底北区;1949年5月28日,夏茂地区仍设夏茂镇、儒罗乡、彭梨乡、高桂乡;1958年10月,成立

夏茂镇全景

夏茂人民公社；1960 年 4 月，顺昌扶延、板山仔、瓦溪 3 个自然村划归夏茂公社；1961 年 10 月，成立夏茂工委，划分为夏茂、儒元、梨树 3 个小公社；1963 年 11 月，撤销工委，析出梨树公社，将夏茂、儒元 2 个公社合并为夏茂人民公社；1984 年 10 月，改为夏茂镇；2002 年 10 月 16 日，梨树乡的梨树村、中堡村、月邦村、坡后村 4 个村并入夏茂镇。此后，夏茂镇辖东街、中街、西街、水头、儒元、上碓、岩坑、车溪、俞邦、松林、乐厝、瓦溪、倪居山、大布、洋元、李窠、长阜、溪口、新建、罗坑、洋邦、岩观、后垅、梨树、中堡、月邦、坡后 27 个行政建制和 1 个夏茂社区。

夏茂镇地理位置优越，交通便捷，区位优势明显。福银高速公路、304 省道和向莆快速铁路贯穿全境。夏茂是沙县粮食主产区，也是全国重点镇、全国文明村镇、省级商贸重镇和三明市小城镇建设中心乡镇。夏茂镇是中央苏区闽赣省的重点区域之一，是红色老区镇，多名老一辈无产阶级革命家曾在这里留下他们战斗的足迹；也是著名经济学家、厦门大学博导邓子基教授的故乡。名胜古迹有桃源洞别墅、龙归洞、进谷桥、彭邦天后宫（妈祖庙），以及罗邦塔、文昌宫、天湖净寺、崇圣寺、隆福寺等；民间流行大腔戏、梆子腔、夏茂山歌、舞龙、游春牛、舞鱼、迎烛桥等传统民俗文化。

青州镇

青州镇位于沙县东北部，地处三明、南平交界处，西北与高桥镇相依，南和郑湖乡毗邻，西南与高砂镇接壤，东与南平市西芹、王台乡交界，古有"远县近府"之说。青州地名来源于当地沙溪东部的冲积地"沙洲"，根据汉代五行学说，东方谓"青"，故引申称为青州。另一说法是指镇驻地青州村三面环山，青松葱茏，恰好其对面河滩又有一大沙洲，故以"青松"和"沙洲"各取一字，作为村名。

青州宋朝时属新昌乡洛阳里；元朝属牛溪团；明清时为一都和二都；1915 年，沙县分设三区，青州属下南区，1940 年单设为青溪乡。1949 年 12 月，青溪乡属第三区辖；1958 年撤区并乡，设青州乡；1958 年 9 月实行公社化，高砂区改为万能公社，青州归万能公社管辖；1961 年万能公社分成高砂、渔珠、青州 3 个小公社，同属高砂工委管；1963 年撤销工委，3 个小公社并入高砂公社；1972 年 12 月再度划出成立青州公社；1984 年 10 月改为青州镇。至今，青州镇辖青州、洽湖、异州，坂山、澄江楼、涌溪、管前、胜地、溪坪、前山、朱源、后洋 12 个建制村。

青州砂石资源丰富，有涌溪石门庵的红岩石，马铺石壁窠的花岗岩等。鹰厦铁路、205 国道、福银高速公路穿境而过。全省三大纸厂之一的福建省青山纸业股份有限公司坐落境内。有青平山景区、坂山天湖山寺景区，有美丽乡村澄江楼，以及青山公园等。有织布、建材、竹制品、香料、造纸等特色产业。

富口镇

富口镇位于沙县西北部，北接夏茂镇和高桥镇，南与三元区陈大镇接壤，西与明溪县夏阳乡为邻，东连凤岗街道。因自古物产丰富，又地处水北交通关口，旧时曾是高桥、夏茂、梨树等地乡民进城必经之地，加之集市贸易繁荣，乡民富庶，故称“富口”。

富口开村于元朝，属石团；明清时期为十都、十一都。1915 年属前北区，区署设富口乡；1934 年属第六区；1936 年为第三区署的延富联保；1930 年 2 月改联保为乡镇，称富溪乡。1949 年 8 月属凤岗区管辖；1951 年 7 月成立沙县第八区（富口区）；1958 年 4 月撤销区公所，改为富口乡；1958 年 10 月更名为东风人民公社；1961 年设富口工委，辖富口、柳坑、盖竹 3 个小公社；1963 年 11 月又将 3 个小公社合并成立富口公社；1984 年 8 月改为富口乡；1993 年 1 月撤乡设镇，成立富口镇。富口镇现辖富口、岩地、白溪口、延溪、姜后、洋花坑、柳坑、白溪、荷山、堆积坑、郭墩、盖竹、山余、池村、罗溪 15 个建制村。

富口镇山清水秀，气候宜人，拥有丰富的土地、木竹、水电、矿产等资源，其中旅游资源极其丰富，被誉为“沙县后花园”。有省级森林公园大小佑山；省级风景名胜区七仙洞；省级森林保护区（罗卜岩楠木种源自然保护区）是国内唯一以楠木为保护对象的自然保护区，楠木分布面积达 67 公顷。地方民艺有迎烛桥、迎铁枝、大腔戏等。富口镇还是中央苏区重镇，荷山村为“中央红军村”。村里至今还保留着当年指挥战斗的司令部、红军医院、造币所、通信站等大量红色遗址。

富口镇全景

高桥镇

高桥镇位于沙县正北部，北与顺昌县郑坊乡接壤，南接高砂镇、凤岗街道，西和富口镇、夏茂镇毗邻，东邻青州镇、南平王台乡。高桥镇古称崇信乡，高桥村古称德星里。宋开宝八年（975年年）里人张确科举状元及第，回乡正值村里建桥，为取高第之意，故取名为"高桥村"。镇政府驻地位于高桥村。

高桥，宋代为翔鸾乡化剑里；元代为善居团、善宁团；明清时属十二、十三、十四都；民国初属东区，1934年为第二区高桥乡；1936年属高官、桂林联保；1943年10月为高桂乡。1950年2月，以高桂乡增设沙县第六区；1952年8月改设为高桥镇；1955年撤销镇建制，复为高桥区；1956年10月并入夏茂区工委管辖，成为下半区；1958年10月撤销下半区建制，成立高潮人民公社；1963年11月为高桥公社；1984年8月改为高桥乡；1993年1月改设为高桥镇；2002年9月，梨树乡撤乡，原梨树乡新桥村、池窠村、泉水峡村并入高桥镇。高桥镇现辖高桥、安田、官庄、新坡、黄溪坑、上里、正地、杉口、官林窠、上坑、桂岩、新桥、池窠、泉水峡14个建制村。

高桥镇交通便利，福银高速公路、省道304线穿境而过，具有较好的区位优势，属农业大镇、林业强镇、工业重镇。高桥历史悠久，人杰地灵，素有"千年古镇，状元之乡"之美誉。民间游艺有舞香龙、迎竹龙等。

高砂镇

高砂镇位于沙县中部偏东地段，在沙溪河的两岸。北接青州镇，南与虬江街道为邻，西靠凤岗街道，东与郑湖乡接壤，西北毗邻高桥镇，西南连接南阳乡。高砂镇地处沙溪河畔，古时因沿河泥沙冲积，滞堆成高地（方言称"窝沙"）而得名。

高砂，宋代属新昌乡洛阳里；元代属杨溪团；明清时为五都；1915年实行区乡制，属下南区；1934年全县划分为7个区，高砂乡为第四区；1940年改为高砂乡。中华人民共和国成立初期为高砂区，辖高砂乡、青溪乡、郑湖乡；1951年划分为高砂、南阳两个区；1956年又合并为高砂区；1958年初撤区并乡时成立高砂、南阳两个指导组；1958年10月，高砂指导组改为万能人民公社；1961年划分小公社，万能公社分为高砂、渔珠、青州3个小公社，同时成立高砂工委管辖3个公社；1963年3个小公社合并为高砂公社；1972年从高砂公社分出另立青州公社；1984年8月高砂公社更名为高砂乡；1993年1月撤乡改为高砂镇。高砂镇现辖高砂、椒畔、岭兜、端溪、上坪、阳溪、龙慈、龙江、渔珠、冲厚、小洋、柳源、员墩溪13个建制村。

高砂镇区位优越，鹰厦铁路、205国道、沙溪航运枢纽、福银高速公路穿境而过。樟墩村属革命老区基点村。高砂工业集中区为沙县区委、区政府确定的"二园六小区"之一，设有占地规模133公顷的高砂工业集中区，产业发展定位以化工、林竹、造纸为主。

大洛镇

大洛镇地处沙县南部，北至虬江街道，南与湖源乡、大田县相连，西与三元区洋溪镇交界，东与南霞乡、尤溪县八字桥乡相接。镇驻地原名"大乐"，因建村开基人姓乐而得名，后以谐音改名为"大洛"。

大洛开村于宋，属翔鸾乡礼宾里；元代为仪奉团；明清时期为二十都。1936年属第二区署洋官联保，后属杨光乡；中华人民共和国成立初期成立沙县第五区，包括大洛、洋溪、湖源；1958年4月，撤区成立上游人民公社；1961年9月为大洛公社，当年划分小公社时，大洛公社分为大洛、洋溪、湖源3个公社；1963年，大洛和洋溪又合并为大洛公社，1972年冬再度和洋溪公社分立；1984年10月，大洛公社改为大洛乡；2000年7月撤乡改镇。大洛镇现辖大洛、官昌、昌荣、高坑洋、张田、华口、罗坑源、中洋、陈山、前村、后溪、宝山、山际、文坑14个建制村。昌荣村系县（区）内唯一的少数民族（畲族）村。

大洛最高山峰锣钹顶海拔1537米，位居全县之冠。主要名胜古迹有锣钹、蓬仙岩、前村舍利塔、上坂摩崖石刻，另有，宝山、张田、华口土堡、陈山寨邓茂七练兵场，吕峰山邓茂七起义旧址等。大洛镇盛产毛竹、竹笋、商品材、水果、药材等农特产品，是沙县、尤溪两县边界地区的商品集散地和特色经济的繁荣带。民间技艺有剪纸、刺绣等。

南阳乡

南阳乡位于沙县东南，北临高砂镇，东北与郑湖乡毗邻，西北紧接虬江街道，西南紧靠南霞乡，东南与尤溪县西城镇接壤。乡驻地原名"水潮阳"，因地处低洼，且暴雨时河道窄浅、流速慢，田地、街道常被淹没，成一片"汪洋"，故而得名。民国时期，将水潮洋改名潮阳乡，中华人民共和国成立后更名为南阳乡，系因该驻地村内有一山名"南山尾"，故把"南山尾"和"潮阳"各取一字，合并为"南阳"。

南阳，宋代属新昌乡感义里；元代属下水源团；明清时属六都、七都；1934年属第四区；1936年属第一区；1940年2月为潮阳乡；1949年8月属镇头区；同年12月属第二区；1951年3月与郑湖乡并为第四区，1956年10月撤销；1958年4月为南阳乡；1958年10月成立红专人民公社；1961年9月改为南阳公社；1984年8月改为南阳乡。南阳乡现辖南阳、风坡洋、西坑、坡科、

南阳乡全景

木科、华村、大基口、大基、竹山 9 个建制村。

南阳乡历史悠久，境内有县级文物保护单位邓将军墓、罗岩庙。其中邓将军墓为沙县开县始祖崇安镇将邓光布墓葬，始建于唐末。罗岩庙始建于宋嘉定六年（1213 年）前，位于华村罗岩华峰上，地处危崖峭壁，古木参天，层楼叠宇，远望如悬空寺，为自古以来就是各地游客游览、观光、朝拜的好去处，是沙县重要旅游景点之一。

南霞乡

南霞乡位于沙县东南部。南依大洛镇，东邻尤溪县，西北与虬江街道接壤。乡驻地原名南坑仔村，因村内有条水坑叫东坑，村庄又为坐南朝北，故名。1984 年南坑仔公社改为南霞乡，乡名由原所辖的"南坑仔""霞村"两个小公社名称首字合并而来。

南霞，宋代为新昌乡感义里；元代属下水口团；明清时大部属八都。1936 年属第一区的联保。1949 年 8 月废保甲，南霞乡属于镇头区；同年 12 月，全县调整为 5 区，南霞乡属于第二区；1951 年 7 月将原二区南坑仔划为第九区；1955 年 2 月撤销南坑仔区（第九区）；1958 年 4 月为南坑仔乡、霞村乡；同年 10 月并入卫星人民公社；1961 年 9 月为南坑仔公社、霞村公社；1963 年 11 月，两个公社合并为南坑仔公社；1984 年 10 月改公社为乡，为南霞乡。南霞乡现辖龙泉、泮岭、下洋、蒋坡、东周、龙松、南坑仔、松树坑、霞村、茶坪、溪源 11 个建制村。

南霞乡山清水秀，旅游资源丰富，近年大力建设"两岩"（松柏岩、董公岩）乡村游景区，发展的休闲旅游观光产业带，打响"南霞乡村游"品牌。南霞乡大力发展特色农业和观光农业，着力培育千亩烟叶基地、千亩制种基地、千亩无公害茶叶基地、千亩金柑基地、千亩茶油基地 5 个千亩基地。南霞泥鳅粉干属于沙县名小吃。土特产品有茶油、青壳蛋、黄花菜等。民间游艺有舞狮队、大腔戏等。

郑湖乡

郑湖乡地处沙县东南部，东界南平，南靠尤溪，西毗南阳、高砂，北接青州。明朝初年，河南胡氏渡江南下，迁至九曲溪（今乡所在地）繁衍生息。九曲溪因日月变迁渐渐形成湖，并与所住胡姓村相结合，得名"湖源"。1947 年增设湖源乡，因与上湖源同名，遂从其所辖村"郑垱村""湖源村"中各取一字，称"郑湖"。

郑湖，宋代属新昌乡洛阳里；元代属下牛溪团；明清时属三都、四都。1934 年属第四区；1936 年为第一区署郑墩联保；1940 年 2 月为郑墩乡；1943 年为郑湖乡。1949 年 6 月沙县沿袭民国时期保甲区划，郑湖乡属高砂区管辖；同年 12 月属第三区；1951 年 3 月，郑湖乡与潮阳乡合并为第四区；1958 年 4 月为郑墩乡、郑湖乡；1958 年 10 月成立红专人民公社，后又改名南阳公社；1979 年 7 月从南阳公社分出，成立为郑湖公社；1984 年 8 月为郑湖乡。郑湖乡现辖郑湖、杜坑、大炉、箭坑、长村、上洋、庆洋、高地、徐墩、郑墩、岭头 11 个建制村。

郑湖民间艺术有杜坑板鸭制作、高地大腔戏、徐墩剪纸、大炉木雕等。名优特农产品有郑湖水柿、板鸭、高山晚熟水蜜桃。主要名胜古迹有杜坑五家大院、庆洋白鹤山、郑湖村伏虎庙、金和亭庙等。

湖源乡

　　湖源乡位于沙县境最南端，北接大洛镇，南与大田县广平镇接壤，西与三元区中村乡毗邻，东靠尤溪县八字桥乡。湖源乡因湖水聚集于此而得名，意思是"湖水源头之地"。元朝末年，大洛华口人到此开基建村，因此地是个高山盆地，古时经常受淹成湖，且洛溪、黄墩溪、铭溪都在此起源，故名为"湖源"。

　　湖源，宋代属翔鸾乡礼宾里；元代属仪奉团；明清时属二十都。1947年设湖源乡；1949年12月属沙县第五区（洋溪区）；1958年10月属上游人民公社，后上游人民公社更名为洋溪公社；1960年8月洋溪公社与大洛公社合并，改称大洛公社；1961年9月，大洛公社划分为大洛、洋溪、湖源3个小公社；1984年10月，湖源公社改为乡建制，更名为湖源乡。湖源乡辖圳头、锦街、锦湖、城前、西洋5个建制村。

　　湖源乡矿藏资源较为丰富，有石灰石矿、高岭土矿、金矿、铁矿、煤矿等。农产品以蔬菜、茶叶、竹笋、黄花梨、金薯、食用菌为主。名胜古迹有龙会桥、亭峡万民宫、鸾凤洞（仙妈亭）等。城前村为红色文化村。民间特色艺术有迎花灯、迎龙、迎烛桥、打狮、迎铁枝等。

湖源乡

第三编

自然地理

　　沙县地势由两侧向中部倾斜，较高山峰大部分分布在西北部和东南部，形成两处大致平行的作东北向延伸的中山区。西北部山脉由将乐县烧香岐入境，经雪峰山、天湖仔到天台山，最高峰——雪峰山海拔1299米；东南部山脉由大田县五马槽入境，往东北经补锅洞、乌石顶到南阳的长山坑后山，最高峰——锣钹顶海拔1537米。

　　沙溪发源于宁化县泉上和建宁县均口的山脉，呈西南、东北走向横贯沙县，在青州镇洽湖附近流入南平市，全流域面积1.1万平方千米，境内长约56千米。沙县河流主要由沙溪及其支流东溪、豆士溪、南溪、马铺溪、澄江楼溪等水系组成。

沙县境内大小山峰总数不下千座，山峰以中、低山和丘陵为主。本文遴选各乡镇几座代表山峰，详列如下。

沙县山川

凤岗山，在凤岗街道北，旧称县治镇山，原沙阳八景之一的凤岗春树即在此山，海拔 161 米。现已辟为住宅区。

凤凰山，在凤岗街道南，海拔 163 米，与凤岗山隔溪相望。南门浮桥未拆除之时，一桥连两山，有"双凤衔书"之美称。

怡山，俗称栖云山，在凤岗街道西 2.5 千米处，海拔 330 米。山有栖云寺，为沙县名寺之一。

洞天岩，在凤岗街道西面 2 千米处，海拔 206 米，有洞天瀑布，为沙阳八景之一。

淘金山，俗称华山殿，在凤岗镇西面 3 千米处，海拔 501 米。省级风景名胜区。

豸角山又称獬豸山，俗称背后山，在凤岗街道西面 3 千米处，淘金山东北。海拔 408 米。山上有石垒的塔，叫背后塔。

大罗山，又称大灵山，在凤岗街道西面 4 千米处，豸角山北面。海拔 260 米。

性天峰，俗称二十八曲，在凤岗街道东 2 千米处，海拔 351.4 米。旧有性天庵，已圮。现已由群众集资重建，曰性天寺。

天王山，在城西北路北侧，旧有天王寺，唐宋时已为沙县名寺之一，现庙宇遗址尚在。

蕉坑岭，在凤岗西郊村，城西北9.5千米处，海拔559米。

狮子峰，在三姑村，凤岗街道西北9千米处，海拔1011米。

莲花峰，在凤岗西霞，海拔749.1米，山庙内石形似莲花得名。

来宝山，在根坑村，西霞北面12千米处，海拔882.4米。

珠峰，在墩头，虬江街道西南14千米处，海拔1128米，山上有古松、古寺。

大坑，又名峡仔头，在长红村，虬江街道东11千米处，海拔605米。

铁钉寨，在官南村，虬江街道东南7.5千米处，海拔719米。

虎头岩，在茅坪村，琅口村北3千米处，海拔465.5米。

大钟山，在曹元村，琅口村东7千米处，海拔565.5米。

松尾岩，在肖墩村，琅口村南10千米处，海拔765米。

岩坑麒，在山峰村，琅口村东南10千米处，海拔732.8米。

天湖山，在坂山村，青州镇西8千米处，海拔939米，山上有天湖山庵。

金井岩，在胜地村，青州镇东南7千米处，海拔778米。

白鹤山，在庆洋村，郑湖乡北17千米处，海拔911米。

斜刀山，又名斜刀岩，在长村村，郑湖乡东12千米处，海拔1162米。

山岩殿，在岭兜村，高砂镇南4.5千米处，海拔391米。旧有仙奶殿。

天子峰，在小洋村，高砂镇东7千米处，海拔687米，旧有齐天大圣殿。

天子墓，在龙慈村，高砂镇西7千米处，海拔367米，与天子峰隔溪相对。

井头祺，在柳源村，高砂镇东南10千米处，海拔781米，盛产林木。

五马落槽，在竹山村，南阳乡东南7千米处，海拔1015米。

山雷钵石，在大基村，南阳乡西南7.5千米处，海拔880米。

乌石顶，在大基村，南阳乡南8.5千米处，海拔1249米。

金鸡岩，在木科村，南阳乡东北7千米处，海拔713米。

罗岩山，在华村，南阳乡东南2.5千米处，海拔872米。山上有罗岩庙。

观音岩，在南坑仔村，南霞乡东5千米处，海拔1133米，山上有石洞，称观音洞，可容数十人。

松柏岩，在茶坪村，南霞乡东北23千米，海拔895米，山上有仙奶庙。

西金山，又称吴早山，在高桥村，高桥镇西0.5千米处，海拔295米。宋宣和三年（1121年）进士、显谟阁待制张致远居山中，自称吴早山人。

天台山，在桂岩村，高桥镇北25千米处，海拔1078米。山

罗岩山

上有元朝建的石庵，雷雨交加时雨水绕殿而入，民间称为洗殿。

　　文笔峰，又名赐紫山、狮子峰，在夏茂镇东街东 2.5 千米处，海拔 390 米。山上有石塔。

　　倪居山，又名倪家山，俗称分水界，在夏茂镇西北 18 千米处，海拔 950 米。山上有古铁矿遗址。

　　雪峰山，又名扶摇山，在新建村，夏茂镇西 22 千米处，海拔 1299 米。

　　大佑山，在盖竹村，富口镇西南 17 千米处，海拔 1276 米。

大佑奇峰

　　小佑山，在盖竹村，富口镇西南 19 千米处，海拔 811 米。

　　七仙洞山，在郭墩村，富口镇西偏南 7 千米处，海拔 533 米。因石灰岩溶洞七仙洞而得名。

　　莲花山，在荷山村，富口镇西北 18.5 千米，海拔 1007 米。

　　罗卜岩山头，在荷山村，富口镇西北 19 千米，海拔 642 米。山上有楠木自然保护区。

　　锣钹顶，在陈山村，大洛镇西 14 千米处，海拔 1537 米，为沙县最高山。

　　文笔顶，在中洋村，大洛镇西南 12 千米处，海拔 932 米。

　　五龙顶，在圳头村，湖源乡南 5 千米处，海拔 1280 米。

　　五瓶酒，又称五马槽，在锦街村、湖源乡西 9 千米处，海拔 1277 米。

河流

　　沙县境内河网密布，具有树枝状的河流水系，南部各河流域呈狭长形，北部河流流域呈扁圆形。沙县流域面积大于 500 平方千米的河流有 2 条，即沙溪和东溪；流域面积在 50—500 平方千米的河流有 12 条，即夏茂溪、富口溪、高桥溪、安田溪、坡后溪、马铺溪、郑湖溪、豆士溪、洛溪、南溪、澄江楼溪、畔溪；流域面积在 10—50 平方千米的河流有 26 条，即大仕溪、后垄溪、龙峰溪、西霞溪、罗溪、白溪、土桥溪、佑溪、荷山溪、林墩溪、桂岩溪、陈山溪、霞村溪、大基溪、涌溪、异州溪、渔溪、阳溪、玉口溪、高溪、洞天岩溪、墩头溪、水美溪、井后溪、北坑溪、陈村溪；流域面积在 10 平方千米以下河流有 32 条。各河流均流入沙溪，然后汇集东流，其中夏茂溪、富口溪涉及明溪县；高桥溪、澄江楼溪、异州溪涉及南平市顺昌镇、来舟镇、西芹镇；山氽溪、陈村溪、北坑溪、南洋溪涉及三元区；圳头溪涉及大田县。

高桥农田

七彩大地

官南瀑布

罗岩飞瀑

沙村凤林

SHACUN FENGLIN

生态新城湿地公园

沙县境内主河流流域表

河流名称				流域内主要地名	河流发源地	河口名称	河道长度（千米）
东溪	夏茂溪			夏茂、高桥、富口	夏茂倪居山	东门	63
		大仕溪		溪坪	大仕溪	溪坪	9.1
			上碓溪	上碓	上碓	上碓	2.1
		后垄溪		后垄	后垄	后垄	7.9
		长阜溪		长阜	长阜	长阜	8
			新建溪	新建	新建	新建	7.2
		龙峰溪		瓦溪、松林	龙峰山	俞邦	13.7
			瓦溪	瓦溪	瓦溪	瓦溪	4.6
	畔溪			桂岩、金陵口、西郊	狮子峰	东门	20
	西霞溪			际口、西霞	根坑	际口	9.5
	富口溪			陈邦、富口、马山	明溪七姑山	马山	27
		罗溪		罗溪、姜后	罗溪	姜后	5.03
		白溪		白溪、林村、白溪口	黄地	白溪口	15.1
			下宝山溪	下宝山	下宝山	下宝山	3.5
		土桥溪		富溪源、土桥、富口	富溪源	富口	3.6
		南远坑溪		南远坑溪	南远坑溪	石门	2.9
		佑溪		佑山	佑山	后洋	8.2
		堆积坑溪		堆积坑、陈坑	堆积坑	陈坑	2.3
		岩坑溪		岩坑	岩坑	岩坑	1.2
		荷山溪		荷山	恒山	荷山	3.5
		山茶溪		石头窠	石头窠	石头窠	2.5
	高桥溪			杉口、高桥、新坡	顺昌榜山	官庄	22
		安田溪		上里、新坡	鸠婆岩	新坡	15
			上里溪	上里	上里	安田	2
			淞溪	淞溪	淞溪	淞溪	2.1
			鳞鲤桥溪	鳞鲤桥	鳞鲤桥	鳞鲤桥	2.5
		坡后溪		坡后、中堡、新桥	居洋	高桥	17
		富源溪		富源	富源	富源	3
		林墩溪		林墩	林墩	林墩	3.9
		桂岩溪		桂岩	桂岩	桂岩	8.6
马铺溪				郑湖、郑墩、涌溪	金峰山	涌溪	29
	黄坑林溪			黄坑林	黄坑林	黄坑林	1.6
	大坂溪			大坂	大坂	大坂	8.4
		蕉坑溪		蕉坑	蕉坑	蕉坑	2.1
	白云溪			白云	白云	白云	1.7
	郑湖溪			郑湖、郑墩、徐墩	罗凤岩	徐墩	15

续表

河流名称				流域内主要地名	河流发源地	河口名称	河道长度（千米）
豆士溪	洛溪			湖源、大洛、洋坊	湖源大帽山	洋坊	41.7
		大坑溪		大坑	大坑	大坑	2.4
		长帅溪		长帅	长帅	长帅	1.5
		昌墩		昌墩	昌墩	昌墩	0.8
		陈山溪		陈山、宝山、宝昌	宝山	宝昌	10.5
		后溪		后溪	后溪	后溪	7.2
		中洋溪		中洋溪			
		渔坡湾溪		张田	湖源大帽山	张田	4.4
	南霞溪			南坑、南霞、虎跳	文笔山	虎跳	18
		霞村溪		溪源、霞村	溪源	霞村	9.6
		松树坑溪		松树坑	松树坑	松树坑	0.3
南溪				大华山、大基口、琅口	大华山	琅口	22
	大基溪			大基	大基	大基	1.35
澄江楼溪				上洋、胜地、澄江楼	狮子岩	澄江楼	12
涌溪				涌溪	天湖山	涌溪	10.2
异州溪				边坑、冷湖	异州	冷湖	14.3
阳溪				阳溪	梨乾	阳溪	12.8
玉口溪				玉口	大元	玉口	10.1
端溪				端溪	端溪	端溪	8.6
高溪				岭兜、椒畔、高砂	岭兜	高砂	10
龙慈溪				龙慈	龙慈	龙慈	3.4
顺溪洋溪				龙慈顺溪洋、廷坑	龙慈	龙慈	3.8
桦溪				古县桦溪	桦溪	桦溪	1.5
洞天岩溪				三姑、大洲	三姑	大洲	6.15
墩头溪				墩头、村尾	墩头	村尾	7.6
水美溪				水美	水美	水美	5.5
井后溪				垄东	井后	垄东	4.9
北坑溪				三姑、井后	三姑	井后	5.1
陈村溪				三姑、井后、陈墩	三姑	陈墩	6.1
东牙溪	南洋溪			锦湖	锦湖	筼竹	3.2
碧溪	竹子溪			山尜	山尜	陈大	0.9

沙县境内成规模的湖泊不多，主要有城南社区南部的凤凰湖、沙县城北长角的龙湖和沙县三角湖路的三角湖。

名称	所在地	最大落差（米）	最大宽度（米）
鹰嘴岩瀑布	际岩村西北部	120	7
村尾瀑布	际岩村东部	100	7
百丈漈瀑布	村头村南部	80	10
官竹窠瀑布	田坑村北部	120	3
上村瀑布	朱源村南部	50	20
中村瀑布	朱源村北部	65	25
尾村瀑布	朱源村北部	60	26
上际瀑布	溪口村西北部	60	30
下际瀑布	溪口村西北部	60	50
马勒祭瀑布	松林村西部	150	10
漈下瀑布	阳溪村南部	60	5
端溪漈下瀑布	端溪村西部	50	8
恩坑瀑布	张田村东部	150	5
真龙坑瀑布	张田村东部	60	3
南坑洋瀑布	溪源村南部	60	4
南坑底瀑布	洋岭村南部	50	2.5
村口水尾瀑布	木科村西部	60	3
上洋灶峰瀑布	上洋村西南部	170	12
当溪瀑布	庆洋村东部	8	9
日头堀瀑布	井后村东南部	40	1
大际坑瀑布	古县村北部	5	4
官墩瀑布	官南村南部	40	15
鬼洞坑瀑布	岩坑村东部	30	6
百丈漈	中洋村西部	30	18
剑坑瀑布	儒元村南部	20	2
陈山瀑布	陈山村南部	20	6
双溪口瀑布	陈山村东部	30	15

沙村凤林

SHACUN FENGLIN

洞穴

名称	所在地	面积（平方米）	地名来历
官竹窠龙龟洞	虬江田坑	150	传说洞内有大蛇，洞上方石头像龟，故名
七仙洞	富口郭墩		洞内绚丽多彩，传说曾有七仙女下凡到此游玩，故名
南坑底洞	南霞洋岭	15	洞穴位于南坑底瀑布下端，故名
樟树垅	南霞龙泉		本地名，因松树林多，故名
金鸡岩洞	南阳木科	4	山洞位于金鸡岩山，故名
小岭洞	湖源锦街		山洞坐落于小岭山脉，故名
狮古洞石灰石溶洞	湖源城前	800	洞穴所处地理位置而得名

第四编

地域文化探索

一个地方的古迹和民俗民风是一脉相承的，人们亦习惯从古迹中考察民俗民风，从民俗民风中探究一个地方的文化源头。沙县的两座城隍庙是解读沙县历史源头的密码；街市圩集之热闹可以佐证沙县曾经舟车云集的商业繁华；面朝沙溪水，可以感受到浸润历史腹地的源远流长；驻足洞天岩，可以听见唤醒亘古岁月的文明远歌；探寻古今塔，可以穿越时光隧道，体会时空的苍茫与风尘；从独特的七夕节民俗活动中可以领略润物无声的儒家文明；不断创新的小吃节则是吹响小吃行走江湖的号角。

城隍庙：解读沙县历史源头的密码

传说城隍爷是城市的保护神。一般而言，一个城市只供奉一位城隍爷。沙县却是"一县两城隍"。唐中和四年（884年），沙县县治由旧县迁往凤林岗杨篑坂。县治迁址了，老城隍庙却没有迁徙，新址又建了一座城隍庙。

城隍，起源于古代的水（隍）庸（城）祭祀，为《周宫》八神之一。城，原指挖土筑的高墙；隍，原指没有水的护城壕。古人造城是为了保护城内百姓的安全，所以修了高大的城墙、城楼、城门以及壕城、护城河。古人认为与人们的生活、生产安全密切相关的事物，都有神在，于是城和隍被神化为城市的保护神。有了城隍神（城隍爷），便有了祭祀城隍神的庙宇——城隍庙。

沙县历史悠久，宗教信仰文化深邃。沙县拥有的两城隍，即三明地区最古老城隍庙——古县城隍庙和八闽最大的县级城隍庙沙县城隍庙。两个城隍庙祀奉的城隍爷不是同一人，级别也不同，一个是京师级的王爵，一个是县级的佑伯。古县城隍庙先建于县衙，先有庙后有衙，这也是别的城市少见的现象……

一县两"城隍"

在古人的潜意识中，城隍神是与城市共存的。凡有城池的地方，就建有城隍庙。纵观城隍神的演变历史，不难发现，城隍的出现与城市的形成是同步的。沙县却是未建县衙，先建城隍庙。更让人惊讶的是，沙县一座城市却有两座城隍庙（古县城隍庙和沙县城隍庙），一个是闽中历史最悠久的城隍庙，一个是福建最大的县级城隍庙。

古县城隍庙由前殿、正殿、后殿和广场组成，建筑面积约1600平方米。东晋太元四年（379年），在延平县南乡"沙源地"（今古县村）始设沙戍，所谓"戍"，即有军队驻防的营寨。据说当时有一镇守官员，将中原一带城池及百姓的保护神——城隍爷纪信的神像和香火带到了沙戍，供奉在军营之中，这便是古县城隍庙的雏形。刘宋元嘉年间（424—453年），沙戍升格为沙村县，并在军营西侧建了县治所（办公地点），而此时古县的城隍庙已被人敬祀了若干年了。所以，古县城隍庙先建于县衙。至今，古县人不无自豪地说："先有古县，后有沙县，先有城隍爷，后有县太爷。"

唐中和四年（884年），县治迁往凤林岗杨篑坂（今沙县区人民政府所在地），又在县东兴义坊建了新的城隍庙，古县城隍庙则被称为旧城隍庙。据史载，沙县城隍庙始建于明洪武二年（1369年），清乾隆九年（1744年）重建，嘉庆、光绪年间均有修葺，至今已有640年的历史。沙县城隍庙的建筑布局坚实大方，设有一个仪门、二厅事、两廊庑和一座小巧的戏台，并构筑有若干辅助设施，占地面积6426平方米，建筑面积2893平方米，环境幽静，是迄今全省保存最完整的一座城

古县城隍庙

隍庙，也是福建省文物保护单位。古县城隍庙占地面积如此广阔，也有其历史原因。很多城隍庙的规制是和城市辖区成正比的。沙县设立之时，辖地广袤，南尽黄田岭（今龙岩市界），西极站岭（今江西石城县界），包括如今的沙县、梅列、三元、永安、明溪、清流、宁化等县市地域，几乎涵盖了整个沙溪河流域，是当时闽中沙溪河流域的政治、经济、文化中心。明正统年间（1463—1449 年）邓茂七起义以后，永安等地被划出沙县版图，而三元县是 1940 年才始置。如此说来，沙县城隍庙规制面积至少达到一个地区的行政办公所，相当于是明朝"地委书记"的办公地点。

据说，沙村县设立后，军营原址即被改建为城隍庙，城隍爷神像供奉在庙里的案几上，小城隍、文武判官分坐案几前，左右分别供奉谢必安、范无救二将军（俗称"黑白无常"，闽南、南洋一带则尊称为"大二老爷"，是中国传统文化中的一对神祇，也是最有名的"鬼差"。此二神手执脚镣手铐，专职缉拿鬼魂，协助赏善罚恶）。千百年来，古县城隍庙香火不断，承载着一方百姓祈求安康的愿望。

明《嘉靖重修沙县志》载："旧城隍庙，在县崇善团，旧县东，县徙今所，而庙犹存，团民事之甚谨，至今不废其祠。"这便是沙县"一县两城隍"的直接原因。

一座古庙，一个千年之谜

长时间以来，沙县县治迁徙之谜在民间盛传。关于沙县县治迁徙的原因民间有两个以上版本。

早在东晋太元四年（379年），沙村（古县）经济便已发达，黎民和乐，百业兴隆，文化昌明，商旅繁多。沙村东临越王山，西依虎头岩，后傍桦溪水库，还有"官道"（灵应道）绕村而过，街铺林立，商贾成群。胜境如此，又为何要把治所上迁至杨篑坂呢？

"铜钱两正"之谜：据说当年邓光布将军邀将士、官吏、里长坐于庙堂之上，欲求神问卜，他取出一枚铜币，对众人说，迁与不迁不由我说了算，现在交由神灵决定，正面朝上，迁！反面朝上则不迁。仆役捧一平足青瓷大碗出，连掷三次，三次均正面朝上。当时古县城隍庙内供奉城隍爷，城隍爷在民间被视为保护神，颇受黎民百姓推崇景仰，菩萨显灵，官吏兵卒欢呼激奋，民气大振。于是，县治得以顺利迁徙。后人传言，为了使县治顺利迁徙，有人在铜钱上做了手脚，即铜钱是特制的，两面都是正面。

"称水"之谜：话说当年邓将军欲将县治逆水上迁五千米，最高兴的是杨篑坂人，县治为政府首脑机关，迁来肯定利于发展。最不愿意的肯定是沙村人，县治一迁走会带走实惠和便利。据说，凤岗地形是水上之排，古县也是水上之排。古县水急滩多，放排工自上而下过十里平流，缓了一口气再过古县滩头。契合"先缓后急宜平安"的论理。正相争不下之时，有人提议"称水"决定县治去留，选"水重处"为县治地址。公开的理由是"万物众生，自有贵贱；乾坤世界，轻重有疏；人有定数，水有气运；孰轻孰重，此乃天命"。想不到凤岗人使计，将食盐掺入水中，称水时，凤岗水自然重一些。沙村人一时不明就里，误以为神灵显圣，心甘情愿，齐心协力将县治迁徙至杨篑坂。

县治迁徙之谜的真实性已无法考证，更无法将当年的历史真相还原。可以肯定的是，沙县当时的制铜业已相当发达，古县村高山岩西侧山脚下的山坳里，至今仍遗有古铜场旧址。据考，此遗址开设早于唐，应始于秦汉时期。因此，若当时特意设几个反常的"模范"，浇铸几枚正反面相同的铜币应该没有什么困难。或许"称水"之说更具传奇性，利用食盐易溶于水的特性，悄悄增加清水的比重，佐证了沙县人一贯的机敏和智慧。

其实，冷兵器时代，地理环境非常重要。古县地势开阔，方圆几里没有高山巨石，易攻难守，无险可守，并不是最佳的繁衍生息之地。而上游5千米处的杨篑坂，三面环山，一面滨水，贵有天然屏障，为县治迁徙新址的理想地。时任崇安镇将的邓光布将军早已心知肚明，与汀州司录兼摄沙县政事曹朋商议将县治迁移至杨篑坂，只是事与愿违，邓将军还未来得及完成宏愿，乾符五年（878年）冬便被黄巢部下流矢误中而亡于洛溪旁。沙县县治迁移真正年份是唐中和四年（884年）由曹朋来实施完成的。如今，这一武一文两个"开县鼻祖"受到沙县人的敬祀和拥戴，沙县水南凤凰山下和虬江街道罗布村分别建有"邓将军祠"和"曹氏公祠"。

两棵古榕，千年历史见证者

古县城隍庙有两棵大榕树（雅榕、小叶榕），树龄1500年以上，均在城隍庙东侧。一棵长于庙门与古县渡口之间，俗称"榕包朴"，地围11.7米，树冠38.4米，高23米；另一棵在庙宇内东侧，俗称"榕包樟"，地围12.3米，树冠33米，高22.5米。2010年3月，这两棵古榕树分别被确认为国家一级保护古树。据说当年古县城隍庙曾一度遭受破坏，因有大榕树作地标指示，才可

沙村凤林
SHACUN FENGLIN

确定准确位置，在原址上重建。

古县村时年85岁的林汉儿回忆：这两棵古榕从他懂事时起就枝叶繁茂。据其祖上传说，庙左侧边上的那棵榕树"开县"前就有了，大约有1600年的历史。最初是在老樟树的主干枝丫上长出了一棵榕树，随着榕树的不断成长，粗壮的榕须紧紧地抱着一棵大樟树，后来不知是外力破坏还是自然枯朽，樟树只剩下余朽被包在榕须内。此榕树生命力极强，枯去新来自然交替好几次。1981年3月中旬的一天下午，古县人在田间忙着播种育秧，突然传来"大风把榕树刮倒了"的呼喊声，大家担心树枝把庙顶压坏了，放下农活赶忙

古榕

跑向城隍庙查看，庙宇安然无恙，树被拦腰"切"断，断落的枝干却通人性般端坐在庙东侧几米开外，大家唏嘘不已，赞其神奇！几月后，古榕发新芽长新枝，乡里人都称之为老来青。

庙左前方的那棵古榕树叫"榕包朴"。他比"榕包樟"年少些。大约清光绪年间，一向郁郁葱葱的"榕包朴"突然在几天内枝枯叶落，生气尽失，两年后却又发青长叶，愈发繁茂。传说沙县城关有一木材商在福州做生意，因木材被海水冲走，生意亏损身无分文，正饿着肚子向路人乞讨包子吃，突然听见身后有人喊他的姓名，回头一看是个陌生老者，商人问道："您是谁？怎知我？"老人回答："我叫古榕圣，也是沙县人，家住在沙溪河畔旧县，现借你500两银子做生意。"后来商人前来寻找古榕圣恩人，问遍古县村每个角落，都没有找着一个叫古榕圣的人。原来古榕圣就是庙前古榕之化身，他借钱给商人正值"榕树叶枯，树魂出游"时期。

古县城隍庙这两棵千年榕树见证了古县的历史，而古县是沙县最早的县治所在地，所以说这两棵古榕树是沙县千年历史的见证者。

城隍信俗，解读沙县历史源头

道教把城隍神纳入自己的神系，称他是剪除凶恶、保国护邦之神，并管领阴间的亡魂。

每个城市都有城隍庙，城隍庙里供奉的城隍爷并不是统一的。据福建文史专家卢美松考证，城隍神的原型有三类。一为开疆拓土，造福百姓的官员；二为御灾捍患，保佑百姓的英烈；三为善政美德，世所景仰的良吏。古县城隍庙供奉的城隍爷是纪信。传说楚汉相争时，项羽、刘邦战于城皋（又名虎牢，今荥阳汜水镇西），刘邦势孤被围于荥阳，将军纪信冒充刘邦之名穿戴刘邦衣冠，乘刘邦车驾出东门投降，暗中掩护刘邦自西门逃走。项羽发现中计后，恼羞成怒，把纪信活活烧死。后世以纪信忠勇，祀为城隍。刘邦感其忠烈，封其"汉忠烈侯"，准其神像穿龙袍、戴皇冠，与九五之尊平起平坐。纪信与周苛均有"汉代孤忠"的美名，古县城隍神被尊为"永固汉烈尊王"（江山永固之意），位列京师王爵级别。而沙县城隍庙祭祀的是佑伯尊神，显佑伯是个统称，是县城级别的城隍神，其衔制开始于明代初叶，与沙县城隍庙始建时间吻合。古县至今传承的西汉战鼓

（鼓点击乐）也佐证了古县城隍庙奉祀纪信的事实。旧时，百姓为沙县城隍爷过生日，都要先到古县城隍爷那"请示"，获"批准"（圣珓）了才能拜寿办酒席。永安、尤溪等所属辖地城隍爷每年也必到这里来"请示"，并隆重地"取神火认宗"。

城隍的文化历史十分悠久，城隍神的职司亦随着历史的发展而不断丰富和变化。上古时代，城隍所祭祀的是城池的建筑物本身，之后逐渐演变成对人与鬼的崇拜，城隍被赋予了人格。宋以后，城隍神正式进入道教的斋醮拜仪之中。传说元代文宗天历年间（1328—1330年），朝廷让城隍爷配享夫人，从此城隍庙里就有了寝殿，专门供奉

古县城隍庙大殿

城隍爷及城隍夫人，乃至城隍太子。所以只要细心观察就不难发现，古县城隍爷乃独祀，没有夫人，而沙县城隍爷不但有夫人，还有太子（俗称"少爷仔"），就是因为两庙的庙祀开始时间不同，古县城隍庙始建于元朝之前（东晋太元年间，376—396年），而沙县城隍庙始建于元朝之后（明洪武二年，1369年）。

相传朱元璋称帝之前，曾经宿身城隍庙而幸免大难。朱元璋称帝后，于明洪武元年（1368年）下旨封开封、临濠、束和、平滁四城的城隍为王，职位正一品，与人间的太师、太傅、太保"三公"和左、右丞相平级；又封各府、州、县城隍为公、侯、伯，即府城隍为监察司氏城隍威灵公，职位正二品；州城隍为监察司氏城隍显佑侯，职位正三品；县城隍为监察司氏城隍显佑伯，职位正四品。并且重建各地城隍庙，规模与当地官署衙门完全一样，还按级别配制冕旒哀服，所以城隍庙又有阴间衙门之说。明太祖洪武三年（1370年）正祀典，诏去封号，只称"某府或某县城隍之神"，又令各地城隍庙不得杂祀其他神。

我国最早和级别最高的城隍庙，当数西安王曲的城隍庙，它统领着西北十三省的城隍，是我国一座地位级别最高的总城隍庙。福建始建最早、级别最高的城隍庙位于福州冶山（古称泉山，俗称城隍山）东麓威灵坊内的都城隍庙，晋太康三年（282年）建。据《榕城考古略》载："庙创于晋安郡后，郡守严高迁城于越王山时所建。"仅次于安徽芜湖的城隍庙，此庙供奉的城隍神是汉代御史周苛。沙县作为一个山区小城，除正常配置外，还拥有一座祭祀等级最高的城隍庙，正因为沙县有一次不同于别县的迁县经历，它是解读沙县历史源头的密码。

沙溪水：浸润历史腹地的源远流长

对一座逐水而居的城市来说，文明的经纬是与水系脉络相互关联的，河流是其主动脉，一部溪水史便是一部发展史。河流之文明代表着城市的文明。

清代施鸿保著《闽杂记》载曰："闽江源出浙江龙泉县，合建宁之浦城、崇安及汀、邵、延三府诸溪水，下流至困关，又合古田、闽清、永福诸水，经省城东南，至马头江入海。困关俗称水口。马头江俗称乌龙江，闽县之极南界也。"文中提到的"汀府之水"，其干流便是沙溪河。

沙溪是三明境内的第一大溪，也是闽江三大支流（沙溪、建溪、富屯溪）之一，发源于建宁县均口镇严峰山南麓，流经宁化东溪，在宁化县城下游汇入武义溪后称九龙溪（宁化境内合水口以下又称翠江），向东流向清流（清流境内一段又称龙津河）。九龙溪流至永安西郊10千米处有文川溪汇入，两条溪流犹如燕尾，合流后河段犹如燕身，永安东郊一段犹如燕头，故这段5千米溪流又称"燕江"。

人们通常把永安贡川镇以上河段称为九龙江，贡川镇以下河段称沙溪。沙溪自贡川镇向北流经三元区莘口镇黄沙口村进入三明市区，经过莘口镇、三明城关、列东，从梅列洋口仔村流经沙县凤岗街道、高砂镇、青州镇，至南平沙溪口，与富屯溪、建溪汇合后，注入闽江。

十里平流仙舟段

行船谣：沙溪水运千年咏叹调

"九龙十八滩，滩滩鬼门关，礁多风浪险，死生一瞬间。"这首《民船谣》唱出沙溪起点处九龙十八滩的凶险。沙溪河上下段水势大相径庭，上段梦龙、伤龙、安龙、三龙、长龙、马龙、三吾龙、五日龙等九龙滩，水势悬峻、声殷如雷。过永安贡川后则水势趋缓、豁然开朗、一马平川。所以，宋朝名相李纲在游览沙溪时曾作诗云："枌栖百里远沙溪，水石称为小武夷。"

这首《民船谣》是《行船歌谣》的一种，它是沙溪水运衍生的本土民歌，也是船民在生产劳动时的智慧结晶，民歌内容与沙溪通航息息相关。

沙溪通航始于元末，元至正二十六年（1366 年），福建省平章政事陈有定效忠于元朝廷，为了向被各地起义军围困的元大都运送物资，派人"凿石去障，以运汀粮，舟始得通"。在那交通欠发达的时代，沙溪航运促进了下游两岸乡镇的繁荣，成为地方经济繁荣发展的重要纽带，乃是闽江水运开辟出一条辉煌的"黄金水道"。

当年，在这条"黄金水道"行走的有大货船（五舱船）、小货船（四舱船）、小渡船、护排船和沙溪支流里的"两头翘"（无舵，船体半圆中间宽大，头尾尖翘，轻便灵活），以及节庆里赛龙舟用的龙舟船。船民们长时间待在船上，一为排除寂寞，一为鼓劲劳作，他们糅合乡音土语，创作出了丰富多彩的行船歌谣和拉纤号子。

沙溪水运，自古盛矣！沙县是各地重要物资的集散地，唐代就有"八方商贾过往，千里商客云集"的繁荣景象。沙县城南临沙溪，开有迎恩门、小水门、师古门、庙门、文昌门，一大四小 5 个城门，均有石阶通往沙溪。清同治七年（1868 年），朝廷按码头的标准改造西门、小水门、师古门、南门码头，主要集散来自永安、三元、南平、福州的货物。庙门、文昌门主要集散来自夏茂方向的物资；师古门、小水门建有物资中转仓和装卸作业场。1928 年，沙县人潘伊铭购置两艘小汽船（各 30 吨位，80 马力）航行于沙县与福州间的航道上，开启了三明机动船的运输史。1935 年，闽沙航运公司和福沙航运公司相继成立，共投放 11 艘 20—30 吨的汽船穿梭于沙县至福州的水域。当时水路是山区运输的主要方式，据 1952 年的统计数据，用木、竹排流放的方式，年运出毛竹2305 万根，木材 3988 万立方米，用木帆船等运输工具运输的物资年运量高达 2.77 万吨。

清中叶，三明梅列成为重要码头得益于其造船业的繁荣。列西大厝罗家是沙溪流域的造船世家，历经 300 多年，传承九世，鼎盛时期有十几个船厂同时开工。列西河岸码头，从梅列门到康乐门这段河岸，车水马龙，蔚为壮观。列西大厝罗家因此成为鼎食钟鸣之家，至今仍在三明市民中享有"沙溪流域造船世家"的美誉。

"后门杉树是几千哟年哟嗬，嘿郎格，请得个鲁班来做哟船，嗬，做的哟船来是水上嗬跑哟嗬，嘿郎格划船弟子啊保安哟康，行行嘿唉少年的船，少年节庆哟划哟船，嗬哟嗬……"三元《龙船调》是《行船歌谣》的另一种，它以三元（旧属沙县）方言演唱，编成了七言四句式诗歌，曲调古朴典雅、悠扬动听，是根植于三元民间的一部古老歌谣，具有鲜明的地方文化特色，在沙溪右岸的三明莘口镇一带广为流传。

三元《龙船调》一般在端午赛龙舟时唱响，赛龙舟在沙溪两岸也叫扒龙船（扒龙舟），是民间典型的竞渡活动。人们在急鼓声中驾驭龙形木舟，竞渡戏水，娱神乐人，是祭仪中的娱乐节目。

龙舟队大致以城门、乡镇、村为单位。每年四月中旬左右，人们早早地把龙舟抬出来，补漏、

沙村凤林

上彩、刷漆、试水。端午日午后开始扒龙船，观看龙舟赛的人们密密麻麻地沿着沙溪两岸分列排站。河面上，各色龙舟一字排开，每条龙舟24名队员，分两排对坐，光膀子握桨，船首坐一鼓手，配一面小鼓和一方口哨，船尾立一稳重的船长兼舵手。口哨响起，鼓手敲击出铿锵悦耳的鼓声，水手们踩着鼓点的节奏奋力划桨，喊声如雷，助威声震天，群情激奋。沙县人端午节有"乡下人不识字过初四，城里人不知苦过初五"的习俗，其实，乡下人提前一天（初四）过端午节，主要的目的是初五能有时间进城看扒龙船。

扒龙舟的初义是祭龙，利用祭龙仪式招来雨水，调适气温，利益百姓，操作过程中演变成为竞技娱乐，众人狂欢。扒龙舟选手和观众，走到户外参与或观看扒龙舟，可以锻炼身体，增强体质，让身体以健康的状态适应炎热的夏日。所以，扒龙舟有祛除疫病、禳灾去祸、求乞神明赐予健康的意味在其间。

十里平流：一个南宋名相的山水情怀

追溯历史，沙县历史与龙紧密相连。《沙县志》曰："传说沙溪城关河段有一虬，故城关又称'虬城'。"意思是沙溪沙县城关河段，传说潜有一无角龙。古语云，"有角曰龙，无角曰虬。"所以此河段又称"虬江"；因而沙县单字简称"虬"，沙县城关则称"虬城"。

"十一日舟曲随山西南行，乱石峥嵘，奔流悬迅。二十里，舟为石触，榜人以竹丝绵纸包片木掩而钉之，止涌而已。又十里，溪右一山，瞰溪如伏狮，额有崖两重，阁临其上，崖下圆石高数丈，突立溪中。于是折而东，又十里，月下上一滩，泊于旧县。……十二日山稍开，西北二十里，抵沙县。"这是明代著名旅行家徐霞客《闽游日记后》的一段文字，写的是明崇祯三年（1630年），他第四次入闽，途经沙县两天的亲身经历。徐霞客在十一日遭遇了涌溪到古县的河流险滩，而"十二日山稍开，西北二十里，抵沙县"中的"西北二十里"则主要指沙溪河沙县段的十里平流。

十里平流是南宋名相李纲下放沙县时命名的沙阳八景之一。即指沙溪虬江河段，西起大洲东至琅口约5千米的河道。沙溪河沙县段水域多为山区地貌，河道窄、弯道多，礁石棋布，水流湍急，险滩众多，自上游而下蜿蜒曲折。但流经大洲至琅口这一河段时，河道骤然开阔，水势平缓，两岸青山叠翠，楼宇临江，沉影如黛，摇曳多姿，萦回十里。在多礁滩险阻的腹地山区，堪称闽水一奇。正因此，才常会吸引一种叫虬的独角小龙前来游玩戏水。旧时虬江南北有廊桥相连，若立于城东"二十八曲"远眺，南北两山与廊桥一体，酷似两只凤凰衔着一本书，名曰"双凤衔书"。相传沙县进京赶考的举子，出发前必先到孔庙上香，然后再登"二十八曲"性天寺拜佛，再出门远眺虬江。如果看到双凤衔着书册展翅起飞，此行必中进士，仕途亨通。若能见到虬（小龙）在沙溪里跃动，殿试必中一甲（前三）。遥想元丰二年（1079年），沙县城西人陈瓘进京赶考，在探花及第前，一定是见过小龙在虬江里跃动的。

沙溪河发源于建宁闽江源，一路奔腾而下，到沙县后突然从沙溪河摇身变成虬江，蕴涵神奇的魅力，且因有了小龙的参与，巧妙地为虬江披上了一件神秘的外衣。

传说宣和元年（1119年）六月，京师大水，李纲上书陈政见，朝廷恶其言，谪监南剑州沙县税务，寓居虬江左岸兴国寺。后值定光佛经沙县，幻身为老僧，自沙溪南面，步虚而渡。李纲恰在溪边行走，为其所见，知为异人，尾随其后至洞天岩。老僧横卧假寐，李纲以前程问卜，老僧援笔作偈曰："青着立，米去皮，那时节，再光辉。"李纲乃寄情山水，静候佳音，及靖康改元，诏征还朝，擢升宰相。为纪念李纲的这段佛缘，后人凭借淘金山山形雕塑了卧佛石像供奉于山中，并在沙溪大洲段的洞天岩建造了一座步云桥（平步青云之意）。步云桥不复在，沙溪河里犹存一块沉浮岩，相传此是当年定光佛过河时的踏脚之石，因石有了灵性，会随着河水的涨涨落落而沉沉浮浮。

李纲对十里平流情有独钟，赞其曰"七峰倒景蘸层碧，十里平津流向东"。当年他寄情山水，月夜载酒泛舟时亦题诗云："平溪绿静见游鱼，十里无声若画图。但道曾经太史爱，不须污染目为愚。"他常邀友至沙溪水南的七朵山（七座小山）宴游，七朵山直傍沙溪而立，形如屏风，翠色相连，李纲不但给七朵山命名为七峰叠翠，还由西向东依次命名七朵山为碧云峰、桂花峰、凝翠西峰、凝翠东峰、真隐峰、妙高峰和朝阳峰。谪沙前李纲曾任国史编修，人称太史，因此，十里平流又被人称作太史溪。

旧时，十里平流西段有猪母石，势极狰狞；大洲北岸峭壁原有写着"光风霁月"的巨型勒石，1957 年修建鹰厦铁路时炸毁一半，剩"风月"二字。大洲东段有蟆头石，形如冠帻；再往东便是溢滩、大夷、小夷、秤钩湾等险滩。如今，古景展新姿，1969 年兴建的沙县城西大桥、1989 年兴建的东门大桥以及 1994 年建成的府前悬索桥（2013 年新设悬索桥一座紧邻其下，现两桥合为一座双向桥），犹如几道长龙飞跨沙溪两岸，雄伟壮观。1995 年，下游高砂电站蓄水发电，硬是把十

十里平流

沙村风林

SHACUN FENGLIN

里平流扩展成了二十里平流。

关于十里平流，沙县民间还流传一个传说。话说民间异人罗永（"乞丐身，皇帝嘴"，在沙阳百姓间声望极高），诙谐机智，有挥鞭驱石之法术。罗永老家是在沙县东南方的一个山村。一天，他心血来潮，想在小村建一座宫殿，准备自己将来做皇帝时居住。考虑到没有岩石做基础，他想出一个方法，在琅口筑一条大坝，让水倒流途经南阳至老家，好行水路运岩石。于是，他施法术，挥竹鞭，将虬江河底的那些礁石都化作牛羊，驱赶着往下游走。原来沙溪河道上礁石很多，嶙峋交错，艄公常因触礁而排散人亡，虬江河段更是暗礁密布，凶险异常。河底礁石在罗永法力作用下，纷纷起身，顺着虬江往下游滚。罗永赶石至一半，家奴报说老母生病，要其速回，他想家中兄弟有四人，总会有人会照料，故未回，继续赶石。不久，家奴又来报说，他的妻子生病卧榻，这下他二话不说，把手中的竹鞭向下一插，急急地跑回家去，那些石牛石羊见罗永离开，就地作鸟兽散，现回原形，纷纷往下游逃窜，最终形成琅口至城关段的十里平流，而琅口下游则保持险滩丛生的现状。

其实，十里平流形成和古县、琅口一带的地势有关，古县地处沙县城东5千米，她像一个半岛，沙溪河水至此，形成了一个反S形，落差稍平，流速减缓。所以，琅口、古县码头曾是繁华一时的农副产品集散地。永安、三元、归化，甚至汀州一带的大米、木材、笋干、香菇都汇集到这里而后通过沙溪转运至闽江口，以致旧时出现"江中百舸争流，陆上商贾云集"的繁荣景象。

洞天岩：唤醒亘古岁月的文明远歌

宋代名臣邓肃的《沙县重修县学》曰："南剑有邑，曰沙县，溪山之胜，文物之盛，盖甲于一郡。其在闽中，亦号为卓卓然者。"

洞天岩者，昔沙阳第一胜景也。洞天岩早在唐宋时期已是沙阳名胜，1944年翁国梁撰著的《洞天岩志》称其"泉石秀丽，林山蓊郁，依险构宇，高山林樾，邑之名胜也"。洞天岩，乃理学大儒罗从彦的藏修地，南宋名相李纲邂逅定光佛之处，宋明清三朝官员、文人墨客的后花园。

发源于凤岗街道马坑自然村的黄岩溪，在经过约3.5千米的流淌后，有了一个诗意的名字：洞天岩溪。洞天岩溪因洞天岩而得名，那股涓涓细流在山势峭拔的洞天岩上作短暂的汇合收势后，一出岩口便绽放出一条壮观瑰丽的大瀑布——洞天瀑布。洞天瀑布是南宋名相李纲命名的沙阳八景之一。其宽数丈，飞流直下数十丈，瀑声如雷，飞花溅玉，气势恢宏，蔚为大观。据传瀑下有深潭，水汽蒸腾，白雾蒙蒙，大气磅礴，旧称龙居。

洞天岩"枕流"石刻

瀑布下行约250米便是洞天岩地界。洞天岩者，洞天之岩也！昔有文人以"女娲补天之石"喻之，1982年版的《沙县地名录》则曰："洞天岩，古有洞天大圣庙而得名。"

理学大儒的藏修地

洞天岩距沙县旧县治（今区政府所在地）城西5千米许，毗邻大洲村。大洲村夹在沙溪和洞天岩之间。大洲村早在宋以前便是拥有数百户的大村庄。康熙《沙县志》载："大洲乃水中高大，与北岩，盛时居民数百家，乡人园圃皆在焉，桑柘梨粟成林，后渐落，不可居，园圃如故，清嘉庆丙辰（1796年）大水，洲沙尽去，不能如初也。"

宋建中靖国元年（1101年），罗从彦在镛城（将乐）第二次求学于杨龟山时遇到了同乡陈渊（杨时长女婿），二人相见恨晚，成莫逆之交。当年五月，陈渊和廖衙（杨时侄女婿）劝其回沙县城西洞天岩定居。罗从彦听从了他们的建议，返回沙县城西，定居沙县洞天岩。在洞天岩，罗从彦在寄傲轩静坐清修，并新建颜乐斋、静亭、濯缨亭。

颜乐斋是罗从彦在洞天岩定居时的书斋，也是其藏修的主要场所，取名颜乐，用意是告诫自己要像孔子的学生颜回一样，安贫乐道，专心学问。罗从彦曾用押阳韵作七言绝句《颜乐斋》一首："山染岚光带日黄，潇然茅屋枕池塘。自知寡与真堪笑，赖有颜瓢一味长。"此七言绝句描绘了颜乐斋日暮时分的情景：黄昏之际，落日的余晖染红了远处的山峰，池塘边的茅屋孤孤单单，一片凄凉。心知自己难与世俗同流，会被他人讥笑，好在还能像颜回一样，不畏清贫，守着精神的家园，哪怕喝着凉水，快乐依旧，滋味绵长。这首诗主要言志，表现了罗从彦安贫乐道的儒家思想和不与世俗同流合污、洁身自爱的情怀。

定居洞天岩期间，罗从彦新建一座凉亭，因其心性喜静，故取名静亭，他还给静亭作七言律诗《题静亭》："鼎创新亭静更幽，四时景象镇长留。端如和气里谈笑，恍若春风中游泳。排闼山供蓝色重，凭栏水拥壁光浮。我来登赏无穷趣，好把篇诗与唱酬。"

全诗抑扬顿挫、节奏明快，流光溢彩，推断应是静亭竣工时的贺诗。从诗内容分析，静亭位居高处，至少在半山腰上。幽谷新亭，四季更替，柴扉小门，山峦重叠，浓雾萦绕，凭栏远眺，水拥山壁，浮光掠影，"和气（天地间阴气与阳气交合而成之气）里谈笑"，"春风中游泳"，登高远望，吟诗唱和，岂不快哉！岂不乐哉！罗从彦遗世的山水诗很少，《题静亭》却是一首不可多得的吟咏山水的佳作。

罗从彦定居洞天岩，并在好友陈渊的劝说下开坛讲学，他是闽北道学的创始人，呕心沥血，教育弟子。为提高讲学质量，他注解《论语》，使弟子们更容易深刻领悟；他贯彻爱国爱民思想，以"国家盛衰利弊分析"引导弟子忠君爱国；他还发扬了圣人的格物致知学说。其立论宏伟，讲解精辟，学问之渊博、理论之深奥，获得了道学者的褒勉。他行为光明磊落，品德高洁，即便在洞天岩深居简出十余年，一样受到世人的尊崇。

由清乾隆辛未（1571年）《宋儒罗豫章先生全集》刻本的插图《罗先生故址图》可知，罗从彦的故居在洞天岩山麓，濯缨亭横卧步云桥上端的洞天岩溪上，颜乐斋、寄傲轩分别在中部和右侧，静亭位置略高，巧妙地潜伏在通往邀月台的石径上，濯缨亭、颜乐斋、寄傲轩、静亭与洞天岩旖旎的风光浑然一体。

欲攀洞天岩，须从大洲村寻一小径，迈过步云桥（平步青云之意，桥名为纪念李纲在洞天岩邂逅定光佛得偈语，后升迁宰相的经历），途经罗从彦故居，蜿蜒直通山麓，可见两旁田畴（块状的梯田）高低不平，错落有致，阡陌纵横，抬头远远望去，洞天岩山势峭拔，杉树和松树如方戟队列，连绵不绝直抵山脚。继续往北坡行百余，拾级数十步，前有石如屏者，上镌"通幽"二字。及至台阶尽，雄崖壁立，藤萝盘绕。右侧是莲花峰；左为古佛庵，有朱笔题书"洞天岩"匾额。古佛庵向西，峰回路转，涧边有一"仙人脚印"，涧中石上刻着"枕流"二字，遒劲有力，水花翻卷，字迹如新，妙趣横生。枕流石下，有一天然石洞，名曰"永和洞"，洞中有石床。枕流石上方一方巨石耸立，上书"琼台"。邀月台在洞天岩瀑布顶上，台上建有一草庐，此地即为罗从彦沐月治学之地。毋庸置疑，洞天岩在宋代已然是地方名胜。邀月台遗址仍存，位于今淘金山麓。游客可从山麓背面登顶，沿着旁边的石砌小道绕行至台巅，蓦遇一石坪，可容纳20余人。夜晚置身其上，千嶂肃立，万籁俱寂，月浮半空。此处确是极佳的沐月治学之地。

因罗从彦率先入驻，一时间，洞天岩名家荟萃，文人雅士云集，前后"十贤"会于此。李纲慕名而至，陈瓘、陈渊叔侄往还其中，罗畸、罗荐可世居洞天岩山麓，邓肃、邓德俦、邓右文居其附近，后来朱松又从松溪来寓居于此。除"十贤"外，还有陈兴宗、邓成彦、邓季明、俞祖仁、吴慎微等文人学士来到洞天岩，他们宴游和对，其乐融融，彬彬称盛。康熙四十年（1701年），主修《沙县志》的县令林采在为王嗣垣撰写的《洞天岩志》作序曰："洞天岩，故沙阳名胜也。自李忠定（李纲）遇定光佛于溪南，为开山之宜；而邑陈忠肃（瓘）、默堂（渊），往还其中；罗畸老（罗畸）、养蒙（荐可），世居山下；若颜乐斋、寄傲轩、濯缨亭，则豫章先生（从彦）之居存焉。邓栟榈（肃）、德俦、右文居又甚迩，朱韦斋（松）又自松溪来寓于兹，一时唱和辉映，彬彬称盛，岩之伟也，自十贤始也。"

如此，洞天岩成为沙阳（沙县）雅士名流的精神家园，成了南宋、明清时代文人学士热衷的宴游吟咏之地，而且越发展越丰赡，滋养了一代又一代的闽中人。

南宋名相的创作地

宣和元年（1119年）六月，京城开封发生水灾，"京城之西，大水渺漫如江湖，漕运不通；畿甸之间，悉罹其患，无敢言其灾异者。"时任国史编修的李纲上《论水灾事乞对奏状》，被降官后再上《论水便宜六事奏状》。李纲提出了"治其源，折其势，固河防，恤民隐，省烦费，广储蓄"六项防治水患、体恤民生的有效措施。宋徽宗却御笔诏书其"所论不当"，以致李纲遭贬——谪监南剑洲沙县税务。李纲于是年十二月到任。宣和二年（1120年）六月，李纲复承事郎，十月，复本等差遣。十月中旬离开沙县北归。

贬官沙县的李纲担任的监税乃一小职，这位"尝发妙旨于筌筱"的"寓轩人"（居所寓轩），公务之余，常与罗畸、陈渊、邓肃、陈正式等沙县当地文人雅士燕游宴饮。或切磋琢磨，探讨学问，或寻幽访古，得山水之旨。他们彼此诗词赓唱，写下大量的诗赋辞章，成就沙县史上的一段佳话。可以说，这一时期是李纲的创作高峰期。岳麓出版社2004年出版、王瑞明点校的《李纲全集》共收录了李纲创作的诗歌1566首，其中写作于沙县的诗歌计343首（不含奏议、序文、题跋）。李纲在沙县写的诗大多是雅集酬唱之作，与之唱和酬答最多的当属邓肃与罗畸。

李纲在沙县生活状态在其诗作《游洞天诸胜》中得到酣畅淋漓的体现，"高阁凝虚翠，虚斋泛碧川。七峰连秀色，万户锁青烟"，前四句便出现了凝翠阁、泛碧斋、七峰山三处当时的"网红景点"，何况他与众多志同道合的文友在多处"登临集众贤"，亦自比陶渊明、白居易，曰"嗜酒陶元亮，狂吟白乐天"。然而在青灯黄卷下，李纲的拳拳之心和爱国热情始终得不到释放，虽有"但有诗千首，何妨谪九年"的气度。也摆脱不了"深惭二三子，陪我亦萧然"的暗自神伤。

文人墨客的"后花园"

江西瑞昌人，明永乐五年（1407年）沙县县令程用常在其诗作《洞天岩琼谷》中写道："张公南海客，建此琼山亭。山毓四时秀，溪涵万古清。"琼谷在洞天岩枕流石西侧，旧时有琼山亭。琼山亭为明初任沙县儒学教谕张善教（张公）所建。又据翁国梁著《洞天岩志》记载，"琼台"二

琼台（明代张善教手书）

石刻《咏枕流》

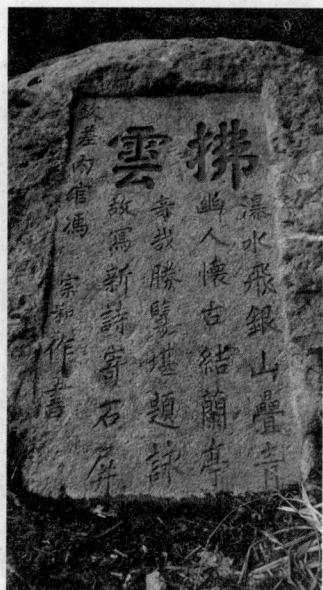
石刻《拂云》

字是明朝初年，民甫脱汤火与老师张善教在此地饮酒游玩时写下的，"琼台"下还有张善教题刻的"洞天深处，万丈飞泉，闲闲日月，淡淡风烟"16个大字和成化丙戌进士张泰书的"九曲飞泉日夜流，素光如练半空浮。濯缨歌罢沧浪去，长啸一声天地秋"，成化是明朝宪宗皇帝的年号，成化丙戌是1466年。

明万历年间（1573—1620年）沙县知县、广东南海人吴道昭在其诗作《游洞天》也中写道："琼谷锁烟新，玉泉湛天碧。游客醉忘归，坐上苔侵石。"可见，唐宋时期便已是沙阳名胜的洞天岩，明初之后进一步被人为开发与利用，使其规制日臻成熟，配套设施日趋完善，成为当时的旅游和文化的中心，称得上是当时文人墨客、府衙官员的"后花园"。

在现今遗存的洞天岩摩崖石刻里，有张程的《游洞天岩晚酌石上》和乐文解《随殿讲张县尊游洞天岩晚酌石上》。很明显，这两首相互酬和之诗诞生于同一时间。张程是地方官，以庶吉士殿讲的身份出仕沙县县令（从被称呼"张县尊"判断），后升迁为延平府通判。乐文解，字廷冠，号一沙先生，曾任吉安府训导、凤阳教谕、雷州教谕。乐文解是沙县人，写此诗时他却是返乡的"客人"，陪同县尊张程于洞天岩宴游并一同晚酌。两人诗八句，营造了一个"天为帐幕地为毡"，与天地同乐，曲水流觞式的晚宴现场，歌声在深山邃谷中飘荡流转，彩霞在绿树石苔间滞留徘徊，溪水淙淙，琼台倒影，烟雾氤氲，觞筹交错，笙歌对答，披襟畅饮，其乐融融！诗中出现了拂云洞、琼台、石磴、濯缨亭、永和洞等多处景点，时至今日，这些景点大多仍有遗迹可觅。

晚明大书画家董其昌，其书法"出入晋唐，自成一格"，山水画"笔致清秀中和，恬静疏旷；用墨明洁隽朗，温敦淡荡"，为后世留下了很多好作品，被藏家珍爱。万历十九年（1591年）闰三月六日，时任礼部左侍郎教习庶吉士田一俊病逝。田一俊是福建大田人，当时董其昌为翰林院庶吉士，是田的下属，因此，董主动请缨护送田的灵柩归葬大田。送灵任务完成后，归途中董其昌没

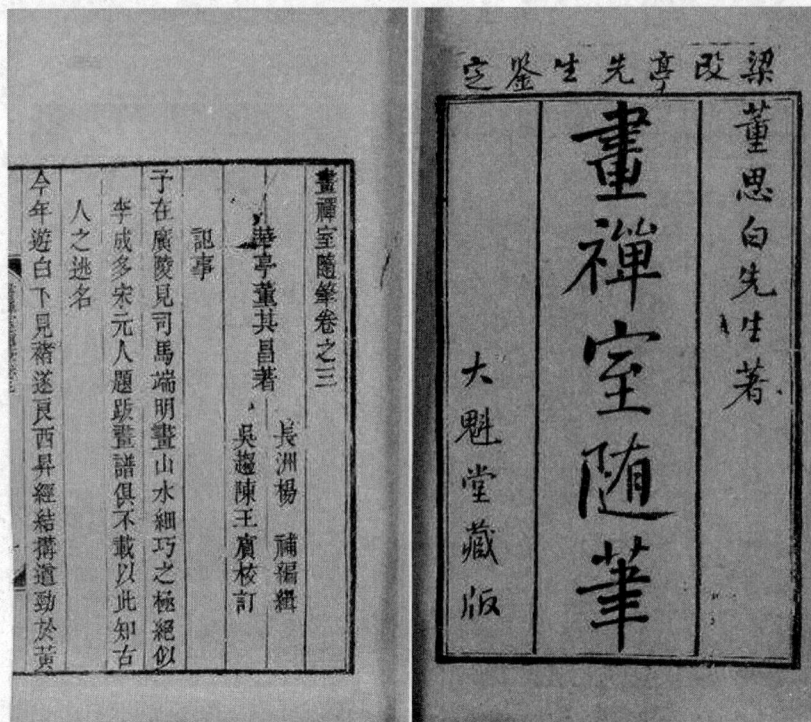

董其昌及《画禅室随笔》

有急于返程，而是一路领略闽地秀丽风光。在沙县，董其昌和在县令徐显臣（浙江永康人，万历十六年以举人任沙县县令）陪同下，一起宴游洞天岩，饮酒竟日。尽兴之余，董其昌作《游洞天岩》一首曰："洞入灵源景倍幽，香林宝地足遨游。缘溪秋草同僧寂，一路天花散客愁。怪石画悬苍树迥，飞泉晴带白云流。斜阳未尽登临兴，更欲乘风到上头。"诗中对洞天岩的"景致幽静、怪石嶙峋、苍树香林"唏嘘不已，感叹不虚此行！然最能激发董兴致的，当属"宋人题字石刻十余处"，因其"皆南渡以后名手"矣！

洞天岩之行，董其昌意犹未尽，回京后又在其《画禅室随笔》中写道："洞天岩在沙县之西十里，其山壁立多松樟，上有长耳佛像，其岩宽可容三几二榻，高三仞余，滴水不绝。闽人未之赏也。余创见而深索之，得宋人题字石刻十余处，皆南渡以后名手。岩下有流觞曲水，徐令与余饮竟日，颇尽此幽致。追写此景，以当纪游。"

董其昌的洞天岩之行至少透露了两个信息。一是洞天岩的树绿、景幽、谷深获得董的青睐，又是赋诗又是纪游。二是对地方官徐显臣而言，洞天岩是民间和府衙共同打造的风景名胜、人文古迹。它不仅是当地文人墨客的"后花园"，还是府衙招待客人的时尚"网红点"。

沙阳石塔：穿越时光隧道的魁奇风骨

　　塔，作为一种意象的存在，已历数千年。塔的平面有圆形、正方形、多角形等几种。塔的建筑材料有木、石、砖、玻璃等。建筑类型也变化多端，有楼阁式、密檐式、金刚宝座式，等等。从使用功能上分，塔主要分佛塔和风水塔。

　　沙阳之古塔，多为石材建造的风景塔，这些古塔穿越千百年的时光，留下了瑰奇的风骨与神秘的传说。淘金山舍利塔则是现代石塔，典型的佛塔建筑。

罗邦塔：造型瑰奇　文运昌盛

　　罗邦塔，古名文笔峰塔，位于夏茂镇东街村下池坑后门山顶部，因建造地跨罗邦村境域得名。罗邦塔始建于明朝末年（具体时间无从考证），分别于清康熙三十四年（1695年）和乾隆十九年（1754年）重修。罗邦塔是沙县目前遗存为数不多的古石塔之一。

　　罗邦塔海拔390.3米，方向为坐东南朝西北，迎水而建，朝向59度。罗邦塔建于夏茂盆地的东南方向，因盆地四面皆山，有众多溪流自南、西、北方各山谷间流出，于夏茂镇区南面汇入成东溪后折而向南，蜿蜒从东南方的山谷间流出。罗邦塔是用石块垒砌的实心石塔，外观六角七层，顶覆四边形圭柱式塔刹、塔体从上到下由塔刹、塔体及塔基三部分组成，通高8.44米，底座周长14.16米，占地面积14.47平方米。罗邦塔不做门窗，塔身逐层收分，外观似多角壶，甚为奇特。唯另外在西北面二层塔壁嵌置修塔首事"名录"一方，以示区别。

　　罗邦塔自清康熙、乾隆年间两度重修后，又经历了250多年的风霜雪雨、世事沧桑。塔体已经不复健硕，其塔刹崩落，裂缝丛生，塔身块石也存在程度不一的松动，甚至脱落，已经到了需要整体维修加固的危急时刻。2014年1月，当地重修了罗邦塔。

　　罗邦塔的建造目的是"镇邪以振文运"，取之"文昌"寓意，因塔形如毛笔直插云，当地居民借此塔许愿该地文运昌盛，学子科考夺魁。民间传说罗邦塔始建者是罗总爷（罗其雄）。当年，闽西北重镇夏茂镇有罗姓和洪姓两大家族。传说洪家有两大宝地，分别是洪厝的出米石和状元窠。出米石乃蛤蟆精变化，能源源不断吐出鲜米；状元窠有文脉，昭示洪家迟早要出状元。罗总爷为了让罗家后代有机会出仕为官，光宗耀祖，门楣显赫，不输给洪姓，想尽办法。某年元宵节，罗总爷暗中指使迎佛扛菩萨的人故意脱手将木菩萨砸向出米石的蛤蟆精左眼上。顿时，蛤蟆精血流如注，受伤失灵，出米石再也出不了米了。洪姓人聚众质问罗总爷。罗总爷一脸愧疚，态度诚恳，表示为了补偿洪姓，答应建一座石塔赔偿洪姓，结果他在洪厝状元窠对面的罗邦山上建了一座约高达9米高的石塔，镇住了洪家出状元的运气。然而，从罗邦塔二层塔壁上镶嵌重修名录碑上的献资者芳名上看，罗邦塔是因罗洪两家之争，罗总爷独建的传说并不可信，它乃夏茂众人捐资合建的结果。

罗邦塔

獬豸塔：造型独特　寓意深远

獬豸塔又称后山塔，位于沙县凤岗街道西门村豸角山。獬豸山又称豸角山、豸峰，因山顶石角尖峭特出，形似獬豸冠，故得名。山上有石室，称豸角洞，亦称豸峰洞。豸角山又称背后山，故獬豸塔还称背后塔。背后塔位于东西走向的山顶部，方向91度，属清代塔幢类建筑。

背后塔为乱石堆砌的窝头状实心塔。由圆形底座、塔身、塔顶、建塔捐款铭刻等组成。塔通高7.5米，底座周长15.8米，为赤色砂砾岩石稍微加工错缝垒砌。塔边崖上阴刻"清雍正七年题建豸角乐崇峯"与"清乾隆十五年题捐重修豸角首事名录"。可见，该塔始建于雍正七年（1729年），乾隆十五年（1750年）重修。从塔的制作手法判断，该塔属道教性质的石塔，为研究福建省道教类石塔提供了实物资料。2020年被列为"沙县第六批县级文物保护单位"。

明弘治《八闽通志》卷之十《地理》记载："獬豸山，昔邓将军光布云：百年后，县当出忠义之士，为国触邪。后邑人为台官者相踵，描击奸宄，谓此山之应。"这几句话为獬豸山平添一抹传奇色彩。沙县"开县始祖"邓光布将军的预言大抵根据如下：传说中的异兽獬豸能辨曲直，见人争斗，即以角触不直者。《后汉书·舆服志》云："法冠，执法者服之或谓之獬豸冠。獬豸，神羊，能别曲直，楚王尝获之，故以为冠。"被邓将军言中的为国触邪的忠义之士，宋代就有陈世卿、张若谷、罗畸、陈瓘、曹辅、邓肃、陈渊以及俞肇等。他们均以为官清正，敢于直言极谏闻名朝野。其中以陈瓘、邓肃最为典型。明代黄文梯有《登豸角山述怀》云："触邪此地曾声应，直气于今尚未摧。信有云烟从洞出，凭谁楼阁倚天开。百年想象贤豪在，九日登临我辈来。俯仰岩巅成独啸，月明还上最高台。"

民间传说更神奇。旧时沙县城关称"柴（木）排形"。大意是沙县旧城关只两条街，街道又窄又长，且滨临沙溪，形似柴排。众所周知，柴排是浮在水面上的，与水息息相关。旧城关东有东溪，由北向南注入沙溪；西门外有前黄桥坑，亦由北向南注入沙溪；南面是滔滔不绝的沙溪又称太史溪；北面虽然不是溪流，但旧时城北一带，鱼塘遍布，一口紧接一口，俨然是水泽之乡。从高山俯瞰沙县城关，东、南、西、北四面皆水，长长的街道宛若浮在水上的柴排，故有"柴排形"之称。

既然古人认为沙县旧城是浮于江边的柴排，那岂有不会被大水冲走的危险？于是有人提议在城西北的豸角山上修筑一座石塔，塔是桩的象征，柴排系在桩上，大水就无法冲走了。因此，豸角山顶就有了一座石塔。

资料显示，沙县城关这条柴排最早的桩有两处，一处在豸角山，另一处在城东。旧《沙县志》载："性天峰以东旧有一塔，名为瑞云塔。"瑞云塔为七层石塔，底层周长约 20 米，比背后塔更雄伟壮观。瑞云塔始建于明万历十二年（1584 年），万历十六年（1588 年）建成。后圮塌，清嘉庆十七年（1812 年）重建未成，现尚存塔基。

真隐塔：真身隐藏 雄踞溪南

真隐峰上真隐塔！真隐塔位于沙县水南面七朵山的真隐峰上。

最初，沙县城区溪南七座连绵的

獬豸塔

小山峰个体并没有名称，而是统一称"七朵山"，沙阳八景美称之"七峰叠翠"。单体山名是宋代南宋名相李纲命名的，据《李纲全集》收录的李纲咏七峰叠翠的题引载录："余谪居于此，爱其溪流清澈，而濒溪七峰，联如屏障，前此未有名之者。余尝莅职太史氏而窃居是溪也，适得故人诗云'夜随太史泛闽溪'，因目其溪曰太史溪。最东一峰名曰朝阳，最西一峰名曰碧云。朝阳峰之西，一峰最高，曰妙高。妙高之西，一峰有道士居之，曰真隐。碧云之东，一峰上有岩桂，至秋着花，香扑邑中，曰桂华。桂华之东，两峰相属，对凝翠阁，曰凝翠东峰、凝翠西峰……"

从李纲题引可知，从东向西数，真隐峰为七朵山之第三峰。之所以唤作真隐峰，是因为其山峰有道士居住，因修道之人（隐士）而得名。

真隐塔飞檐八角，七层实心（七上八下之意）。传说真隐塔为夏茂罗总爷（罗其雄）始建。建塔目的是"当东溪流经瀛洲，欲使之向上西流合入太史溪，以收吉气，遂在洲头砌石为壁，力挽狂澜。"东门塔就镇守在对岸的山顶上，消灾祝愿。此后，夏茂镇物华天宝，人杰地灵，出过许多名人，仅罗家就有"一门双提督，三代九将军"。然而，几个版本的《沙县志》均未找到罗总爷建造真隐塔的记载。资料显示真隐塔始建于清初，清末曾复建。民国期间，七峰叠翠的亭台楼阁日渐废圮，1958年后山上林木被砍伐一空，真隐塔1966年9月被炸毁。至于东溪改水道"西流"，笔者认为一个重要原因是东溪出口处行船向西航行是顺流，顺流比逆流省力，更加科学。（夏茂方向的物资主要集散在庙门、文昌门）2018年真隐塔遗址在原址修缮后，对外开放。而今，站在真隐塔遗址高处可俯瞰沙县全城，近处凝翠阁，远处舍利塔，十里平流，仙舟半岛尽收眼底。

普明塔：孤美神秘　航道指引

普明塔在沙县东山（今东门），明神宗万历十九年（1591年）建，后废圮。

万历十九年（1591年）闰三月六日，时任礼部左侍郎教习的田一俊病逝，他是福建大田人。时董其昌为田一俊下属，主动请缨护送田一俊灵柩归葬。任务完成后，归途中董其昌一路领略闽地秀丽风光。在沙县，董其昌和县令徐显臣一起游洞天岩，写诗赞美，又恰逢沙县东山正在建造普明塔，董其昌应徐令盛邀，为之题写塔名。后来董其昌回忆说："普明塔在沙县东山，塔始建即工，余为题曰'普明'，广数十丈，邑文学共成之，而水有立石，石有题字，水蚀其半，余意得之，为宋马少游墓。然何以在洄流最深处，而又以塔成忽涌出，揆之物理，皆不可晓。"

由董其昌的忆文可知，董至沙县时，正好普明塔竣工，徐县令盛情请他题写塔名"普明"，取"普明"之意正是石塔位于沙县城东沙溪向阳处，而"水有立石，石有题字，水蚀其半"，说明普明塔立于水滨。据笔者猜测，沙溪水运自古繁盛，沙县城东水道呈反 S 形拐弯，特意在此处设塔，说明此塔还有航道夜行指引之功能。

街市圩集：佐证车水马龙的商业繁华

　　旧时，沙县经济的繁荣主要表现在两个方面，一是水路为主的商埠繁荣，另一个是以陆地为主的圩集繁盛。

　　沙溪水运这条大动脉让沙县自古即为闽西北重要商品集散地。据史载，唐乾符年间（874—879年），沙县境内已设有渡口。北宋年间，沙县已成为闽县（今福州闽侯县）至剑浦（今延平）的要道。及至清中叶，永安、三元、明溪、清流、将乐，甚至汀州一带的大米、木材、笋干、茶叶、香菇等农副产品，以及毛边纸、烟丝等特产，大量汇集到沙县，通过沙溪、闽江运输至福州，远销天津、上海、江苏、浙江各地，笋干和茶叶还出口销往东南亚一带。当时的沙县可谓"江中百舸争流，陆上商贾云集"。当时沙县东向的仙洲为县内最大的居民聚居点，已形成"千家街市"规模。汀州人到沙县设厂造纸；闽南人到沙县开设茶厂；江西人到沙县贩卖药材、经营布匹；莆田人到沙县经营鱼货京果；江浙人以经营山货（香菇、笋干）见长，福州人的三把刀（菜刀、剪刀、剃头

沙县千家街市图（张葆冬摄）

刀）几乎垄断了沙县的饮食业和服务业。1938年，沿海一批军、政、文教机构内迁沙县，商业愈加繁荣。1940年11月，全县登记的商号有594家，沙县商埠经济成熟又繁荣。

沙县商业的繁荣主要表现在三个方面：一是在明永乐、洪熙、宣德年间，沙县在北京丰台建有沙阳会馆。二是清末至民国时期，沙县城内有江西、汀州、兴化、闽南、福州等会馆，可见当时外来经商者众多。三是从民间谚语、歌谣中可获悉沙县当年的繁华，如"有钱冇钱，琅口过年"讲的就是沙县琅口一带由于商业发达，就业机会多，容易赚钱。沙县人重情义，不管得意或失意的商贾、旅人，均能得到沙县人的热情款待。无论钱多钱少，琅口都有适合不同人群的生存空间。在民国时期，闽北还有"金沙县、银建瓯、铜南平、铁邵武"之说，足见沙县风调雨顺、物产丰庶、适商宜居。

集市是指定期聚集进行的商品交易活动形式。主要指在商品经济不发达的时代和地区普遍存在的一种贸易组织形式，又称市集。古语云："乡僻之地，贸易有定期。及期，买者卖者从四方前来，集于一定的地点买卖，俗称'赶集'。"闽中多称赶集为赶墟。沙县方言沿袭古人叫法，称赶墟为趁墟。

明嘉靖四年（1525年），沙县县内已形成有固定墟期的墟市13个。何谓墟市？据清代施鸿保著《闽杂记》卷三载："闽中上诸府乡镇间，市有定处，或二七日，或三八日，或四九日为市期。百物皆聚，谓之虚场。""虚"或作"墟"。柳子厚诗："绿荷包饭乘虚人"是也。《丹铅录》言："山凹之地，堪为墟市者日嚣。"《周礼·司市》云："禁其斗嚣，斗以力争，嚣以口争，变市之地，必多争，故禁之。"此可证，"嚣之为市，从来远矣。后谓之虚，言有人则嚣，无人则虚也。蜀人谓之场，滇人谓之街，混之务，河北谓之集。"

沙县于东晋义熙年间（405—418年）设县，县治所在地在现凤岗街道的古县村，村头现在有一块农地，土名叫墟场，可能就是最早的墟场。早在北宋年间，城东的仙洲半岛已形成"千家街市"的格局。据《嘉靖重修沙县志》记载，嘉靖时期，沙县已有县治前的大市、洛阳口市、高砂市、尾历水东市、尾历水西市（后两个位于现在梅列区的列东、列西）5个集市，有华严墟、新桥墟、富口墟、高桥墟、下茂墟等7个固定的墟场。清光绪二十九年（1903年），全县共有大小墟场20处，赶墟便成为重要的贸易方式，是日常经济生活重要的习俗。

沙县乡镇设墟市历史悠久：中华人民共和国成立初期延续民国的习俗——五天墟。1958年实行人民公社化以后，曾一度取消集市贸易，到1960年后又陆续恢复全县原有的14个集市。1968年—1981年间改为十天一墟，全县规定公历每月逢1、11、21日为墟天。1981年后，恢复五天一墟的旧传统，相邻的墟市时间不重叠，互相错开。夏茂、涌溪、郑湖、大洛为每月逢1、6日，高砂、湖源为逢2、7日，琅口、富口、南霞为逢3、8日，青州、南阳为逢4、9日，高桥、镇头（茅坪）渔溪湾为逢5、10日。

夏茂镇夏茂墟赫赫有名。一逢墟日，除富口、高桥和本镇的人外，还有不少邻县的人来赶墟，甚至有江西的牛贩子赶牛来交易。夏茂的墟日特别长，从上午八九点一直持续到下午五六点。不少外地客商要提前到夏茂过夜或者留下居住。因赶墟人众多、货源庞杂，夏茂墟形成分段分巷的墟场格局，中山路西段卖稻谷、大米、烟叶，叫米寮头；中山路中段往河边延伸是卖猪崽、家禽的地段，叫猪崽坪；有卖席巷、泥鳅巷、卖蛋巷、粉干巷、盐仓巷、石灰巷，还有卖柴火、木炭的路段。除了做买卖的，还有打拳的、变把戏杂耍的、拉西洋景的、卖梨膏糖的、卖面条的……旧时，夏茂每年农历正月十一日是特定的农具集市日。"文革"期间，夏茂墟改为逢公历每月1日、6日为墟日，而每年正月初十到十四日，则是农具集市日。当日墟场上摆满了锄、耙、柴刀、劈刀、螃刀、斧、犁、铧等铁件，还有土箕、箩筐、筋、箴、谷筛、扁担、锄柄、牛轭等竹木制品，以及砧板、笊篱等日常用品。夏茂及周边地区的民众纷纷来到集市上选购，为新一年的农事做准备。除了上述的农具和日常用品外，过去与沙县民众生产生活相关的工具器械还有石磨、春臼、辘楸（碌磚）、水碓（车碓）、扇风（风车）、谷砻、鱼罩、鳅箸、鳅叉、箬笠（斗笠）、棕衣、鸟夹、打谷机等。

旧时七都（南阳）的墟市、高砂渔溪湾村的墟市等都曾繁荣一时。七都墟传统热闹，上七都趁墟是当地人的一种民间风俗，更是百姓

斗笠世界（1965年周正东摄）

生活中不可或缺的一项活动。"一根蛇，花昵露（花里胡哨），背帕帕（布袋）去七都。七都坪就凭人行，七都墟就凭人趣（游玩）。"这是一首南阳人都会唱的童谣，它反映了人们去七都"趁墟"的情景。"一根蛇，花昵露"说的是秤星闪亮的杆秤；"帕帕"指布袋，"七都坪"说明墟场范围宽阔。童谣大意是，提着花花的一杆秤，背着满袋子的货物去七都赶墟。听说七都的街道宽又长，任人行走，七都的墟日人多热闹，好玩。七都即现在的南阳乡，地处沙县东南，距县城24千米，位置偏僻，古时候是沙县东南门户，官方设罗岩铺，以罗岩古道为基点，上可经尤溪连接福州、延平，下与六都（高砂）和洛阳镇（今镇头）相连。洛阳镇又与沙溪河相通。故此，来七都赶墟的人很多，七都墟历来热闹。另一民谣可以反映南阳墟当时的热闹："逢四逢九南阳墟，妹逐阿哥去趁墟。阿哥摆棚（摆摊）做买卖，阿妹空手来邂趣（游玩）。"每月逢有4逢9的日子是南阳墟日。小妹跟着阿哥一起去赶墟。阿哥摆摊卖货，小妹空着手到处游玩。罗岩山是南阳的最高山，据说山上有上千种草药和大量毛竹。百灵草、山苍子、盐肤木、乌根是其中药特产，而毛竹可做斗笠原材料。沙县摄影家周正东于1965年拍摄的《斗笠世界》更是把南阳墟场的昔日繁华表现得淋漓尽致。这是一张俯视图，蒙蒙细雨阻止不了前来趁墟的乡民，他们头戴斗笠，拥挤在一条主街道上，竟成"斗笠的海洋"。

沙村凤林
SHACUN FENGLIN

七夕节，领略润物无声的儒家文明

七夕是传说中牛郎织女鹊桥相见的日子，后来泛指有情人浪漫相聚的一天，可以说是中国情人节。在沙县，七夕却有另一种演绎和身份，那就是要给新入学（小学一年级）的孩子举行特别的入学仪式——做七夕。可以说，农历七月初七是沙县民间的儿童节。

做七夕，独特的入学仪式

农历六月中旬，沙县许多人家的外公外婆忙碌了起来，因为要开始给即将上学的外孙、外孙女筹备做七夕的礼物了。而在所有礼物之中，糖塔是必不可少的，它们是沙县做七夕最具代表性的礼品。

做七夕的人家一般需要采购糖塔两组，其一为糖福禄寿三星俑，喻示有福，有禄，有寿。其二为糖塔、鳌鱼俑、拜朝俑和麒麟俑。鳌鱼俑为米佣，意出鲤鱼跳龙门。拜朝俑是持笏的文官，以示仕途高远。麒麟俑则喻示太平长寿。

到了做七夕当天，有孩子要上学的家里都布置得喜气洋洋，神台上供满了各种摆件。每样摆件都有其特殊寓意：旗杆斗是三元及第（中举一斗，进士两斗，一甲三斗）的象征。糖塔高约一尺许，中间空，头套红纸花，用白糖溶化灌注而成。外形酷似西安大雁塔，取意"雁塔题名"。传说唐代凡新科进士及第，都要游曲江宴杏园，后登临大雁塔，题名塔壁留念。当年27岁的白居易入籍进士，写下了"慈恩塔下题名处，十七人中最少年"的诗句。刘沧更是豪迈地题下"及第新春选胜游，杏园初宴曲江头；紫毫粉壁题仙籍，柳色箫声拂御楼"，古人把雁塔题名与登仙并提，视作莫大荣誉。

沙县自古有三登科的说法，即科举高中为大登科，娶妻结婚为小登科，七夕上学则为小小登科，所以沙县人十分重视做七夕仪式。

做七夕通常是外公外婆的主要任务。古时候富裕家庭会请私塾先生七夕当日来当家教，以明重视。现在有些家庭具体化模仿，请学校的教师来家一天指导新生读书写字。仪式后，糖塔糖俑要敲碎（岁岁平安）掺在爆米花里分成小包，贴上一方红纸送给亲戚朋友、左邻右舍，让大家分享甜蜜与快乐。同时也是一种通报，告诉众人：我家孩子初长成，今年秋季就要上小学了！

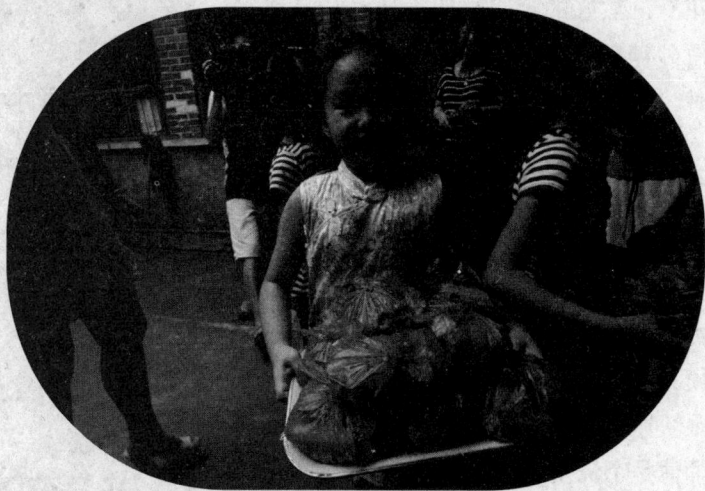

分享糖塔包

在大家的传统观念中，七夕是属于中国人的情人节。其实，中国的七夕活动内容异常丰富：江南心灵手巧的女子众多，七夕活动以妇女乞巧为主；西南则用染指以求如意郎君；香港七夕日七姐（织女）诞生日要去纸扎店买七姐衣祭七姐；台湾则拜床母……在沙县，七夕最为独特，是属于孩子的节日，充满着童真童趣。

制糖塔，古老技艺的传承

伴随沙县做七夕的独特传统，留存下来的还有糖塔制作技艺。年过花甲的沙县人梅增寿从17岁开始学做糖塔，他有40多年的做糖塔经验。他说制作糖塔是个精细活儿，考验的是耐心和技巧。从白糖到糖塔，主要经过清洗模具、选糖、熬糖稀、浇注、冷却、出模、桶装、上色等几个步骤。

一是清洗模具。糖俑的模具在制作前一夜被梅师傅"请"了出来，他小心翼翼地用净水清洗，而后投进水缸中浸泡一夜，待模坯吸足水分，再把它们捞出，搁在一旁的横板上沥干备用。

二是选糖。制作糖塔的白砂糖纯度要高，并不是普通的柴糖可以代替的。白砂糖是做糖塔的重要原料，它的优劣决定糖塔的品质。每年梅师傅都选购优质的白砂糖来加工。

三是熬糖稀。梅师傅将优质的散装白砂糖倒进圆桶里，再用铁勺把白砂糖舀进手持小锅，小锅添加泉水，不多不少，两勺正好。手持小锅有两个，一个铜锅一个铝锅，轮换使用，那是梅师傅的爷爷与父亲辈使用过并遗留下来的，两口锅的岁数均超过梅师傅的年纪。盛满白砂糖和泉水的手持小锅被梅师傅轻巧地放置在简易炉火上，白砂糖在火力的作用下，开始溶解，不久，砂糖粒化成浆水。熬糖浆温度要100℃以上，梅师傅有一套自己的经验，他控制糖浆完全靠肉眼观察。他判断糖浆熬好的最直观的方法就是糖浆水起"糖花"，熬好的糖浆水叫糖稀，一旦那些白砂糖熬成糖稀，冒出欢快的"糖花"时，就说明糖稀已经可以浇注了。

四是浇注。熬煮好的糖稀不能马上倒进模坯中，要先放置在一旁冷却至40℃左右，冷却过程中用平木勺不断搅动降温，凭梅师傅的经验，糖稀泛白就可以开始浇模了，一锅糖稀够浇3—5个模具。浇模是一项技术活，要求手、脚、眼快速配合，灵活机动才能天衣无缝。梅师傅是个浇模高手，从提锅到浇灌完毕，两分钟内他一气呵成，动作准确干净利

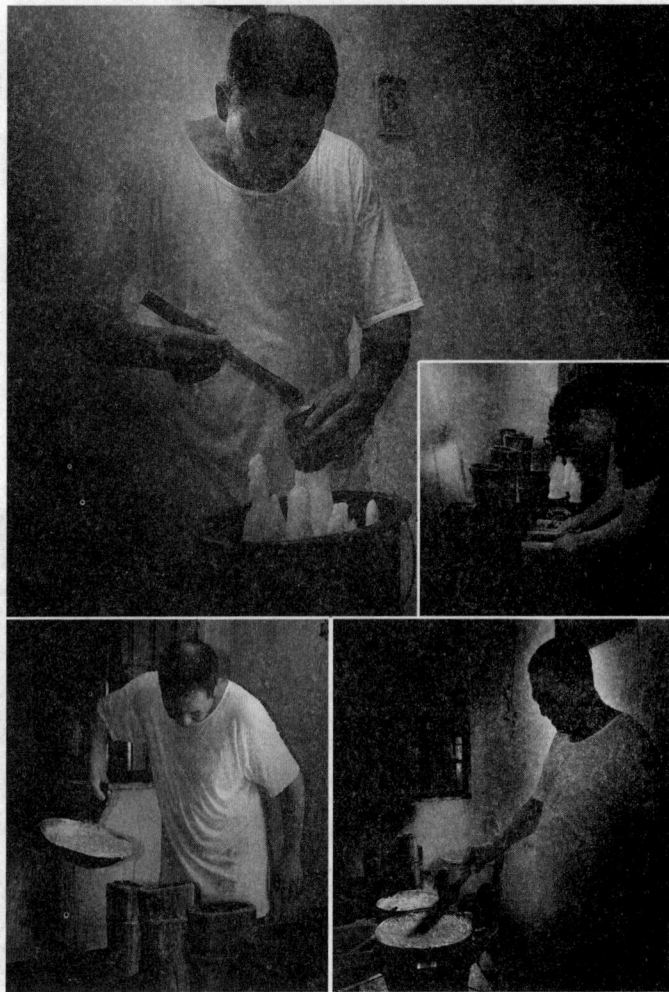

糖塔制作工艺流程

落。糖稀在梅师傅的浇灌下，在模具内快速注满，锅内剩余的糖稀又"哧溜"一个急转身，流回糖锅，接着依次倒进下一个模具，模具的樟香与糖香在作坊内升腾。老话说，"一分技艺，十分汗水"，要想把糖塔糖俑浇注得厚薄均匀，平整密实，功夫就在这几分钟内。对技艺娴熟的梅师傅而言，即便偶有闪手也不打紧，趁糖稀还没固化，从容不迫添浆修补，照样可以完美收官。农历六月正是夏日里最热的时节，做糖塔有讲究，为了不影响糖稀熬制效果和冷却速度。不能吹风扇，也不能开空调，梅师傅的加工作坊空间不大，通风效果没有那么好，时间不长，梅师傅便大汗淋漓。

五是冷却。糖稀的冷却和凝固需要时间，短则四五分钟，长则五六分钟，待那些高温糖稀在模具内冷却凝固成糖塔或糖俑的形状，就可以准备"横空出世"了。

六是出模。出模是精细活，梅师傅灵巧地撸去篾箍，谨慎地掰开木模，一尊尊透亮晶莹的糖塔和糖俑就在他的手中接二连三诞生，它们不但通体馨香，还带着让人惊喜的余温。

七是桶装。出模后再冷却至常温的糖塔和糖俑被梅师傅的爱人罗阿姨分类整齐地码在木橱里，统一的模具复制出一致的款型与式样，一样的等高、一样的表情、一样的装束，阵容强大。

八是上色。一般人家购买糖塔不要求上色，若有特意交代，则要给糖塔和糖俑上色。给糖塔糖俑上色彩绘有一套严格的规定，什么糖俑着什么颜色的衣服早就约定俗成，所以梅师傅做得轻车熟路。上色的颜色主要是红、黑、绿、黄四种，它们都是可食用的色料，红为食品红、黑为食用墨、绿为蔬菜汁、黄为黄栀子（中药）。

做七夕，儒家文明的具象呈现

沙县的做七夕具体从何时而来，史册上无从考证。从糖塔取材选形于唐朝"雁塔题名"判断，应该历史十分久远。可以确认的是沙县人给入学孩童做七夕传统与魁星有关。据说农历七月初七是二十八星宿中魁星的诞辰日，魁星是北斗七星的第一颗，也称为魁首。相传魁星神主管人间文事，想求取功名的读书人会选择在农历七月初七魁星生日这天祭拜他。古时候七夕这天，各地要举行盛大的祭祀祈愿活动，读书人拜魁星、祈求魁星神保佑自己高中魁首，考运亨通。正因如此，古人称中状元为"大魁天下"，或者"一举夺魁"。

做七夕传统是沙县人重视教育的一种表现，也是独特的崇文重教的客家文化传承。历史上崇文重教的典故很多，而作为一个重大民俗活动流传下来的却很少。崇文重教，耕读传家是三明客家人的古朴民风。客家人笃行"家贫子读书"的风尚，相信读书能改变命运。所以在孩子入学之初，沙县人便对孩子倾注满满的期望，他们希望通过做七夕这种形式，激励孩子积极进取，发奋图强，同时也借机表达知识改变命运的美好祝愿。

沙县自古拥有浓郁的书卷气息，唐武德七年（624年），沙县开始设官办的儒学。南唐时期，沙县高桥人张确高中状元。两宋间，沙县人才辈出，群英荟萃，出现了文化发展繁盛期。这时主要有三个表现：一是学习风气盛行。宋朝作为沙县古代教育的鼎盛时期，康熙版《沙县志》称其，"五步一塾，十步一庠，士以诗书相劝"，其间出现陈瓘、邓驿两位文探花。二是名宦众多。两宋间，沙县"乘朱轮曳金紫者，不知其凡几也"，宋朝名宦甚多，如陈瓘、罗畸、邓肃、张致远、曹辅等。三是进士人数多。沙县历代共有进士184名（约占三明总进士738名的四分之一），其中宋代就有149人。

小吃节：吹响小吃行走江湖的号角

　　1997 年以来，每年公历 12 月 8 日是沙县人喜庆的日子，这一天被当地百姓亲切地称为"沙县一二·八"。这一天，沙县人民喜迎八方宾客，展示有千年积淀的小吃文化；这一天，小吃搭台、文化助推、弘扬美食本宗、交流融合促进；这一天，美食展销、厨艺擂台、旅游推介、勺扬天下。

——题记

　　从中国·沙县小吃文化节到中国（沙县）小吃文化节，再到中国（沙县）小吃旅游文化节，沙县小吃节根据不同时期的不同特点，安排创意新颖、丰富多彩的系列活动，生动展现"中国小吃文化名城"和"优秀旅游县"的良好形象，推进海峡两岸饮食文化和经济交流合作，突出品牌宣传和项目带动，展示改革开放经济社会发展成果，促进经济和社会事业发展。沙县小吃节发展至今，妇孺皆知，家喻户晓，闻名东南亚，蜚声海内外。

沙县小吃，古汉族饮食文化的"活化石"

　　沙县小吃源远流长，历史悠久，在民间具有浓厚的文化基础，尤以品种繁多、风味独特和经济实惠著称，是中华饮食文化百花园中的一朵奇葩，早已享誉大江南北。

　　沙县小吃是古汉族饮食文化的"活化石"。史载，现在沙县居民的祖先大都是从古代中原南迁而来，他们经过大迁徙才到了现在的沙县。南迁的祖先保留了北方饮食文化的习惯，来到南方根据南方与北方物产上的差异采取了南方的食材，比如用大米、芋子、黄豆等制作食品。以前南方的面粉很少，沙县到了清朝才种麦子。沙县人的祖先为了保留北方的生活饮食习惯，北方有面条，南方就用米来做粉干；北方有春卷，沙县人就用大米、鲜米来做米冻皮、米冻；没有面粉做饺子就做芋包、豆腐包；没有米粉做煎饼就用玉米烙粑，这些都是古汉族食品的做法。或许您还能从沙县板鸭的腊香之中，咀嚼出周代风腊手法之精妙；从沙县民间酿糯米酒、冬酒的醇香之中，体会到《诗经·豳风·七月》里"为此春酒，以解眉寿"的诗意；从沙县豆腐爽嫩之中，感叹源自汉代"老浆点卤水"之神奇。

　　很多人认识沙县是从沙县小吃开始的。沙县小吃作为中原汉族传统饮食文化的一个分支，它既有闽南一带的饮食特点，又有汀州一带山区客家饮食文化的风格。因此，具有浓厚的地方地域特色的沙县小吃又可以分为两大流派，即口味清新淡甜、制作精细的城关小吃流派和口味咸辣酸、制作粗放的夏茂小吃流派。历史上夏茂人属客家，喜外出，几乎大江南北都有夏茂人的踪迹，其小吃原料加工和经营服务分离的方式。沙县城关人则喜欢自己加工自己经营，即前店后坊的家庭式格局，城关流派的小吃制作精良，品种多样。因此，到沙县必尝沙县小吃，吃了沙县小吃都有"沙阳归来无小吃"之感叹！

1997年12月8日，首届沙县小吃文化节文艺演出冬酒方阵演出现场

以小吃命名的特殊节庆

历届中国（沙县）小吃旅游文化节的成功举办，可以说是沙县人民、沙县人民政府为弘扬中国历史悠久的小吃文化做出的巨大贡献。

中国（沙县）小吃旅游文化节的前身为中国·沙县小吃文化节，创办于1997年12月，是沙县区委、区政府为"弘扬中华饮食文化，做响沙县小吃品牌，推进经济社会发展"而举办的具有地方特色的节庆活动。连续举办10年后，活动在全国各地产生广泛影响。2006年起，升格由中国烹饪协会主办，沙县人民政府承办的中国（沙县）小吃文化节，成为国家级的节会。2008年再次更名为中国（沙县）小吃旅游文化节，把小吃与旅游文化有机结合起来。多年来，节庆活动始终坚持以"弘扬中华饮食文化，推进产业经济发展"为主题，秉承"小吃搭台、文化推动、旅游提升、经贸唱戏、推进发展"的活动宗旨，根据各时期的不同特点，安排创意新颖、丰富多彩的系列活动，生动展现"中国小吃文化名城"和"优秀旅游县"的良好形象。

截至2021年12月8日，沙县小吃旅游文化节已成功举办25届。分别举办了沙县小吃文化展、各地名小吃展销、小吃制作技艺比赛、产业发展论坛，以及沙县小吃推介品尝会等系列活动，在全国各地产生了广泛影响。每届小吃节活动都有省部级领导出席，来自各地嘉宾上千人，参与活动的各界人士上万人，观众多达5万人次。2005年12月，举办第九届中国·沙县小吃文化节时，中央电视台《同一首歌》节目组走进沙县，包括台湾、香港地区众多的名歌手、演员在沙县同台演出，吸引了各地嘉宾、客商和各界人士 5 万多人前来参加节庆活动。2006 年 12 月，由中国烹协在沙县举办的中国（沙县）小吃旅游文化节暨海峡两岸小吃邀请赛活动，吸引了来自全国各地的烹饪界精英 500 多人在沙县同台竞技，吸引了 4 万多观众参加活动。福建海峡电视台和台湾东森电视台联合向全世界直播盛况，在国际上产生广泛影响。小吃节成为全国知名节庆活动和福建省对外宣传的名片。

小吃节不仅吸引了全国各地专家学者、各界人士、新闻记者纷纷前来参加活动，还先后应邀到福州、厦门、无锡、西安、长沙、上海、北京等城市办展。2010 年，沙县小吃代表福建美食进入上海世博园展示，同年到台湾办展。2011 年，应邀到澳门参加国际品牌连锁加盟展。通过节庆活动，不仅宣传了沙县小吃、旅游、文化品牌，同时也提升了沙县的知名度，加强了海峡两岸交往和经济、文化的合作交流，推动了区域经济和社会事业发展。

小吃搭台　文化推动　经贸唱戏

1997 年，沙县县委、县政府把每年的 12 月 8 日定为沙县小吃文化节，坚持年年办节会，至今已成功举办了 25 届。

1997 年 12 月 8 日，首届中国·沙县小吃文化节举办，省人大常委会原主任袁启彤及海内外嘉宾 1000 多人参加盛会。1998 年 12 月 8 日，第二届中国·沙县小吃文化节邀请了中国饭店协会和各地烹饪界专家到沙县举办沙县小吃发展研讨会，沙县小吃业的发展被专家们称为"沙县现象"。1999 年 12 月 8 日，中国·沙县小吃文化节活动前，举办方组织的福建旅游博览会"千年食一回"活动，获得福建旅游金奖。2000 年沙县小吃文化节前，举办方在江苏无锡市穆桂英美食城举办福建美食节沙县小吃展销会，沙县小吃荣获"飞天奖"。2002 年 12 月 18 日—20 日，举办方在上海城隍庙举办沙县小吃推介会，上海市人大和政协领导出席，上海各界人士 1000 多人参加盛会并品尝沙县小吃，对沙县小吃品种繁多、风味独特赞赏有加；2003 年 12 月 8 日，在第七届中国·沙县小吃文化节上，张信哲、黄安、付笛声、任静、董文华等一批海内外著名歌手登台演唱，赞美沙县小吃，中国饭店协会授予沙县"中国小吃之乡"称号。2005 年 12 月 8 日，第九届中国·沙县小吃文化节，由中央电视台举办《同一首歌·走进沙县》大型演唱会，孙楠、孙悦、潘长江、曾志伟、张帝等用歌声赞誉沙县小吃，把沙县小吃搬上舞台，展示给全国观众。2006 年 12 月 7 日—10 日，沙县小吃文化节升格为国家级节会，由中国烹饪协会主办，同时举办海峡两岸小吃邀请赛，活动期间举办中国小吃发展论坛。举办"千人包扁肉"和"勺扬天下"小吃擂台赛，由福建电视台和台湾东森电视台联合向全世界做现场直播，进一步打响沙县小吃品牌，享誉海内外。同时，反映沙县人从事小吃业的高清电影《走出廊桥》开拍，把沙县小吃制作技艺搬上荧屏。小吃节的开幕式上，中国烹饪协会授予沙县"中国小吃文化名城"荣誉称号。2007 年 4 月 19 日，沙县组织 50 多个小吃品种到北京梅地亚中心举办沙县小吃推介会，国家和部委领导出席活动，海内外 500 多位烹饪界专家到场品尝沙县小吃，他们为沙县小吃的品种多、工艺巧、用料精、风味美而喝彩。2007 年 12 月 8 日，第十一届中国·沙县小吃文化节开幕，空政文工团歌唱艺术家到沙县演唱，与沙县民间艺术互动表演，把沙县小吃文化融入大众文化，深入百姓心中。2008 年 12 月 6 日，投资 1.8 亿元，建筑面积 8 万多平方米，融小吃、文化、休闲旅游观光为一体的沙县小吃文化城一期工程竣工开业，

沙村凤林
SHACUN FENGLIN

2010年，中国（沙县）小吃旅游文化节开幕

6日—9日，中国烹饪协会、福建省经贸委、福建省旅游局、福建省文联、三明市人民政府联合在沙县小吃文化城隆重举办第十二届中国（沙县）小吃旅游文化节活动，同时举办海峡两岸民间艺术邀请赛、中华美食展销、沙县乡土菜比赛、小吃与旅游文化发展论坛、小吃与旅游书画笔会等系列活动，把小吃文化与旅游紧密结合，300多名全国各地烹饪界专家云集沙县，3万多名群众观赏盛会。

沙县小吃通过节会和外出展销、推介等系列活动，使沙县小吃品牌享誉全国，融入社会，深入民众，形成无可估量的文化价值，产生了显著的社会和经济效益。2010年，沙县小吃代表福建风味美食进入上海世博园"中华美食街"展示经营，深受国内外游客的好评，同年5月，配合福建省和三明市人民政府赴台开展沙县小吃台湾行系列活动。2011年3月，沙县小吃再度进入上海城隍庙参加豫园中国节（日）第九届民传厨艺大观暨上海世博会中华美食街特色小吃展演。2011年7月，沙县小吃赴澳门参加澳门国际品牌连锁加盟展活动。2014年11月1日晚，第五届中国民族节庆峰会暨中国优秀民族节庆颁奖晚会在广西壮族自治区梧州市举行。中国（沙县）小吃旅游文化节被中国人类学民族学研究会、国际节庆协会、中国民族节庆峰会组委会授予最具魅力节庆城市（地区）奖。

集团经营，促进小吃成功转型升级

进入市场后的沙县小吃文化呈现出前所未有的开放状态，尤其是在面临转型升级的关键阶段，沙县小吃开创出小店创大市场、农民进大城市的模式，实现了从扁肉担子到小吃集团，从土农民到小老板，从小吃业主到行业精英的华丽转身。1997年以来，沙县人民政府积极推进沙县小吃市场化运作，成功注册"沙县小吃同业公会及图形"集体商标、"沙县小吃及图形"集体商标，注册成立沙县小吃集团有限公司和各地子公司，实行公司化管理，形成"总公司—子公司—终端店"三位一体的公司运作模式，统一的管理标准体系、统一的视觉识别系统、统一的产品定位、统一的食材配送、统一的文化宣传，借力"一带一路"，推动沙县小吃国际化战略的实施。截至2019年初，沙县小吃已在全国各地成立子公司23家，门店提升2000多家；在美国、日本、葡萄牙等7个国家发展连锁标准门店15家。并以产业建设为目标，培育出多领域、全链条、深层次的沙县小吃特色食品产业，把简单的小吃餐饮推广，演变延伸为包括从生产种植到加工销售等多环节、多系列的大产业。2019年，沙县小吃产业园成功创建，引进沙县小吃中央厨房、沙县小吃调味品、休闲食品及禽蛋深加工等关联企业7家。

古今历史文化名人速览

俗语云，"一方水土养一方人"。在漫长的历史岁月中，沙县底蕴深厚的中原文化与闽越文化互相渗透交融，孕育出崇文重教、诗礼传家的良好风尚。当我们翻开历史长卷，必然会发现沙县这片热土上，文人名士、英雄豪杰、贤人逸士，层出不穷。

开县始祖 邓光布、曹朋

邓光布（？—878年），字明远，光州固始（今河南固始）人，才智谋略出众。唐乾符元年（874年）出任崇安镇将，驻守沙县。乾符年间，烽烟四起，社会动荡，旧县（今古县）三面空旷，无险可守，邓光布作为地方军事主官，出于安全考虑，与当时的汀州司录兼摄沙县政事曹朋商议，将县治从旧县迁到凤林岗杨篢坂（今区政府所在地），以险固守，保障百姓免遭屠戮。唐乾符五年（878年），私盐贩出身的起义军首领黄巢率领10万大军南下，经江西，转浙江，到福建，下广州……起义军一路摧枯拉朽，打败唐朝各地方武装。唐廷急令全国各乡村"置弓刀鼓板"以阻止起义军。乾符五年（878年）冬，黄巢起义军入闽途经沙县，邓光布率部堵截，在洛阳溪桥头中流箭身亡。邓光布是将沙县县治迁址的首倡者。现今水南设有将军祠。

曹朋（生卒年不详），字仲益，光州固始（今河南固始）人。唐中和（881—884年）年间，以汀州司录兼摄沙县政事，职务相当于沙县知县。当时正值战乱，饥民流离失所，曹朋济困扶危，救民于水火，受到百姓拥戴。唐中和四年（884年），曹朋在邓光布将军战死后完成了县治由旧县（古县）迁往凤林岗杨篢坂（今政府所在地）的迁移。

邓光布与曹朋被民间称为"开县始祖"。宋宣和五年（1123年），邓光布被朝廷追封为灵卫侯，建祠水南，历代均有修葺。

邓光布

闽西北状元第一人 张确

张确（942—993年），字汝诚，号坚介，沙县崇信乡德星里（今高桥镇高桥村）人。自小才学出众，颖敏能文，词学蜚声乡里。公元975年的南唐末年（宋开宝八年）之科举考试，张确以第

一名登科，高中状元，即授文林郎、秘书省校书郎。此时风雨飘摇的南唐王朝已处于宋军攻打首都金陵城的险境，但仍坚持开科取士。这年二月，李煜举行了南唐最后一次科考，取张确等30人为进士，张确名列榜首。据明嘉靖《延平府志》《福建通志》《八闽通志》和《福建省志·人物志（上）》等史志文献记载，张确不仅是沙县第一位进士，还是闽西北第一位状元。

民间至今流传有关张确的传说。其一说是沙县张氏始祖孺公的五代孙令资公住在吴早山下，一天夜里，其妻梦见一只玉燕飞投入怀。夫妇俩觉得这个梦很奇异，找人圆梦。圆梦的人说："玉燕投怀，将生贵子。"果不其然，不久张家生了个男孩，取名"确"。

《沙县志》卷二《疆里》载曰："高桥，宋开宝八年建，里人张确，举南唐状元及第，而桥适成，因名高桥，盖取高科之义。"据说，张确以第一名登第，高中状元。消息传到家乡，正逢村里建桥，乡亲因张确高第而取"高"为桥名。此后，高桥作为地名，沿用至今。

张确

乡贤尚书　陈世卿

陈世卿（953—1016年），字光远，号豸山，南剑州沙县人。宋雍熙二年（985年）登进士第，解褐州推官。再调东川节度推官。后又出任四川梓州从事。

淳化四年（993年），陈父病逝，陈世卿回乡守孝，适逢四川爆发王小波、李顺领导的农民起义。淳化五年（994年）正月，起义军攻下成都，梓州告急，陈世卿奉命赶回梓州。梓州被起义军包围，知州张雍命陈世卿守城。一日，北风大作，起义军纵火急攻北门，陈世卿登城射箭，射死百余人，北门未被攻破。该州被困80多天，后来由于朝廷援军入川，起义军撤围，张雍将陈世卿的事迹报告朝廷，并让他执掌书记。张鉴出任广州时，荐陈世卿为通判。临行时，皇帝召见陈世卿，赐绯袍，加封为太常博士。

景德元年（1004年），陈世卿任建州知州。不久升为福建转运使。因开发南剑州、安仁等地银矿有功，朝廷曾予奖励。后又调任两浙路转运使。大中祥符四年（1011年）调任荆湖北路转运使。因慈利县发生民族纠纷，朝廷命陈世卿征讨。他在当地两年，团结感化少数民族，兵不血刃而使得民族纠纷顺利解决。宋真宗下诏封他为秘书少监，加赐金印紫绶，并出任广州。他在任上曾上奏革除计口买盐的旧制，以及外国来华从事商业贸易活动应照章纳税，朝廷准奏。从此，广州财政税收大增，经济开始繁荣。

陈世卿于大中祥符九年（1016年）在广州去世，享年64岁，朝廷特赐陈世卿为吏部尚书衔。陈世卿的灵柩运回家乡安葬。王安石为陈世卿撰写墓志铭。

"循良"名宦　张若谷

张若谷（968—1054年），字德繇，沙县城关兴义坊人。宋淳化三年（992年）进士，任四川

沙村凤林
SHACUN FENGLIN

巴州军事推官，大理寺丞兼四川蒙阳知县、处州知州等职。

景德元年（1004 年）六月，宋真宗从群臣中选拔出 24 位政绩突出，德高望重的官员。张若谷因为官清正务实，素有"循良"美誉而被提拔，调进京城任三司度支、盐铁副使，升至右谏议大夫，后外放为并州太守。张若谷为官清正，一直为宰相张世逊器重，官至尚书左丞。

天圣元年（1023 年），张若谷为益州路转运使时，与薛田一起向朝廷奏请恢复蜀地"交子"交易制度，得到宋仁宗的批准，"始置益州交子务，以百二十五万六千三百四十为额"。翌年二月，中国有史以来首次由国家印制的纸币由益州交子务发行流通。

廉孝典范　文采风流　罗畸

罗畸（1056—1124 年），字畴老，沙县城西人，罗从彦同祖父堂兄。少年时代便蜚声太学。宋熙宁九年（1076 年），20 岁的罗畸高中进士，先后任福州司理、滁州司法、华州教授、太常博士、兵部郎官、秘书少监等职，曾以右文殿撰的身份出任处州、福州、虔州（今江西赣州）等地知州。

罗畸任福州司理参军期间，因看不惯上级压制下级，得罪上司使者，萌发退隐还乡之意。随后以侍奉年老父母之名回乡，遍访名医为父母治病，并闭门谢客，专心读书满十年。罗畸父母相继去世后，居丧期间，他在父母的墓旁搭个草棚守孝。三年守孝期满，脱下孝服时，他感慨说："我对父母亲的侍养还很不够啊！不及父母对我的养育之恩啊，我应当把对父母的孝心化为报国之心。"之后，罗畸重新入仕被任命为滁州司法参军。罗畸审理案件十分认真，以前被判死刑的案件，只要他认为有疑点的都逐一重新审查，纠错冤案多起，平反十几个人。滁州的一些同僚很妒忌他，想诬

罗畸

陷、弹劾他，他就以兰花的高洁来勉励自己。据说他在官署堂前种了很多兰花，并且为之写了一篇文章，"予之于兰，如贤朋友，朝袭其馨，暮撷其英，携书就观，饮酒对酌。"好在罗畸的同科状元、宰相徐铎对罗畸十分了解，他极力向朝廷推荐罗畸。

绍圣二年（1095 年），罗畸在滁州任期满后，回京等待任命。正好这年北宋朝廷为了考察官员的多种文体的写作水平，特设立词科。据《容斋随笔》载："绍圣二年，始立宏词科，除诏、诰、制、敕不试外，其章表、露布、檄书、颂、箴、铭、序、记、诫谕凡九种，以四题作两场引试，唯进士得预，而专用国朝及时事为题，每取不得过五人。"罗畸在词科考试中取得优异成绩。朝廷原想把他留在京城馆阁任职，但是罗畸再三要求外放，于是被授予华州教授。罗畸在华州任学官期间定下规矩，讨论孔子学说当以"王者十二旒"为准则。他根据史实对孔庙中"十哲像"的座次排列加以订正。朝廷根据他订正的座次颁行于天下。学生就学要举行"释菜礼"。在他的努力下，华州教育有很大的发展，民风得到敦化。

崇宁年间（1102—1106 年），辟雍（北宋末年指太学的预备学校）落成，徽宗皇帝命词臣献

诗赋歌颂，数百词臣作品中，罗畸的颂作名列第一，特授紫金鱼袋，进官一等。大观年间（1107—1110 年），罗畸奏章三次，请求外调，以右文殿修撰出任庐州知州。不久，又调任福州知州。他所到之处，必先问民间疾苦，力革陋习弊端，秉公办事。

宣和二年（1120 年），罗畸已 64 岁高龄，在老家沙县赋闲数年，过着"疏池沼，辟斋舫，唯诗书之娱，对宾客，剧谈古人忠□□□□之美，未尝辄□声乐也。好施药剂，急人患难"的生活，突然被朝廷委任虔州知州。任期内，他善待百姓，施行德政，进而"居数月，囹圄亦空"。罗畸几次请辞，告老还乡，均未果。突然有一天，罗畸在住所溘然谢世，享年 68 岁。虔州百姓深切怀念罗畸，以致出现"州人为之罢市而巷哭，贫者鬻衣致奠焉"（因祭奠罗畸罢市不开，深巷处有人哭，穷人为了购买祭品，不惜当掉衣物）的现象。

宣和六年（1124 年）三月初一己酉，罗畸归葬于沙县俦村先祖坟之侧，留有"宋故殿撰罗公墓志铭"一座。2004 年 2 月 22 日，在金沙工业园发掘出罗畸墓志铭石碑两块，共有 1332 字介绍其生平。现藏于沙县区博物馆。今在龙湖公园岸边建有宋故殿撰罗公墓和景贤亭各一座。

罗畸文采出众，一生著作颇丰，有《讲义》五卷、《秘阁秘录》四十卷、《蓬山志》五卷、《洞霄录》十卷、《文海》百余卷、《道山集》三十卷，可惜均已遗失。罗畸是一位收藏大家，检索《李纲全集》内文，可知其曾收藏有名家绘制的《衡山图》《华山图》，宋代李伯时绘《藩马图》《御马图》，以及《蜀中入定僧惠持画像》，北宋大臣的《富弼画像》等。

铁面谏议　陈瓘

陈瓘（1057—1124 年），字莹中，号了斋，沙县城西劝忠坊人。元丰二年（1079 年），22 岁的陈瓘高中科举一甲第三名，为沙县史上文探花第一人。历任礼部贡院检点官、越州通判，二品左司谏等职，并以"直谏"闻名。

元祐四年（1089 年），陈瓘出任越州通判。太守蔡卞（蔡京胞弟）听说陈瓘德才兼备，多方笼络，给予特别的礼遇。陈瓘知晓蔡卞心术不正，不为利益所动，不愿同流合污，甚至多次以病为借口，要求辞

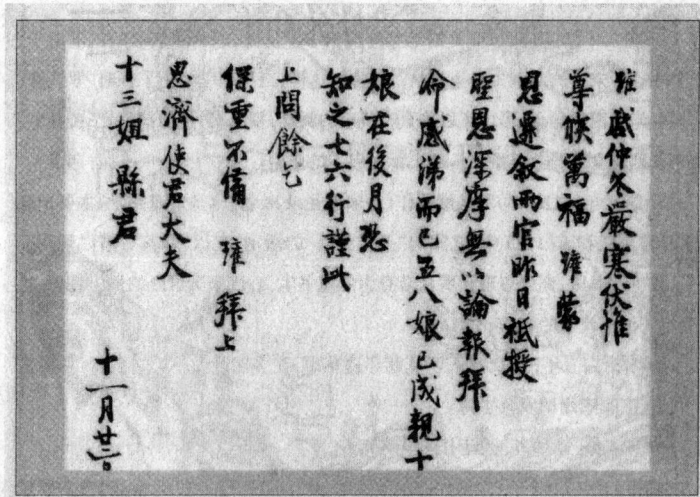

陈瓘《仲冬严寒帖》，现藏于北京故宫博物院

官归隐。陈瓘在明州任职时，认为自己的职分田收入颇丰，只取其中一部分作为生活费用，其余充公。绍圣元年（1094 年），章惇为相。章惇听说陈瓘很有才华，十分器重。有一次特邀其同船，向其请教治理国家的良计。陈瓘明知章惇与司马光政见相悖，却在章惇面前为司马光辩护。章惇虽然十分气愤，但也不得不佩服陈瓘的胆识和学识，不久陈瓘被任命为太学博士。宋徽宗时期，陈瓘被任命为右正言，后又升为左司谏。陈瓘身为谏官，秉公进言。蔡京的党羽曾布（宰相）私下告诉陈瓘，将授予他实职。陈瓘不为所动，他对儿子陈正汇说："我与宰相议事多有不合，现在他们以

官爵为饵来笼络我，如果我接受他们的推荐，那么与他们所为有什么区别呢？这样做于公于私都有愧。"

陈瓘大公无私、为人正直，清廉自洁。《宋史·列传》记载其事迹；《中国历史名人大词典》亦有陈瓘之条目。南宋大儒朱熹在《三朝名臣录》中曾亲自为陈瓘撰写传记，理学家杨时为陈瓘原籍的祠堂撰写《沙县陈谏议堂记》，以示纪念，垂范后人。且因陈瓘刚正不阿、铁面无私的人格魅力，明代《水浒全传》作者施耐庵把他写进了小说：第97回《陈瓘谏官升安抚，琼英处女作先锋》；第100回《张清琼英双建功，陈瓘宋江同奏捷》，一直到114回，都对北宋名臣陈瓘的活动情节做了叙述，《水浒全传》中的陈瓘故事虽有艺术虚构，但也说明了陈瓘当时极高的社会声望。明代作家冯梦龙编写的汇集历史上许多智者故事的《智囊》一书，也有《陈瓘料事如神》《陈瓘攻蔡京之恶》两则故事，其内容均取材于历史事实。

陈瓘还是一位书法家，其书用笔极少圆转，字势多窄长，上敛而下放，字的结构外形显得高大、伟岸、气宇轩昂。陈瓘传世的笔墨不多，现藏于台北"故宫博物院"的《仲冬严寒帖》是其传世的唯一真迹。陈瓘的诸多著名奏章、诗词、祭文等选入《乐府雅词》《永乐大典》《四库全书》《南宋文录》《宋文纪事》等历史文献及历代各地方志中，体现了他在儒学、理学、易学、佛学、道学诸方面的造诣，决定了其学术地位。

陈瓘晚年辞官为民，著书讲学，逝后谥号"忠肃"。在现今沙县城一小学校园内，立有一座忠肃陈公祠，即了斋祠。而江苏省南通市城里文庙（今文化馆）、狼山准提庵及如皋定慧寺内都曾设有宦祠、乡贤祠、三宗祠等古迹，用以供奉陈瓘、岳飞、文天祥等名人。

位卑不忘忧国 曹辅

曹辅（1069—1127年），字载德，沙县五都高砂人。宋元符二年（1099年）进士，曾任宁德尉、安丰主簿。政和二年（1112年），以通仕郎中词学兼茂科，累官秘书省正字。

政和元年（1111年），宋徽宗常着便服乘小轿，由几个内臣引导，到宫外去游玩，第二天如果来不及返回，就传旨称有病，不坐朝。开始时，朝中还不知这种事，后蔡京有上表谢宋徽宗7次临幸之举，此事才被大臣们知道，一味附顺的臣僚们都不敢言语，只有曹辅上疏切谏，宋徽宗见疏大怒，令宰臣将曹辅押赴都堂审问，随后将曹辅贬为郴州编管。曹辅在郴州六年，安然自若，毫不介意。靖康元年（1126年）宋钦宗即位，召曹辅为监察御史守殿中侍御史，以后，又改任谏议大夫、给事中、御史中丞、廷康殿学士、签书枢密院事等职。任职期间，曹辅先后上疏百余道，弹劾因循误国的宰相王黼，反对厚赂金兵，主张"以和为名，以战为实"。靖康元年十二月，在再三反对无效的情况下，曹辅陪宋徽宗、宋钦宗赴金营，被扣为人质。

伪楚国成立后，张邦昌向金兵要回曹辅。曹辅请求去职返乡，张邦昌不答应。宋高宗到南京后，曹辅即前往投奔。建炎元年（1127年），宋高宗即位，曹辅担任旧职，不久即逝世。归葬于东门外仙洲（二十八曲入口左侧），后追赠太师福国公，谥忠达。著有《籁鸣集》十卷，《秦议》十卷。

承前启后的闽学大儒　罗从彦

罗从彦（1072—1135年），字仲素，宋代南剑州沙县人，著名的理学家、思想家、教育家。他为闽学四贤之一，是闽学重要的奠基人之一朱熹老师（李侗）的老师。他在闽学中的地位是"承杨龟山、传李延平、启朱晦庵"，起到承上启下的作用。罗从彦郡望"豫章"，后世学人称之"豫章先生"。

罗从彦自幼刻苦好学，先就学于沙县罗氏族学义恩祠，后师从于延平名师吴仪，宋建中靖国元年（1101年）与陈渊（杨时长女婿）从师于程颢和程颐的嫡传弟子，闽学奠基人杨时。初见杨时，三日后即"惊汗浃背"，惊叹"不至是，几虚过一生矣！"杨时也认为门下众多弟子中，"唯从彦可与言道"。

杨时在讲解《周易·乾卦·九四爻》时，不由感叹地说："这个问题伊川先生说得比我更好呀！"罗从彦为了求证，从镛城（将乐）返回家，变卖家中田产充作盘缠，并自带干粮，前往洛阳向程颐当面请教。罗从彦发现程颐所说的与从杨时处听到的相差无几，从洛阳回来之后，从师杨时更为虔诚。自元祐六年（1091年）至政和七年（1117年），罗从彦先后6次长途跋涉，登门求教，拜学杨时。经过他20余年的潜心钻研，"终得杨时不传之秘"。

政和六年（1116年），朱熹的老师李侗投书罗从彦，成为罗从彦的门下弟子。宣和五年（1123年）初，朱熹的父亲朱松也拜罗从彦为师。这样，二程理学经历了杨时、罗从彦、李侗、朱熹四代师承，形成了以朱熹为代表的闽学。

靖康元年（1126年），罗从彦完成代表作《圣宋遵尧录》八卷的创作。南宋绍兴二年（1132年），罗从彦年逾花甲，以特科进士出任广东惠州博罗县主簿。绍兴五年（1135年），64岁的罗从彦任博罗县主簿期满，欲启程返乡，突然得病，三日后于病榻中亡故。宋淳祐七年（1247年），圣旨诏赐谥罗从彦"文质"；万历四十一年（1613年），罗从彦牌位从祀孔庙；康熙四十五年（1706年），皇帝御赐豫章祠堂"奥学清节"匾额。

罗从彦主要著作有《遵尧录》《语孟师说》《台衡录》《中庸说》《春秋解》《诗解》《春秋指归》《春秋释例》《议论要语》《诸儒议论》《龟山先生语录》《二程先生语录》《问答》以及诗、记、文和简牍等，可惜大多已佚失。现存有《罗豫章先生集》和《豫章文集》两种，以《豫章文集》十七卷本存世最多。其中，清乾隆十六年（1751年）重刻出版的《宋儒罗豫章先生全集》十七卷（其中《遵尧录》八卷）收录于纪昀主编的《钦定四库全书》，成为中华文化的经典作品。

南渡第一名臣　李纲

李纲（1083—1140年），字伯纪，号梁溪，谥忠定，出生于邵武。史称其"出将入相"南渡第一名臣。

宣和元年（1119年）六月，京城开封发生水灾，时任国史编修的李纲冒越职之罪上《论水灾

罗从彦

沙村风林
SHACUN FENGLIN

事乞对奏状》，被朝廷降官，之后李纲再上《论水便宜六事奏状》，提出了"治其源，折其势，固河防，恤民隐，省烦费，广储蓄"等六项治防水患、体恤民生的有效措施。在这两份奏议中李纲更以战略性的眼光建议当政者储蓄物产，巩固国防，以备外族入侵。宋徽宗认为"所论不当"，把李纲贬为南剑州沙县监税。李纲于宣和元年（1119 年）十二月到沙县，居住在城东兴国寺（今沙县区实验小学内）。宣和二年（1120 年）六月，李纲复承事郎，十月中旬离开沙县，北归。

　　李纲谪监南剑州沙县税务时，寓居兴国寺。青灯黄卷，郁郁不得志的李纲曾写下了《寓轩记》："梁溪居士以居，而居兴国佛宫，自秋徂夏，气候高蒸发思得宽敞幽邃之宇，以为燕处游息之地。……不数日，焕然一新，于是易其旧，名之曰：'寓轩'。"后值定光佛经沙县，幻身为老僧，自沙溪南面，步虚而渡。李纲恰在溪边行走，为其所见，知为异人，尾随其后至洞天岩。老僧横卧假寐，李纲以前程问卜，老僧援笔作偈曰："青着立，米去皮，那时节，再光辉。"李纲乃寄情山水，静候佳音，及靖康改元，诏征还朝，为宰相。李纲复出后，新安吕之望接任管库，改"寓轩"为"具瞻堂"，以示敬仰名相之意。

李纲

　　李纲谪居沙县期间，足迹遍及沙县各地名山胜景，与当地诗人名士（邓肃、罗畸、陈渊等）燕游。诗词赓唱，写下了大量的诗文。李纲为沙县的八个景点命名为沙阳八景，分别是凤岗春树、豸角秋烟、七峰叠翠、十里平流、洞天瀑布、瑶池夜月、瀛洲夕照、吕峰晴雪。李纲不仅把沙溪南岸傍溪而立的七朵山命名为七峰叠翠，还为七座小山峰（七朵山）分别取名为朝阳、妙高、真隐、凝翠东、凝翠西、碧云、桂花，并各赋诗一首。

刚正不阿　陈渊

　　陈渊（1075—1145 年），字知默，初名渐，字几叟，沙县城关人。陈渊是陈瓘的侄子，受陈瓘影响颇深，18 岁获乡试第一，26 岁时投书从师杨龟山，深得杨赏识，成为杨龟山的长女婿。陈渊与乡人罗从彦为同窗好友，至交 40 余年。李纲谪居沙县时，他与之唱和，交好至深。

　　绍兴五年（1135 年），陈渊因受给事中廖刚，在中书舍人胡寅、朱震权，户部侍郎张致远等人的推荐下，被任命为枢密院编修官。不久，被李纲推荐为制置，主持机密文字。高宗下诏推举直言极谏之士时，又得到胡安国推荐，绍兴八年（1138 年）赐进士出身，翌年任监察御史，再升右正言。《宋史·列传》有陈渊事迹记载。

　　陈渊学识渊博，敢于直言极谏，有陈瓘遗风。宰相秦桧为了培植党羽，巩固自己的地位，想拉拢谏官来排除异己，曾推荐过陈渊。陈渊对秦桧派来的人说："有责任说话的人不说话，却凭私人的情面废除公正之言，这种事我不能做。"当时，秦桧极力主张同金兵议和，陈渊上疏道："敌方的心意在于作战，在不得已的情况下才跟我们讲和，我方的心意在于和议，在不得已的情况下才与他们作战。我希望能以和作为息战的筹码，以战作为守和的准备。"奏章连上五道，一道比一道恳切。秦桧对陈渊的不顺从十分恼怒，叫监察使陈确转告陈渊说："陈右省如果稍微缄默就可以得到提升。"陈却慨然说道："陈右省是天下的正人君子，不可以用利害祸福来使他害怕！"秦桧的亲信郑亿年恢复为资故殿学士，陈渊对此表示异议："亿年虽然是朝廷命官。但是有降贼的丑闻。应该罢免他的职务。"于是秦桧更加厌恶陈渊。左丞相赵公鼎极力排斥议和，但朝中许多官员都顺从秦桧的意见。陈渊力排众议说："派使者出疆、奉送优厚钱币，更加助长仇敌之势，赵丞相的上奏是对的。"赵公鼎被罢官时，陈渊又极力谏言，上奏道："赵公鼎可以担起天下重任，望留下他以利于中兴大业。"秦桧听到这件事，说："这把我放在什么地位？"当时朝中谏官大都是秦桧的鹰犬，唯有陈渊敢于仗义执言，终于被贬为秘书少监兼崇政殿说书。陈渊以回乡省亲为名辞职，后改为宗正少卿。不久，因何铸一事，被罢官，后主管台州崇道观，绍兴十五年（1145年）逝世，享年71岁。

陈渊受到义理的熏陶，为人循规蹈矩，有理有节，有始有终。有的人曾劝他迁就些，以随世立名。他感叹地说："我只知道对上不辜负天子，对下不辜负所学而已。至于子子孙孙的盛衰，我无暇顾及了。"陈渊著有《默堂集》三十卷。

鲠亮有识 张致远

张致远（1090—1147年），字子猷，号吴早山人，沙县高桥人。宣和三年（1121年）进士，在宰相范宗尹的推荐下，出任枢密院计议官。

南宋建炎四年（1130年）七月，福建建瓯人范汝为在回源洞聚众起义，福建饥民纷纷响应，不到一个月起义军达十余万之众，大败官军。同年十二月，朝廷又派人招安。范汝为接受招安，任民兵统领，统率原农民起义军，驻扎建阳屯田。绍兴元年（1131年），张致远向朝廷奏报说："范汝为虽然接受了招安，但犹怀反侧，而招安官谢响、陆棠受贼赂阴与之通，希望朝廷严加防范。"同年十月，范汝为再次率农民军起义，并击退辛企宗的进攻，占据建州（今福州），继而进军光泽、南平，攻陷建阳、崇安，转战松溪、浙江龙泉一带。范汝为的起义军声势浩大，震惊朝野。南宋朝廷命参知政事孟庾为福州宣抚使，韩世忠为副使领兵讨伐。张致远作为随军机宜文字，共同前往。因"剿贼"有功，升迁任两浙转运判官。绍兴四年（1134年），朝廷任命张致远为监察御史。张致远没有到任，后又改任广东转运判官。

绍兴四年（1134年）九月，宋高宗起用主张抗金的赵鼎出任尚书右仆射、同中书门下平章事兼知枢密院事。赵鼎不仅重用岳飞、韩世忠等一批爱国将领，有效地组织了军事力量以抵御金兵，还大胆推荐任用张致远、胡寅、魏矼、晏敦复、潘良贵、吕本中等一大批主张抗金，"皆有士望，他日所守当不渝"的官员共同管理朝政。张致远被封为殿中侍御史。当时，江西主帅胡世将请求朝廷让他多征买绢折纳钱，以此敛财。张致远上疏反对说："折纳绢钱应该越少越好，才能宽民力。而现在要征收的比以往多一倍，这不是乘老百姓的危急来敛财吗？"朝廷采纳了张致远的意见，制止了胡世将的无理要求。当时的南宋朝廷财力薄弱，国库空虚。张致远认为，国家的财经管理应该"首省节，次及经营""聚财养兵皆出民力，善理财者，宜固邦本"。所以，他建议朝廷废除福建食盐专卖制度，把茶叶和盐二官合并；朝廷从三司中选派官员，前往监督，辅佐管理。

绍兴五年（1135年），张致远任户部侍郎，后又调任吏部侍郎，不久又复任户部侍郎。张致远针对当时朝廷的奢侈之风，向宋高宗提出："陛下想要富国强兵，大有为于天下，就应该诏告大臣。力行省节，明令禁止奢侈，而且要从宫廷做起，从朝廷大臣们做起。"他提议朝廷裁减官员和精简机构，"额员可减者减之，司属可并者并之"。州县一级不可滥用钱财，结余的钱应上交监察部门。监察部门也不能乱用，结余的钱应上交国库。不久，张致远调任给事中。他请求外放任地方官，以显谟阁待制的身份到沿海的浙江台州任知州。当时沿海暴发郑广起义，台州一带由义军控制。因而，朝廷改派张致远任福建福州知事。绍兴六年（1136 年）八月，郑广向朝廷投降。张致远留郑广的部下 400 多人驻守城外，其余的人马命由郑广带领去"征剿"其他地方的起义军，几个月便"剿"平了各地起义军。绍兴八年（1138 年）正月，张致远以给事中出任广州知事，不久又授予显谟阁待制。

绍兴十七年（1147 年），张致远病逝。《宋史》对其评价很高，称之"鲠亮有学识，历台省侍从，言论风旨皆卓然可观"。

忧国忧民 邓肃

邓肃（1091—1132 年），字志宏，号栟榈，宋代南剑州沙县八都邓墩（今虬江街道曹元村界）人。乃唐末崇安镇将邓光布将军后裔。父邓谷，母罗氏。邓肃自幼聪明好学，15 岁替人写信给县令，文辞通畅，立论公允，人皆惊奇。26 岁入太学，深得理学家杨时器重。

宋徽宗当政时，在开封建艮岳，令各地进贡奇花怪石放置其中供赏玩，宣和末年（1124 年），邓肃呈《花石诗十一章并序》批评那些借献花石纲以营私利的阿谀奉承之徒是"饱食官吏不深思，务求新巧日孜孜"。诗中还写道"但为君王安百姓，圃中无日不春风"。当朝权臣见诗大怒，将邓肃逐出太学，贬回故里。邓肃义无反顾，挥笔写下"填海我如精卫，当车人笑螳螂。六合群黎有补，一身万段何妨"的诗句，表现了他崇高的气节。

靖康元年（1126 年），李纲复职后，在其举荐下，宋钦宗于便殿召见邓肃，赐进士出身，补承务郎，并授以鸿胪寺主簿之职。同年十二月，邓肃奉命押送金兵勒索的道释版籍前往金营，被扣为人质，在金营的 50 余天，邓肃毫无奴颜媚骨，镇定自如，借机察看敌营，了解军情。靖康二年（1127 年）三月，金兵灭北宋，立楚国，扶张邦昌为傀儡皇帝，原北宋朝廷大臣中卖国求荣、加官晋爵者不乏其人。邓肃不为利禄所动，"不食楚粟，饥饿殆不能行，万死一生"，奔赴宋高宗赵构行营（《栟榈文集·奏札子》），表现了坚定的民族气节，被擢为左正言。

面对二帝被俘、山河沦陷的局面，目睹金兵围京之际一些朝廷"重臣"的失节行为，以及宋高宗朝廷甘守半壁江山、不思收复失土的投降政策，邓肃根据在金营的所见所闻，分析了宋、金双方的实力和胜败的因素，大呼"金人不足畏"，极力主战，并主张严惩失节的朝臣，奖励有功之臣，

邓肃

裁撤平庸之才。他忧国忧君，激愤时曾在三月之内上疏二十余道奏议，就连曾在钦宗面前举荐过他的耿南仲也因"沮渡河之战，遏勤王之兵"而受到弹劾。宋高宗嘉奖他"论事正当，甚可取。"赐给五品服，邓肃因此声名大噪。

宋建炎元年（1127年）八月十一日，宋高宗听信谗言，将居相位仅75天的李纲再度罢免，太学生陈东、布衣欧阳澈等为保李纲被斩首。邓肃并未因此而退却，他义无反顾，于当月二十一日再上《论留李纲疏》，明言"纲学虽正而术疏，谋虽深而机浅"，所以，既不足以副高宗"眷注之诚"，又无法周旋于高宗左右的宠臣之间。奏折中还引用宋高宗起用李纲时说"李纲真以身殉国者"的话，含蓄地批评宋高宗出尔反尔的行为，强调"李纲于此亦不可谓无一日之长也"。《论留李纲疏》触怒了高宗。建炎元年（1127年）十月，邓肃被免去左正言之职，谪贬回乡。

邓肃为官清廉，两袖清风，回乡后又遇土匪作乱，一家八口人四处躲避，缺衣少食。绍兴二年（1132年）五月，邓肃携母避乱于福唐（今福清），五月初九病逝，年仅42岁，归葬于邓墩（今曹元村界），有《栟榈文集》二十五卷传世。

孤风凛一生　罗博文

罗博文（1116—1168年），字宗约，又字宗礼，南剑州沙县人，北宋太常博士罗畸嫡孙。

罗博文从小拜李侗为师，研读理学，乐而不倦。罗博文治学严谨，谦逊好学，不耻下问。"尝从李愿中生先游，闻河洛所传之要，多所发明，喟然叹曰：儒佛之异，亡他，公与私之间耳。"罗博文与理学大家朱熹为"同门师兄弟"。清黄宗羲著《宋元学案·豫章学案》云："朱子与宗约，在延平门人，最为契合，然朱子之交宗约，在延平没后，宗约寻又入蜀，其相与不过一二年耳，宗约于蜀中得豫章议论要语，曰：'归当以示友人朱元晦而审订之。'"则其所推服，朱子而外，无人焉。乃宗约卒于途中，此言遂成虚语，可叹哉！

因罗畸奏请，罗博文补将仕郎，授予右迪功郎福建司户参军。罗博文负责管理仓库，严格遵守出纳制度，尽除过去弊病，不久升擢为广西静江府观察支使。静江幕府办事无能，罗博文到任后，从容裁决。罗博文处事从不疾言厉色，但却处理得十分得体。罗博文性情平和，听到人家的长处，就乐于称道，仿佛自己不可企及；听到人家的过错，则有所回避，不忍谈论；看到人家患难，犹如自己受苦，必尽全力

罗博文

帮助。当时正值秦桧当权，时有被排挤的官吏南下途经静江府，罗博文都十分热情厚待他们，以致用尽薪水，变卖衣物。同僚们都十分信服他的为人。因此，罗博文被推荐为右宣义郎，任赣州瑞金县知县。罗博文在任瑞金知县时，正值当地发生灾荒，盗贼蜂起，社会治安十分混乱。罗博文一方面打开官仓赈济饥民，另一方面加强巡查严惩盗贼，很快稳定社会秩序。县中诸事不管大小，罗博

文都亲自处理，不辞辛劳，惠政于民，官威远播。

隆兴元年（1163 年）赵构死后，宋孝宗赵眘继位。宋孝宗启用张浚为江淮都督。张浚是著名的主战派，早在建炎年间（1127—1130 年）就提出抗金的策略，主张在川陕地区发展军事力量，牵制金军南侵，借此稳保东南，徐图恢复中原。张浚十分赏识罗博文的才干，召他为属僚。李侗得知后十分高兴，说："张公宽宏大量，宗礼清明干练，以宗礼辅助张公，大概政事不会有过失了。"同年，罗博文擢升为通直郎，赏赐五品官服。绍兴五年（1135 年），张浚出任宰相。他推荐罗博文任安徽和州知府，但未上任，正巧另一位南宋力主抗金，并且有神童之称的原吏部侍郎汪应辰自请外调，出任四川制置使、知成都府。他也十分敬慕罗博文的才能，上书朝廷召罗博文为他的参议官。汪应辰十分信任和尊重罗博文，军府大事都征求他的意见。罗博文也尽心尽力协助汪应辰处理政务。有一次，罗博文奉命到陕西汉中慰问将士，宣抚使赠送给他礼钱 300 万。他实在推辞不了，路过漾州途中时，得知漾州修建贡院缺少资金，便相赠 50 万礼钱给漾州修建贡院，其余礼钱全数交付成都府库充公，自己分文不取。成都在汪应辰和罗博文的同心协力治理下，成为当时全国治理最好的州府。罗博文一贯乐善好施，外地的读书人游蜀没有路费回去或死了人无人埋葬，罗博文就用自己的薪水给予救济。

罗博文去世，朱熹十分伤心，他为罗博文撰写行状（载《朱子全集》），曰："熹既痛公之幸，不及大为时用，又伤吾道之不幸，而失此人也。"并写诗赞曰："江阁论心地，重来感慨多；故人今已矣，吾道竟如何？但使穷新得，终当订旧讹；话言虽永隔，吾欲问沧波。行义追前辈，孤风凛一生；子平婚嫁了，元亮去留轻。涪万无归棹，严杨有旧盟；空令同社客，生死痛交情。"

乐善好施　倪闪

倪闪（生卒年不详），字泰夫，沙县人。倪闪"颖悟嗜学"，而且家里也比较富裕。他自己虽然比较勤俭，但乐善好施。

倪闪外出总是带着很多钱，遇到缺吃少穿的贫苦人，他就偷偷地把钱放到他们家里，而且不让人知道是谁放的。乡里推荐他赴礼部会试。他在京师与在家乡时一样乐善好施。会试落榜，人们嗤笑他说："君日以济食之事，何屡屈于春宫，岂造物有未知耶？"（《福建通志》语）。倪闪听了并不抱怨，更加自勉。

绍定三年（1230 年）十二月，汀州晏梦彪领导当地农民起义。起义军以潭飞礤为根据地，攻下汀州、邵武军、南剑州所属各县。汀州城的士兵也起义响应。起义军发展到上万人，其势力波及广东、江西、福建三省。起义军的一支队伍攻占汀州后，进击沙县。在战斗中，有一些义军战士被官兵俘虏，关进县衙狱中。倪闪认为这些义军战士是由于无知和贫困才

倪闪

会起义造反，以致触犯国法。他给被俘的义军战士送去一些食物。后来被俘义军杀死狱卒越狱而出。他们纵火焚民舍，当火将要烧到倪闪家时，义军战士主动扑灭大火，众乡里的房屋赖以保存。翌年，沙县闹灾荒，饿死不少人。倪闪用自己家的粮食赈济灾民，他开设粥厂，施粥救济灾民，数以万计的人得到他的救济才免于饿死。

绍定五年（1232年），倪闪到省城考试。许多乡亲邻里都做了一个梦，梦见乡里城门上竖着一面大旗，旗上写着"赈粥之功"四个大字。这一年，倪闪赴京得特奏名，授宁国府教授。倪闪为官廉洁奉公，他用自己的钱办学校，置赠学田；用自己剩余的俸禄接济兄弟姐妹。满任后，倪闪调迁广东任职，逝世于广东任所。

花鸟画圣　边景昭

边景昭（生卒年不详），字文进，沙县兴义坊（今城关）人，明代宫廷花鸟画师。明永乐年间（1403—1424年）被召至京师，任武英殿侍诏，至宣德（1426—1435年）时仍供奉内廷，与明代院体花鸟画代表吕纪齐名。后为翰林侍诏，常陪明宣宗朱瞻基作画。

边景昭为人旷达洒脱，且博学能诗。他继承南宋"院体"工笔重彩的传统，其作品工整清丽，笔法细谨，赋色浓艳，高雅富贵，有"花之妖笑，鸟之飞鸣，叶之反正，苞之蕴藉，不但勾勒有力，其用墨无不合宜"之名。边景昭的墨线气力十足，变化丰富，精谨细微，柔韧相宜。边景昭精画禽鸟、花果。他深入生活，体察细微，注重物象的形神特征。边景昭笔下的花鸟，花有姿态，鸟有神采。他画的翎毛与蒋子成的人物、赵廉的虎，在当时被称为"禁中三绝"，是明代宫廷院体画家中影响较大的工笔花鸟名家。有《三友百禽图》《双鹤图》《竹鹤图》《春禽花木图》等作品传世。

后人对边景昭的花鸟画赞赏有加。清方薰《山静居画论》评："边鸾（应作边景昭）、吕纪、林良、戴进，纯以宋院体为法，精工毫素、魄力甚伟，黄（筌）、赵（昌）、崔（白）、徐（熙）之作，犹可想见。"明李开先《中麓画品》更具体地指出："边景昭其源出于李安忠。"清顾复《平生壮观》记边氏《聚禽图》时也指出："得黄要叔父子遗意。"黄要叔父子即北宋初黄筌及其子黄居采，他们所创工笔重彩花鸟画风，成为宋初"院体"标准体制。

边景昭创立的花鸟画风，在当时已经蔚然成派，其子边楚芳、边楚善，边楚祥，女婿张克信，外甥俞存胜都擅于作画，故有"沙县画派"之说。边氏传人的作品至今罕见，边楚善《夏景聚禽图轴》现藏于日本。

边景昭画作

户部尚书　陈山

陈山（1362—1434年），字汝静，又字伯高，沙县溪南九都溪口人，洪武二十七年（1394年）进士。永乐初年（1403年）任浙江奉化教谕。

明成祖朱棣命翰林学士解缙据文渊阁《中秘藏书》编为《文献大成》；又命姚广孝、解缙、王景、胡俨等率国子监、外郡学生员两千余人暨广召天下文人志士，采掇搜罗天文、地理、人伦、国统、道德、政制、名物及日月星雨、风云霜露、山海江河等重要图书文献七八千种，编纂一本集具字书、韵书、类书等综合功用的典籍——《永乐大典》。当时，全国的文人都以参与编纂此书为荣。陈山也被明成祖征召入京，参与编修《永乐大典》。

陈山后任吏科给事中，遭父母丧事，守孝期满赴选，拟任广东布政使，皇帝（朱棣）特命留任旧职，主管六科事。不久，给皇太孙（朱瞻基）教授经书。明仁宗（朱高炽）继位，陈山任左春坊左庶子。有一天陈山退朝，坠马小腿负伤，仁宗亲自给陈山研药调酒。洪熙元年（1425年）六月，明宣宗即位。十月，陈山任户部左侍郎。宣德元年（1426年）八月，高熙叛乱，明宣宗亲自征讨，陈山和襄、郑二王一同留守京都。宣德二年（1427年），陈山任户部尚书兼谨身殿大学士、文渊阁直阁事、领文学士供职文华殿，任《两朝实录》总裁官。

明宣宗要为陈山建造住宅，陈山谢绝说："我有先人旧房，足以遮蔽风雨，大兴土木，就难免劳民伤财。"宣德四年（1429年），陈山因年老申请告退，没有获准。宣宗下令免于朝拜，又令中官扶陈山进出朝廷。宣德九年（1434年），陈山先后几次上书申请告退，才获准返。返乡途中，于邵武去世。

陈山的坟墓在洛溪桥旁，后曾迁至淘金山。陈山夫人的墓在豸角山下，墓前均有石人、石马、石羊等。

《嘉靖重修沙县志·隐逸》载："陈琴，山之子。恤贫济乏，出于天性。死无以为殓者，赈以财；病不能迎医者，无问亲疏，俱济以药。……父卒，宣宗皇帝遣官谕祭营葬，琴服阕，赴京谢恩，上顾念旧学师臣，特授户部主事，以母老乞终养，有旨：'亲终赴铨听用。'后屡征不起。"陈琴是陈山之子，他乐善好施，仗义疏财，是乡间的一位大善人，他生性恬淡，不愿出仕做官，屡次婉拒朝廷起用，活到75岁而终。

陈山

武显大夫　罗英笏

罗英笏（1709—1778年），字樿抡，号茂溪，沙县夏茂人。18岁入武庠，精通用兵谋略。雍正十三年（1735年）中武举。乾隆四年（1739年）罗英笏殿试第三名，赐武探花，点授御前侍卫，为沙县武探花第一人。此武科状元是浙江金华的朱秋魁，榜眼是广西的哈国龙，朱秋魁之父时任浙江金华县县令，哈国龙乃武术世家，只有罗英笏是"草根"出身。

乾隆九年（1744年），罗英笏授云南维西营参将。乾隆十三年（1748年），金川动乱，调任抚标参将，承办军务，筹谋划策，曾几夜没有入睡。金川平定之后，皇帝赐御书"福"字，并提升其为贵州定广协副将。乾隆二十年（1755年），又升任陕西兴安汉羌镇挂印总兵。兴安汉羌一带，处在万山之中，治安十分混乱。罗英笏到任后，整治武备，训练士兵，清理粮饷，德威兼用，军民心悦诚服。三年后，迁往浙江时，当地军民勒碑以示怀念。乾隆二十二年（1757年），任全浙提督，任期内地方安定。乾隆二十四年（1759年），任武科会试主考官。乾隆二十六年（1761年），皇帝召见后，又赐御书"福"字，加授"武显大夫"。乾隆年间翰林院监察御史、曾任延平府尹的官志涵（南平人）有诗赞其曰："鼎甲胪傅，奠定水陆；威镇南郡，西州推毂。礼佛阅闽，尝奉钦命；神韵士服，风虎云龙。频膺天禄，惟公所独；解组归来，钦赐曰福。"

罗英笏一生虽官名显赫，但生活朴素，廉洁持重，举止文雅，颇有儒将风度。晚年被乾隆皇帝戏称为"罗聋子"。乾隆三十年（1765年），罗英笏告老还乡。回乡后以耕读勤俭勉励后人，不讲用武之事，与族中乡亲和睦相处。享年70岁。

罗英笏

知名塾师　曹振懋

曹振懋（1873—1931年），字耐公，号勉庵。沙县城关兴义坊人。曹自幼聪颖，因家贫未能入学，后得业师范仰东资助，始完成学业。清光绪二十三年（1897年）拔贡，同年任沙县梅岗书院山长。光绪二十五年（1899年）起在夏茂、城关开办私塾，为沙县著名塾师之一。

光绪三十一年至三十三年（1905—1907年）任沙县中西学堂教习。后任其学生邓德潜的幕僚，先后在广西容县、岑溪县任职。1912年，任福建省临时参议会议员、翌年任中华民国国会众议院议员。1914年，随邓德潜赴广东、广西参加"讨袁"活动。1918年，又随邓德潜在福州、北京等

地从事中华革命党的宣传工作。1934年，迁居上海，从事新闻工作。1928年，任南京国民政府陆海空军总司令部参谋本部秘书。1931年，在南京逝世，终年59岁。

曹振懋工诗词，诗风于典雅中见平易，不拘俗套。著有《遂初堂集》《岭东集》《苍梧集》《粤游前集》《粤游后集》《金台集》《津门集》《击筑集》等。可惜大部分已毁。沙县邓经铭先生抄存曹诗数百首，由严格先生选辑，有《曹振懋诗选》出版。曹振懋书法于洒脱中见稳重，于秀丽中见功力，为县内不可多得的名家。

工商业巨子　潘伊铭

潘伊铭（1873—1951年），字立动，人称铭发，小名阿奴，沙县城关和仁坊人。潘伊铭祖籍南安，后迁长乐，道光二十年（1840年）祖上到沙县定居，20岁左右进入商界。

潘伊铭15岁开始撑渡，当时货船从城关到琅口运货，一般人一天运一趟。潘伊铭每天傍晚将船放到琅口，第二天一大早动身，一天可以运两趟。因此，得到茶叶箱制作商潘老板的赏识。潘老板还许诺潘伊铭，"如果他做茶叶生意可以来赊茶叶箱。"潘的母亲在琅口金和丰茶庄杨老板家当奶妈。有一次，潘伊铭去看妈妈，同杨老板谈起做茶叶生意的事。杨老板讥笑他连茶叶箱也买不起，哪懂得做生意？潘伊铭说，茶叶箱倒买得起，就是没有本钱买茶叶。杨老板当即夸口："你有茶叶箱，我赊给你茶叶。"潘伊铭当即向潘老板借了1000个茶叶箱，杨老板无奈，只得借给潘伊铭1000箱茶叶。潘伊铭就此步入商界。

潘伊铭

1895年前后，潘伊铭在西门外后黄桥开办潘铭发南货店，光绪二十九年（1903年）前后，在福州上杭路万隆巷开办金裕铭庄，专营"双凤"茶叶。第二年，金裕铭扩大规模，从小巷子迁到台江文虎路3号。

1914年，因第一次世界大战的影响，海运不通。大批茶叶囤积滞销，金裕铭庄大伤元气。潘伊铭根据沙县盛产木材、笋干，且这两种东西保存期较长的特点，转做木材、笋干生意，不久便打开局面。金裕铭代办的沙县、永安一带的木材、笋干，经沙溪抵福州，转运上海、天津等地，并销往海外。沙县笋干还曾在巴黎国际博览会上展出，在国内外市场上享有一定声誉。

1922年，潘伊铭创建沙县电灯股份有限公司，他从德国购进一台23千瓦火力的发电机，创办沙县最早的电力工业。随后又办起锯板厂、碾米厂，奠定了沙县最早的工业基础。1928年，购置新捷裕、新捷凤两艘汽船，丰水期来往于沙县、延平、洋口、建瓯之间，开沙溪汽船航运之先。不久，参与组建"闽江上游延（平）建（瓯）沙（县）洋（口）四线轮船营业联合办事处，即闽江轮船股份有限公司的前身之一，潘伊铭占有其中的八分之一股份。

潘伊铭热心地方公益事业。1909年，他主动从上海买回一架救火水龙，并承担大部分的费用。翌年8月，城关西山坊发生火灾，由于有了救火水龙，大火很快被扑灭。1936年，他带头捐献银圆 600 元，筹建沙县卫生院。此外，他还试种木薯、引种美国柑橘、引进沙县第一台织袜机、赞助沙县籍人士求学，等等，都显示出潘伊铭关心家乡经济建设的热忱和善于接受新鲜事物的眼光。

1938 年初，潘伊铭已经装船就绪准备运往上海的 4000 多担（每担 65 公斤）笋干被驻守福州的国民党军队用于填塞五虎口航道，以防日本军舰入侵，数十万银圆的资本毁于一旦，潘伊铭从此一蹶不振。

潘伊铭二度出任沙县商会会长，并担任过全国商会联合会执行委员、农商部咨议、福建国民经济建设分会委员、闽北水利建设委员会委员等职。1951 年冬，潘伊铭在沙县病逝，享年 76 岁。

法学博士　陈绍源

陈绍源（1888—1955 年），字养清，号石泉居士。沙县城关兴义坊人。

陈绍源自幼刻苦好学。15 岁时考入福州普通学堂，光绪三十四年（1908 年）以优等成绩毕业。1914 年，他毕业于福建省立甲种农林学校，同年任沙县县立第二高等小学校暨第二国民学校校长。1916 年，他参加福建建安道道试，列优等第五名俊士。1919 年后，任建安道立甲种森林学校教务长、福建省立第四中学（设南平）教员。

1922 年，经沙县教育会和沙县县长推荐，被派往法国留学。同年 7 月入法国里昂中法大学学习，1924 年，入法国迪戎大学攻读法学。陈绍源留学经费原定从县内笋干附加税中解决，但陈抵法国不到半年，县政府便中断了经费供给，陈绍源坚持勤工俭学，于 1937 年 6 月获法学博士学位，他在医学、教育学、医药化学等方面也颇有造诣。同年 10 月，被法国索尔本大学聘为中国高教部研究员。

在法国留学期间，陈绍源积极参加中国旅法各界救国联合会组织的爱国活动，同朱伯奇、廖耀湘、汪德耀、黄曾樾等留法学者建立了联系。卢沟桥事变发生后，陈绍源放弃在法国的优厚待遇和舒适生活，于 1938 年春回祖国参加抗日战争。先后在贵州毕节县县立中学、贵州大学工学院附设职业学校、云南大学法文学院等学校任职，后任滇黔绥靖公署陆军医院特种训练班教官和川滇公路管理处军事委员会运输统制局、川滇东路运输局秘书科长、专员等职。

陈绍源熟悉多门学科，主要著述有《中国教育史研究》《化学讲义录》《制药化学》等。他在 1939 年写成的《毒气学大纲》一书，是国内这一方面较早的军事著作。1986 年该书被中国军事博物馆收藏。

财政学泰斗　邓子基

邓子基（1923—2020 年），男，汉族，中共党员，夏茂儒元村人，中国著名经济学家、财政学家和教育家，是中国财政学的奠基人和开拓者之一，曾任厦门大学经济学院资深教授、博士生导师、博士后联系导师、国家重点财政学科总学术带头人、厦门大学财政科学研究所名誉所长。

1952 年 9 月起，邓子基先后担任厦门大学学位委员、学术委员、教务处副处长、经济系副主任、经济研究所副所长，经济学院副院长、顾问等职务；先后兼任中国财政学会常务理事、顾问，中国税务学会常务理事，中国国际税收研究会副会长、顾问，中国资产管理学会副会长、顾问，中国资产评估学会高级顾问，福建省政协常委兼经济科技委员会第一副主任，福建省高等学校职称评委会委员兼文科主任与经济学科评审组组长，国务院经济学科初审组成员，国家教委经济学科评审组成员，英国剑桥国际传记中心副总裁，美国国际传记协会副总裁等职务。

邓子基

邓子基倡导、坚持与发展的"家分配论，成为中国财政学界流派主要代表之一，他的研究弥补了不少财政、税收和国有资产管理等领域的空白。他著作等身，自成体系，出版专著、译著教材 60 多本，发表重要论文 400 多篇，其理论观点与政策主张受到政府部门和理论界的重视与采纳，成为制定政策的理论依据之一。

邓子基为国家培养了数以万计的杰出专门人才，其中硕士 300 多人，博士 100 多人，博士后 3 人。他先后到法国、英国、美国、加拿大、肯尼亚、日本、新加坡等十多个国家讲学、访问或出席国际学术会议，荣获"世界 500 名人"（英国），"国际 500 名有重大影响人物"（美国）称号，荣获"世界 500 名人勋章""国际荣誉勋章"（英国），"终身杰出成就金人奖"（美国），"国务院政府特殊津贴""福建省五一劳动奖章"等国际、国家和省级奖励和称号 50 多项，他的名字被列入国内外 60 多种辞典、传记之中。

第五编

名胜古迹

　　沙县地处戴云山脉与武夷山脉之间的闽中腹地，具有独特的地理优势，由火山岩、花岗岩、喀斯特地貌造就了淘金山之秀、大佑山之奇、吕峰山之险、七仙洞之妙。一县两城隍、豫章贤祠、虬溪试院、水美土堡、孝子坊，这些人文景观，记录了时空的味道。1933—1934年，红军两次东进，为沙县留下一批红色遗址，也留下了一笔精神财富。太保祖地罗岩山、梵音萦绕天湖净寺，仙气氤氲松柏岩，因传说有佛神入驻，散发出神秘的魅力。

国家级景区和省级风景名胜区

沙县小吃文化城

沙县小吃文化城位于福银高速公路沙县出口处，规划建设 8.4 平方千米，采用中国古典徽派园林设计手法设计，形成了集吃、住、行、游、购、娱为一体的小吃文化产业区。沙县小吃文化城是福建省食品安全示范街、国家 AAAA 级旅游景区。

小吃文化城一、二期占地面积 6.7 万平方米，总建筑面积 7.5 万平方米，总投资 2.6 亿元。三期用地面积 10 万平方米，建筑面积约 6 万平方米，总投资 4 亿元。小吃文化城以沙县传统的明清建筑风格为基调，遵循古朴、典雅的设计风格，体现文化艺术品位，将建筑和谐地融入淘金山具有人文、历史、自然景观的景区之中，展现沙县 1600 多年的闽中悠久历史和"中国小吃之乡""中国小吃文化名城"的饮食文化古城风貌。小吃文化城中还建有沙县小吃文化科技馆和沙县小吃风情馆，运用现代科技手段，全面生动地展示沙县历史文化，沙县小吃产生的人文背景和沙县小吃产业形成发展的脉络。沙县小吃文化城已经成为沙县小吃、沙县文化与旅游高度融合的一张城市名片。

沙县如意湖湿地公园

国家 AAA 级旅游景区沙县如意湖湿地公园始建于 2015 年 1 月，位于三明生态新城核心区，距沙县城南虬江街道办事处 3 千米，规划总用地面积 4 平方千米，其中一期湿地景区用地面积约 1 平方千米（水面约 0.03 平方千米）。由海西三明生态工贸区管委会按照"机制活、产业优、百姓富、生态美"和"山水林田湖草沙是一个生命共同体"理念建设，以"景观再造、文化融入、品位提升"为原则，以低碳生态为主打品牌，以自然手法整合现有水系、农田、菜园、植被、民居等资源，构建山地式的竹林水乡和海绵城市，建设中最大限度保留原有地形地貌，利用周边原生态山林拓展公园空间，形成十里生态文化景观道和闽学园、农耕园、陶艺园、揽月园等，一道八园十六景为一体的观光、休闲、旅游区。

一道，即通过水系脉络将整个湿地景区串联起来，通过合理布置植

美丽湿地（叶嘉勇摄）

物景观，融入文化，凸显自然生态和文化底蕴，打造十里生态文化景观道，形成湿地景区的游览线路。

八园，即在景区中依形就势，规划建园，让园中有景。有揽月园、闽学园、游乐园、民宿园、百花园、陶艺园、百荷园、农耕园等八园。

十六景，即在湿地景区的八园布局中，根据山水的条件，融入文化，造成生态景观、文化景观，让游客融入自然，感受底蕴。十六景即平湖泛舟、幽情小岛、理道溯源、茶花小镇、百蝶花海、木栈观荷、花溪叠韵、竹径通幽、云间瀑响、崇尚贤心、素月登阁等十六景。二期增加了天悬素练、窠中赏叶、谷咽清泉、隐瀑惊鸣、神龟入海等八景。

俞邦·小吃第一村

夏茂镇俞邦村地处福银高速沿线附近，距离三明市沙县城区约 40 千米。俞邦小吃源远流长，有"汉民族饮食文化的活化石"与"著名客家小吃"之称，被誉为"沙县小吃第一村"。俞邦村是革命老区村，历史文化底蕴深厚。2021 年 12 月，俞邦村被确认为国家 AAA 级旅游景区。

俞邦村

禅意淘金山

淘金山景区是省级风景名胜区,位于沙县城西约 3 千米处,海拔 501 米,山体由浅层酸性侵入岩类的花岗斑岩所组成,总面积约 11 平方千米。

淘金山,相传从前有人在山下溪流淘金而得名;又云,昔曾屯军,故又名"屯军山"。昔人以山南有莲花峰、西南为洞天岩、西北与燕子岩相望,东北与马岩对峙,顶部有天池诸景,貌似西岳华山,亦有"华山"之称。

淘金山景点始建于宋,元、明两代形成规模,辟有琼台浴月、禅林钟鼓、三叠岩、憩崖远眺、卧佛慈光、木石情缘、百金图、十八罗汉等景观。淘金山上的苏铁群,是国内迄今发现的最大的苏铁群,被称为八闽一绝。淘金山的苏铁,树龄最长的 800—1000 年,其中最大的一棵高达 5 米,宽幅达 8 米以上,每年都会开花。清末著名篆刻家李苦禅留有"倔强犹昔"的镌刻,赞美淘金山铁树顽强的生命力。

行走于淘金山,徜徉山径中,在欣赏美景之余,能够体会到一份不一样的诗意和禅味,让人难以释怀。

淘金山的诗意渗透至古径绿树深林之中。看古树老藤,听风摇日影,闻宋桂飘香,身沐仙境,俗念了尘,心旷神怡。历代沙县文人墨客对淘金山都有自己的理解和感悟。宋代乡贤陈世卿认为,淘金山最妙在高处,极美乃一览众山小:"未覆一篑土,便作千仞观。一自登巉岩,培塿视群山。"明成化年间(1465—1487 年)举人曾恫则欣赏淘金山春之碧桃与秋之翠竹:"碧桃春暖燃芳径,翠竹秋深衬古丘。挂锡僧归云自在,淘金人去水空流。"明代奇童县令黄文梯的《淘金峰绝顶》:"步转嶙峋住处尊,望分昭旷失山城。狂歌纵饮谁酬和,谷鸟岩花自送迎……"攀至山峰高处,视野宽阔,阅尽山城,狂歌豪饮,夕阳映林,花鸟送迎。"返照出林添野色,新凉入树发秋声"更加为空旷的山野平添几分孤寂与雅致。

更难能可贵的是淘金山的诗意蕴涵着禅意。清代文人,麦元籍林致先《游华山殿诗》对此中妙处做了恰当的描述与阐释:"宫殿巍峨挂碧峰,淘金客去白云封。风摇古树漏晴日,人到半山闻午钟。地净扑清尘土界,林深留得佛仙踪……"禅语云:"见山是山,见山不是山,见山还是山。"山因佛迹而灵,心因有神而善。譬如山头静寐的那尊华夏第一卧佛,对于朝拜者而言,心

雾绕淘金山

留尚善的位置，才可能见到眼前的"三重佛"。

"阶下几点飞翠落红，收拾来无非诗料；窗前一片浮青映白，悟人处尽是禅机。"南宋名相李纲当年在沙邑"下放"期间，悟出了"结庐占尽溪山景，安得超然真隐人"的真谛。而早他三百年，16岁便在淘金山修行悟道的"惭愧大师"潘了拳，一出世便用实际行动论述了"两个空拳握古今，握住了还当放手；一条竹枝挑风月，挑到时也要息肩"的哲理。

"朝山得福"，而福如流水；爵禄封侯，禄又若行云。当代高僧圆澈法师在淘金山石壁上将"得"字左偏旁手书成三点流水状，让入山者饱览美景同时，又收获一份沉甸甸的人生思考。

神奇七仙洞

七仙洞位于沙县富口镇佑山山麓、郭墩村佑溪河畔，离县城约19千米。溶洞的形成可追溯到250万年前，它是福建省唯一一个洞内河道与外界河道相连的迷宫式溶洞。因洞内千姿百态的喀斯特景观和七仙女下凡游览的传说，故被称为"七仙洞"。1993年，七仙洞被确定为省级风景名胜区，是沙县有史以来第一个省级风景名胜区。

七仙洞为典型的迷宫式洞穴，分为上、中、下三洞，上洞最宽处25米，最高处近20米，长340多米。中洞先通过一条窄道，再经过一条宽敞的廊道，向上有厅堂，如沿水流下行，洞身渐行渐小，最终无法前行。下洞位于佑溪河边，洞内石笋、石钟乳比比皆是，多姿多彩。《沙县志·名胜》载曰："十都佑溪之崖洞有三，一深广莫测。……一中构佛宫，有流水滴乳成佛。又一洞昏黑不知深广，蝙蝠居之……"

七仙洞具有"一深、二广、三奇、四绝"之特点。主洞深1500米以上，若从150米处的山顶进洞向180米深处迂回，其长度大大超过将乐玉华洞，此为"一深"。洞内有7个能够容纳500人左右的宽敞大厅，十几个小厅。景观繁多，各种惟妙惟肖的飞禽走兽、人物塑像的钟乳石分别陈列在各个展厅内，令人目不暇接，此为"二广"。洞中有洞，洞套洞，洞洞相通，人行其上，如坠迷宫。洞内通道变化多端，有两头尖削，单容只身通过者；有曲径缠绕，柳暗花明又一村者；有兀石突起，攀岩方可上者。洞内存活水，清澈见底，水形各异。有鳞隙冒泉，恍如高空泻玉者；有巉岩出流，似瀑布垂直者；有龙潭平湖，深不可测者。彩灯映照，奇石、流水、狭径相映成趣，眼前美景似金碧辉煌之水晶宫，故人称

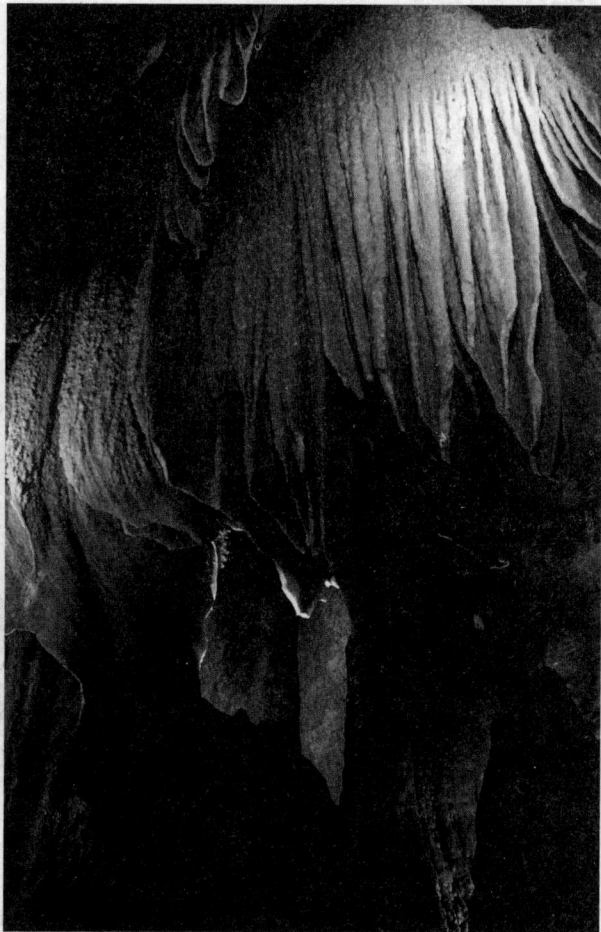

七仙洞

其为"三奇"。洞中石像成群，大小不一，栩栩如生，好比缩小版秦始皇兵马俑展厅。有披盔戴甲，纵横疆场者；有气定神闲，闭目养神者；有腰身婀娜，翩翩起舞者；有从容不迫，泰然自若者。石乳流滴聚汇成"蜂巢"，厚薄不均，光彩夺目，以手触摸，叮当悦耳，回声清脆，荡气回肠。雪白石乳，如银河下倾，直泻千里，白脂如玉，蔚为壮观。所以，七仙洞又有"四绝"之美誉。

红色文化景区

夏茂东街村（中央红军村）

夏茂，闽中重镇，地处沙县、将乐、顺昌、归化（明溪）各县之要冲。它既是沙县苏区的重点区域，又是扼守中央苏区的南大门，还是开展东线战局的战略要地。土地革命战争时期，夏茂是沙县地方党组织的活动中心，创建了多支革命武装，从人力物力上支持红军。在第五次反"围剿"斗争中，1015名的红军战士、苏维埃干部和赤卫队员光荣牺牲在这块红色土地上，为中国革命付出了巨大的牺牲。

东街村位于夏茂集镇所在地东侧，为夏茂镇第一大村，也是三明市第一批中央红军村。中共沙县特别支部活动的主要场所之一的夏茂文昌宫和夏茂革命烈士纪念碑两处革命遗址就在东街村区域内。中共沙县特支骨干成员洪基烈士，原中共中央政治局委员、空军司令员张廷发将军，二人均是夏茂镇东街村人。

夏茂文昌宫（中共沙县特别支部旧址）

夏茂镇是沙县党组织的发源地。1928年夏，闽西北第一个属于中共福建临时省委的地方党组织——中共沙县特别支部就在夏茂文昌宫成立。它是沙县人民革命的重要里程碑。使沙县成为福建省最早建立党组织的县份之一。

文昌宫位于夏茂东侧山尾仑山山麓，茂溪之畔，是一座宫殿式的古老建筑。文昌宫坐北向南，平面不规则，主体建

夏茂文昌宫（闽西北沙县特别支部）

筑由碧霄殿、天章阁组成。文昌宫始建于明，清嘉庆二十一年（1816年）重修，历经数百年风雨巍然挺立。

每年农历二月初三，夏茂镇师生均会在文昌宫内举办尊师重教活动。文昌宫也是红色夏茂纪念馆所在地，占地数百平方米，主要展示"中共沙县特支在夏茂成立""东方军在夏茂""张廷发将军革命历程"三部分内容。2019年，新建张廷发将军纪念馆。

2018年，中共沙县特别支部旧址夏茂文昌宫被福建省人民政府公布为第九批省级文物保护单位。

荷山中央红军东方军旧址群

荷山中央红军东方军旧址群为红色旅游经典景区和省级文保单位。2018年，荷山中央红军东方军旧址群被福建省人民政府公布为第九批省级文物保护单位。

荷山界于沙县与明溪二县之间，是沙县通往明溪、将乐的交通要道，也是红军连接闽西、闽中苏区的重要战略要地。东方军经沙县攻占尤溪卢兴邦匪帮兵工厂后，所得战利品和伤员等，都是经荷山送往中央苏区，荷山成为当年红军的一个主要兵站。

荷山在沙县县城攻克前，已建立了荷山区苏维埃政权，当年荷山村人口约400人，参加赤卫队、儿童团的就有近70人，他们协助红军站岗放哨、提供情报。至今仍有4位老游击队员（其中一位是红军时期的）健在，他们是荷山革命历史的经历者，也是荷山革命史迹的见证人。

抗日战争时期，荷山成为闽中游击队、南沙尤武工队的重要活动基地。解放战争时期，荷山也是闽赣边游击纵队的主要根据地之一。闽赣边地委成立后，林志群等人以荷山为主要据点，开展了长期的革命工作。荷山红色遗存众多，旧址有司令部、通信站、红军医院、造币所、红军亭、红军井等。它是沙县现存红色文化遗存最多、最集中、内容最丰富的地方，也是沙县乃至三明地区土地革命战争时期的一处重要革命遗址，见证了东方军的光辉历史。

湖源中央红军东方军旧址群

湖源中央红军东方军旧址群为红色旅游经典景区。

先后有红七军团19师、红军九军团、红军三军团、五区中队等多支部队在湖源乡驻扎。圳头村双凤堂、修文堂、燕诒堂、瑞庆堂，城前村张氏宗祠等古厝的竹筋泥墙上至今保存着48幅红军宣传标语，宣传革命真理，号召工农群众参加革命，落款以"红军三军团"等为主，成为湖源红色文化的历史见证。

2018年，湖源中央红军东方军旧址群被福建省人民政府公布为第九批省级文物保护单位。

兴国寺（红军东方军司令部旧址）

红军东方军司令部旧址在凤岗街道东山村西部兴国寺内。

抗日战争爆发后，福建省立福州中学、福建省立医学院等6所学校及其他单位内迁沙县，其中福建省立福州中学于1938年2月迁址至兴国寺；1939年8月分设省立初级、高级中学。1940年11月，上级党组织将福建省立医学院和福建省立高级中学的党员组合成立中共沙县工作委员会。1941年，党组织派陈振先前往沙县的省立高级中学就读，宣传抗日救国思想，出版《文艺专刊》

等进步刊物，组织 100 名学生参加艺术剧团第二大队，深入乡镇宣传演出，掀起抗日救国运动。1946 年春，沙县师范学校移至兴国寺。1947 年 3 月，徐仁忠在沙县师范学校发展林伦榕等人入党，成立中共沙县师范学校小组。1947 年 6 月，城工部党员何有礼与同在兴国寺办学的沙县师范学校附属小学建立了党支部。

兴国寺（红军东方军司令部旧址）于 1984 年 8 月被沙县人民政府公布为沙县文物保护单位。2005 年 5 月，虹溪试院（兴国寺）被福建省人民政府公布为第六批省级文物保护单位；同年 6 月，兴国寺被中共三明市委、三明市人民政府公布为三明市爱国主义教育基地。

罗坑苏维埃政府旧址

罗坑村是沙县古村落之一，传统建筑占村庄建筑总面积的 46%。1934 年 1 月，东方军解放了沙县城关和广大农村，先后建立了北区（今富口）、松林、儒元、琅口、曹元、罗坑、高桥、荷山等17 个基层苏维埃政府。至 1934 年 2 月底，沙县苏维埃政府辖 3 个区、27 个乡（村）。其中，桃源洞为罗坑苏维埃政府旧址。

湖源乡红军烈士纪念碑

桃源洞位于夏茂镇罗坑村水尾，始建于明洪武八年（1375年），又名桃源洞别墅。正德十三至嘉靖二年（1518—1523年），沙县县令何亦尹将其改建为社学，故又名"桃源社学"。桃源洞建筑占地面积约1800平方米，有大雄宝殿、魁星楼、古戏台等主建筑，书院、戏台、宗教三类建筑之风格在此处融汇。其中大雄宝殿在道光二年（1822年）重建，坐南朝北，西阔七间，抬梁穿斗混合构架，歇山顶。古戏台坐北面南，顶设九层八角藻井、重莲及海漫天花，挂落、梁枋、雀替均精雕细琢，古戏台已被录入《中国音乐文物大全》。

2018年，罗坑苏维埃政府旧址（桃源洞）被福建省人民政府公布为第九批省级文物保护单位。

罗坑桃源洞（苏维埃政府旧址）

新沙阳八景

　　沙县自古以山水佳妙、文风昌炽著称，古有沙阳八景，名曰："凤岗春树、豸角秋烟、洞天瀑布、吕峰晴雪、七峰叠翠、十里平流、瀛洲夕照、瑶池夜月。"

　　沙阳古邑，闽中新城，新老交替，万象更新。进入改革开放新时期，特别是近年来，沙县城乡面貌日新月异、生态环境愈发优美、文化古建筑逐步恢复，城乡自然生态、人文景观得以改善提升，一个宜居宜业宜旅宜游的美丽新沙县正在蔚然崛起，故产生"新沙阳八景"之说。

淘金佛塔

　　淘金山，蕴含大智大德之美。它以古佛文化闻名于世，是著名的省级风景名胜区和佛教圣地。该景区有千古名刹锭光禅院和华夏第一石雕卧佛——定光卧佛；卧佛后山体绵延起伏数里，远看似一尊巨型的天然卧佛，成为"佛中佛"，给淘金山蒙上神秘色彩。九层佛陀舍利宝塔造型独特，气势庄严，巍然耸立，佛光熠熠，映照八方。

　　舍利塔与卧佛交相辉映，光芒万丈，为沙县增光添彩。正是"恳祈宝塔早成就，佛光普照遍十方"。

新城湿地

　　如意湖湿地公园，又称三明生态新城湿地公园。它位于沙县生态新城，总面积约为4千米，具有生态观光、休闲娱乐等多种功能，是市县共同打造的一张生态休闲、旅游观光的名片。园内亭台水榭，点缀山水间；拱桥栈道，纵横阡陌。竹木皆成林，拥翠且抱绿；泉水当入湖，清

新城湿地

澈又照人。尤其花海景观，位于墩头水尾，百亩有余，皆为花田，四季培育，全年芬芳，游客如约，纷至沓来，身入其中，沉醉忘归，确是市民游客度假休闲、观光旅游、亲近自然的好去处。

虹桥凝翠

虹龙桥和凝翠阁，共同展现城市形象之美。此景把人文景观与自然景观、古老的七峰叠翠情怀与现代都市简约风格融为一体，打造出沙阳新景观，深受市民喜爱。近观，栈桥如灵虹，畅游沙溪，景灯初亮，倩影入水，微风轻拂，波光粼粼；远观，栈桥如盘龙，时弯时曲，蜿蜒向东，渐入七峰翠微间，只见绿波荡漾。凝翠阁原在水北，为宋名相李纲谪居沙阳时风物，2018年拟宋代建筑风格择址重建于凝翠西峰之上，巍峨壮丽与虹桥辉映衬托，相得益彰。

虹水映灯

虹城一邑，自古繁华。近年，沙县对沙溪河两岸景观进行大手笔改造，植树种花，亭台楼榭，小道曲曲，垂柳依依。江畔高楼鳞次栉比，园里游人自在悠然，近水远山，四季不同，车水马龙，井然有序，好一派文明景象。尤其是夜幕将垂，华灯初上，沙溪两岸色彩缤纷，凤凰山杂树生花，新楼、古建、画舫融为一体，在灯光辉映下上演着虹邑一出出"风韵千般、风情万种、风月无边"的情景剧。

鼓楼向晚

鼓楼坪驿站。该景区位于虬城西北角，小吃文化城北侧，在淘金山绿色慢道的主路口。占地 0.04 平方千米，建有石鼓楼、停车场、栈道、小亭、池塘等。该景区与 AAAA 级景区——沙县小吃文化城融为一体，互为补充。斜日向晚，天色入暮，石鼓楼四周花草吐芳，蛙鸣如鼓，蝉声似琴，悦耳动听；霞光落影，犹如出浴绮罗，风韵迷人；月色如水，疏影婆娑；静谧中不乏小吃城之喧嚣，繁复中饱含淘金山之宁安。市民及游客信步其中，乐此不疲，悠然自得。有诗曰："满楼月色还依旧，齐鼓歌声更自由。"

鼓楼向晚

龙湖浸月

龙湖，在于夜色宁静之美。它位于虬城之北，省级高新技术产业园区金沙园内，是一个闹中取静的地方。公园以一个占地 0.17 平方千米的人工湖为主体，集休闲广场、生态园林、步行廊道、游乐区、休闲区 5 个功能为一体。

湖水清澈，波光轻荡；栈道环湖，曲径通幽；拱桥似虹，绿荫如盖；夜幕降临，景灯辉亮，水天一色，煞是夺目；月色洇染，银波点点；山影入湖，碧水漾漾。如临仙境，亦真亦幻，堪为民生憩园。尤在月明之时，圆月沉浸湖中，或静影沉璧，或波光涟漪，最为曼妙。

龙湖暮色

沙村古韵

沙村者，小吃文化城也。沙县建县时名为"沙村县"，旧县治设在今县城东 5 千米的古县村，旧称"沙源地"。为体现这一历史，沙县小吃文化城被命名为"沙村"。"人愿斯间寻胜迹，客从此地仰高怀。"在沙县小吃已经成为沙县最响亮名片的今天，走进沙县，便可发现小吃文化城建筑风格古朴典雅，装饰格调统一，街巷造型独特，小吃明档干净整洁，各式小吃飘香其间，既可以使游客品尝到可口的小吃美食，又能激发他们探索沙县千年美食源流的强烈欲望，寻绎沙县历史文化的纵深与魅力。

大佑奇峰

佑山，古称幼山，该景区由大佑山、小佑山、七仙洞组成，以石峰著称，现原始风貌之美，正如清代诗人邓宜发所写的"风景布成棋三千，物华峰插画三千"。佑山位于富口镇西北部，是三明郊野国家地质公园主要组成部分。该公园于2014年1月入选第七批国家地质公园，其以大佑山白垩纪破火山地质地貌区为主体，是集地学科考、科普宣传、观光览胜于一体的综合性地质公园。

大佑山百柱崖、五指峰、阳关三叠、天生拱之石峰，高耸擎天，景色绝伦无比；小佑山的关公刀、天梯、仙人床之景物，惟妙惟肖；七仙洞的悬吊岩、钟乳石之状态，栩栩如生。景区内有山峰、崖壁、峡谷、洞穴、石蛋等丰富多样的地质遗迹，并与水体结合形成了溪谷、瀑布等景观资源，不愧为大自然鬼斧神工之杰作。

人文古迹

水美土堡群（全国重点文物保护单位）

水美土堡群位于沙县城西7.5千米处的凤岗街道水美村的岭美乾，三座土堡呈品字形分布，是沙县迄今现存最大的土堡建筑群，也是三明地区唯一的聚建式土堡建筑群。2019年10月16日，沙县水美土堡群被确认为第八批全国重点文物保护单位。

水美土堡建筑布局严谨，结构独特，每座建筑内各房间屋舍相连、曲径相通，木雕刻精美，其外可御敌防寒，内可聚族而居。据《安溪蓬莱张氏族谱》载："七八郎公十三世孙张广志于乾隆

水美土堡群（双兴堡）

三十九年（1774年）二月初六率四子元知、元齿、元叟、元曹（最大17岁，最小12岁）自安溪移居延平府沙县九都垄东水尾后底乡……广志的四代孙淘华率诸弟（淘第、淘秀、淘章）建造双吉堡；三代孙钟彩（淘华堂叔）兴建双兴堡；四代孙淘第建双元堡，历时十三年……"

双吉堡建于道光二十七年（1847年），设敬德堂（积德行善之意）。双吉堡平面前方后圆，坐北面南，占地面积1090平方米，四周砌墙，墙内为合院式建筑，合院两侧建护厝，横向设厅与上下堂相连，形成窄长天井。上下堂均为穿斗式构架，悬山顶。

双兴堡建于道光二十八年（1848年），设致美堂（渐臻完美之意）。双兴堡平面前方后圆，坐南朝北，占地面积3152平方米，堡四周下部砌石，北面安正门，为四合院式建筑，合院两侧建护厝。堡内全木结构，建筑顺应山坡地势前低后高，堡前侧两角建有碉楼，外围墙设枪眼及"水槽"。

双元堡于同治元年（1862年）竣工，设慎修堂（慎厥修身之意）。占地面积约6000平方米，依山而建，坐西朝东，平面布局前方后椭圆，外墙分上、下两层，以花岗岩石砌地基，厚约350厘米；上部夯土墙，厚约80厘米。堡东面设一大门，门上镶嵌一石匾，题刻"奠厥攸居"四字（语出《尚书·盘庚》，意为奠居正位），东西各设偏门，题刻石匾"磐安"与"巩固"。堡内为木构三进二天井的府第式合院，一进天井两侧为明间书斋，二进中堂为议事厅，三进二楼中位安置祖宗牌位，两侧一楼是书院，二楼是闺房。台地以花岗岩石为边为阶，内填三合土，柱础及大梁均精雕细刻，厅堂居室共99间。两山砌高风火墙分隔。山墙两侧各建两排护厝（外排建二层楼房），堡前两角及后中间建有碉楼，外墙四周遍设58孔枪眼及"水槽"，堡内设防卫廊环绕，有水井，储足粮食时可数月不出堡。更让人惊奇的是，双元堡由福州官办设计局设计，并由当时专业建筑工程队承建。也就是说，双元堡是沙县最早按图施工的建筑，且因其集闽东（福州）、闽中客家、闽南土楼等建筑风格于一身，堪称三明地区古建筑之杰作。

沙县城隍庙（省级文物保护单位）

沙县城隍庙位于沙县城东段前街靠河边路北，系一座主祀地方神的庙宇，它是福建省乃至东南诸省保存最完整的一座城隍庙。城隍庙始建于明洪武二年（1369年），清乾隆九年（1744年）重建，嘉庆、光绪年间均有修葺，1992年对大殿、厅廊落架大修，至今已有620多年的历史。

城隍庙建筑布局宏阔大方，设有一个仪门、二厅室、两廊庑和一座小巧玲珑的演戏台，并构筑若干辅助性设施，面阔40.3米，进深97.7米，建筑面积2890平方米，总占地面积的6400平方米。山门面阔三间，进深四柱，抬梁穿斗式木构架，重檐歇山顶。中殿面阔五间，进深八柱，穿斗式木构梁架，悬山顶。倒座抱厦面阔、进深各一间，抬梁式木构梁架，歇山顶。抱厦建在较高的台基上，面阔三间，进深二间，抬梁式木构梁架，歇山顶。抱厦两侧各建九间厢房。大殿面阔五间，进深九柱，抬梁、穿斗式木构架，歇山顶。在营造上颇有地方工艺特色，结构坚固，布局合理，是沙县保存最完整的清代古建筑。

城隍庙在民国时期和抗战期间见证了时代的坎坷与磨难。1991年9月，城隍庙移交沙县博物馆管理，经向上级申请拨款进行维修后逐步恢复原貌。1996年9月，被福建省人民政府公布为第四批省级文物保护单位。2001年3月，城隍庙移交给沙县民族与宗教事务局代管。

沙村凤林
SHACUN FENGLIN

豫章贤祠（沙县罗从彦纪念馆）

豫章贤祠旧称豫章公特祠、罗仲素祠。明代黄仲昭修纂《八闽通志》卷四十五"学校"条目载："罗仲素祠，在洞天岩西麓。元至正元年（1341年）建。祀宋儒罗从彦。国朝洪武中修。"沙县的这座罗仲素祠是福建省单独祭祀罗从彦祠堂中最早的一座。

由于年久失修，罗仲素祠于元末被损毁。明洪武三十年（1397年）六月初三日，于沙县城西马坑劝忠坊曲尺头（今沙县城关西门南路346号）择址重建，沙县县丞刘文仲、偕主簿邓崇闻，在罗从彦六世孙罗惟贤等罗氏后人协助下重建，于戊寅年（1398年）六月一日落成，时任沙县知县的倪俊于永乐元年（1403年）三月撰《重建豫章罗先生祠堂记》。正统十三年（1448年），毁于寇；景泰间又建，未达先前规模。

崇祯六年（1633年），明崇祯四年进士、罗从彦二十七代裔孙罗明祖重修豫章特祠，并撰《豫章特祠记》。清顺治三年（1646年），又重修豫章特祠，沙县知县邓可权作《重建文质公祠配享纹山公碑记》。清康熙皇帝极力推崇罗从彦，于康熙四十五年（1706年）亲自为豫章特祠题写"奥学清节"牌匾，以表彰罗从彦对中华传统文化的贡献。康熙五十三年（1714年），时任沙县知县蒋天麟在豫章特祠重修后，应罗从彦裔孙罗鳌、罗如玑之请，撰写了《重修豫章先生祠序》。清光

豫章贤祠

绪二十九年（1903年），再一次大规模整修。1993—1997年，罗氏后裔集资20多万元，对豫章特祠进行了大规模整修。2017—2018年，沙县人民政府有关部门和罗氏后裔再次集资200多万元，对豫章特祠再一次修缮保护。

豫章贤祠坐北朝南，平面呈凸字形，布局近似四合院，中轴线上依次为门屋、厅堂、院子（天井），两侧廊庑。厅堂为面阔三间，抬梁，穿斗混合构架，重檐歇山顶。两侧山墙，后檐清水墙。大门前左右两侧主柱镶嵌着一副"潜思力行懿德重八闽，奥学清节高风垂九州"楹联，概括了罗从彦一生的功绩。祠堂建筑面积621平方米，占地面积1827平方米。从整体建筑形制和结构来看，是三明地区现存厅堂建筑中等级较高的一处。

1993年，沙县人民政府将豫章特祠辟为罗从彦纪念馆。2005年5月，被福建省人民政府列入为福建省第六批重点文物保护单位。

罗从彦纪念馆不仅是人们瞻仰闽学大儒罗从彦的绝佳场所，还是对学生进行历史文化教育和乡土文化教育的第二课堂。

兴国寺（虹溪试院）

兴国寺位于沙县实验小学校园内，原名中兴寺，始建于唐中和二年（882年）。宋太平兴国三年（978年），宋太宗赐匾改称兴国寺。清嘉庆十三年（1808年），寺毁于火。光绪十四年（1888年）重建，又改为虹溪试院。

兴国寺（虹溪试院）

宣和元年（1119年）六月，京城开封发生水灾，时任国史编修的李纲冒越职之罪上《论水灾事乞对奏状》，被朝廷降官，之后李纲再上《论水便宜六事奏状》，提出了"治其源，折其势，固河防，恤民隐，省烦费，广储蓄"等六项治防水患，体恤民生的有效措施。宋徽宗认为"所论不当"，把李纲贬为南剑州沙县监税。当时"官廨陋甚不可以居，而居兴国寺佛宫"，他命工匠将兴国寺的西轩整治一新，并命名为"寓轩"。因此，兴国寺成了南宋名臣李纲的谪居处。清道光七年（1827年），知县孙大焜恐前事迹湮没无存，于嘉庆十三年（1808年）在兴国寺前勒碑为记，碑高1米余，上书"寓轩故居"。现只剩断碣残碑，由沙县博物馆收藏。1913年改为县立第一高等小学校舍。1934年1月25日，中国工农红军东方军三军团攻克沙县，在兴国寺宣告成立中华苏维埃共和国沙县革命委员会，并在此召开庆功大会。

兴国寺占地480平方米，是典型的宫殿式建筑。主殿为单檐悬山式九开间建筑，木构梁架，髹漆雕填，省内罕见。2005年5月，兴国寺（虬溪试院）被福建省人民政府公布为第六批省级文物保护单位。

孝子坊（陈氏大厝）

孝子坊即陈氏大厝，坐落于沙县虬江街道茶丰峡村大水湾自然村，距县城9千米。陈氏大厝建于清道光九年（1829年），为沙县清代贡生陈宗诰旧居，距今有190多年历史。

陈宗诰为乾隆年间选魁（乡试前五名）贡生，被封儒学正堂。相传陈宗诰年轻时好学多才，对儒学、孝义极有研究。因推行以孝道理论治理国家，被当时地方官员推荐至朝廷，于道光十年（1830年）获朝廷嘉奖，奖励双龙孝子石牌。陈宗诰后人建成孝子牌坊，将石牌镶嵌于坊上，故陈氏大厝又称孝子坊大院。

孝子坊平面呈矩方形，坐南朝北，抬梁、穿斗式木构梁架、悬山顶，面阔96米，进深94米，占地面积约8980平方米，建筑面积3690平方米，有房100间。原由外坪、矮围墙、牌楼、内门楼、下堂、廊庑、天井、中堂、后堂、后花台及东西护厝等组成。平面布局分内外院，内院前墙中间设大门，两侧砌封火院墙并安边门。院内由三座并列各三进两天井建筑组成，天井两侧设厢房；内院墙外各建两排护厝及外院墙；院背后东西两角设有水井两口，为院内住户饮用（其中一口尚可用）。在外院墙西南角山边建一碉楼，用于防御与瞭望。

孝子坊院内随处可见精美的木雕，如正厅抬梁蜀柱上的"寿"字和"福"字，龙飞凤舞，趣味绵长。现保存完好的有清道光十年（1830年）闽浙总督孙尔准、福建巡抚韩克均、知县孙大焜等15人奉吉旌表贡生陈宗诰立的石碑一方，孝子石雕一方。

朝廷御立双龙孝子石坊

孝子坊建筑规模宏大，建筑结构独特，是沙县迄今发现规模最大，且保存基本完好的清代古民居。2005 年 5 月，孝子坊（陈氏大厝）被福建省人民政府列为福建省第六批重点文物保护单位。

邓将军祠

将军祠又称邓光布祠堂、灵卫侯邓公祠，位于沙县城关水南凤凰山下，为纪念沙县迁县始祖邓光布将军而建。邓公祠始修于北宋宣和五年（1123 年）。明代两度损毁。明万历十六年（1588 年），后裔邓焜聚族重修；崇祯年间，遭寇焚毁；清康熙三十二年（1693 年），邓氏后裔邓文修、天羽等又聚族重建。1995 年，祠前 205 国道拓宽加高，遮挡祠容，再次迁修。依城规要求和不改变古建筑原貌原则，将军祠由原址向东移 13 米，南移 7 米，垫基高 2.9 米。占地 688 平方米，建筑面积 390 平方米。

邓将军祠坐南朝北，木结构穿斗式建筑，上下两幢为大殿与前厅。祠内重塑邓光布将军巨像，修复牌楼，厢房、围墙诸建筑较为完整。

邓光布将军祠

了斋祠

了斋祠又名忠肃陈公祠，位于沙县城西城一小学内，乃供祀宋代名臣陈瓘之祠堂。宋嘉定二年（1209 年），延平太守余嵘（景瞻）将了斋公故居改建成了斋书院。元代毁于兵燹。明建文二年（1400 年），忠肃公十世孙仲行率族人请县丞刘文仲、主簿邓崇闻出面干预，归还书院遗址，募资再建。明嘉靖十二年（1533 年），徐阶重建了斋祠堂，并撰《重建了斋先生祠堂记》。抗日战争时期，省政府内迁，了斋祠作为福建省卫生学校的校舍，后又移作沙县初级中学（今沙县一中）的校舍，1951 年后为城关第一小学校舍。1962 年后，堂前牌坊及围墙因扩建道路被拆除，仅剩正堂。1984 年被列为首批县级文物保护单位。

其他文物古迹

第三次全国文物普查资料显示，沙县共登录不可移动文物点 314 处，其中东山、黄山垅、茅坪山尾等新石器时代至青铜时代聚落遗址多达 70 处，还有大量的陶片、石斧、石锛、石镞等生产工具被发现。

聚落遗址

名称	地理位置	朝代	采集器物
东山遗址	郑湖乡高地村	新石器时代	石锛、陶纺轮等实物
黄山垅遗址	夏茂镇罗坑村	青铜时代	陶豆、陶罐等实物
茅坪山尾遗址	夏茂镇李宾村	青铜时代	砺石、石锛、石镞、陶纺轮

古桥

沙县境内桥梁众多，据《明嘉靖重修沙县志》记载，宋明时期所建的各类桥梁有 100 余座，到了民国时期达 210 余座，现保存较好的古桥梁主要有十几座。

【进谷桥】 位于夏茂镇大布村彭邦自然村，始建于明代，现存桥屋，清嘉庆六年（1801 年）重建，历代有维修。建桥时，先人为表达期盼五谷丰登、丰衣足食之意，取名进谷桥，并特意邀请夏茂秀才罗永藻题写桥名。进谷桥为单孔石拱桥，桥拱净跨 12 米，宽 7 米，拱顶高约 4.5 米。桥屋为歇山顶长廊式，桥屋全长 35 米，分 13 间，宽 7 米，三井间。共有柱子 54 根，整座桥均用上等杉木建造，其结构坚固，布局合理，苍劲有力的"进谷桥"三字醒目地展现在重檐下。

进谷桥

是县级文保单位。

【菊桥】 位于高砂镇阳溪村，建于明代，为单孔石拱桥，桥通长 36 米，宽 3.4 米，净跨 10.8 米。

【石镇桥】 位于高砂镇渔珠村，建于清代，为单孔石拱廊屋桥，桥面长 24.5 米，宽 5.3 米，净跨 8.5 米。为县级文保单位。

【永镇桥】 位于高砂镇端溪村，建于清乾隆三十八年（1773 年）。为木伸臂单孔平梁廊桥，桥面长 19.3 米，宽 4.9 米，净跨 8.8 米。

【霹雳桥】 位于高砂镇冲厚村，清道光十四年（1834 年）重建，现桥屋为 1922 年重修。为单孔石拱廊屋桥，桥面长 18.6 米，宽 4.9 米，净跨 8.5 米。

【湖山桥】 位于郑湖乡杜坑村，据桥内碑刻记载，湖山桥建于清道光五年（1825 年），历代均有维修。为木伸臂单孔平梁廊桥，桥面长 19.3 米，宽 5.3 米，净跨 9.2 米。

【黄岩桥】 位于富口镇洋花坑村，建于清代，为单孔石拱廊屋桥，桥面长 16.4 米，宽 4.1 米，净跨 5.8 米。为县级文保单位。

【外黄桥】 位于高桥镇桂岩村，又称桂岩桥，据清道光《沙县志》记载，"桂岩桥在西岩十四都。"（今高桥、桂岩一带为十四都）为单孔石拱廊屋桥，桥面长 20 米，宽 4.8 米，净跨 8.5 米。

【花桥】 位于夏茂镇洋元村，据清道光《沙县志》记载，"花桥有亭，在十六都。"（今夏茂、洋元一带为十六都）1962 年重修。为单孔砖拱廊屋桥，桥面长 20.7 米，宽 4.9 米，净跨 6 米。

【龙马桥】 位于高砂镇阳溪村，始建年代不详，现桥屋为 1947 年重修。为木伸臂单孔平梁廊桥，桥面长 25.1 米，宽 4.7 米，净跨 13.2 米。

古井

据《明嘉靖重修沙县志》记载，沙县古井仅城区（凤岗街道）就有 11 处，年代跨度从唐代至明代。

【古县后山古井】 刘宋元嘉中（424—453 年），废延平，始置沙村县。沙村县所在地为今凤岗街道古县村。古县村后山位于主村以北靠山体（铁路）一侧，现还保留着一口千年古井。该古井为古县村林、杨、邱等姓氏祖居地取水之处。

【官需井】 位于沙县城区府前广场。据《明嘉靖重修沙县志》"官需井在谯楼前"记载，应不晚于明代嘉靖年间。井旁立有 1997 年的石碑一方，上阴刻"唐代沙县县署遗迹官需井"。

官需井

【晴清井】　位于沙县城区建国路西巷。宋嘉定癸未（1223 年）建。《明嘉靖重修沙县志》记载，"晴清井在兴义坊。"民国《沙县志》载曰："晴清井在赤砾坊，俗名斧头井。"井圈石板上阴刻有"嘉定癸未"四字。

【阴冽井】　位于沙县城区步行街中部。始建年代不详，据《明嘉靖重修沙县志》"阴冽井在西山岭之下"记载，应不晚于明代嘉靖年间。

【社学井】　位于沙县城区盐仓巷（老铁门）路口。始建于明代嘉靖年间（1522—1565 年）。

【节义井】　位于沙县城区府东路中部。俗称双节宫井，建于明正德六年（1511 年）。

【甘泉井】　位于沙县城区东大路中部。始建年代不详，在井台北面石板上阴刻有"隆庆丁卯重造"。《明嘉靖重修沙县志》记载："甘泉井在兴义坊真君堂前。"

【双圆井】　俗称象眼井，位于沙县虬江街道大水湾自然村陈氏大厝内。井口为下大上小的圆形，深约 10 米。始建于清道光十年（1830 年）。双圆井原为一对，现仅存左侧一口。

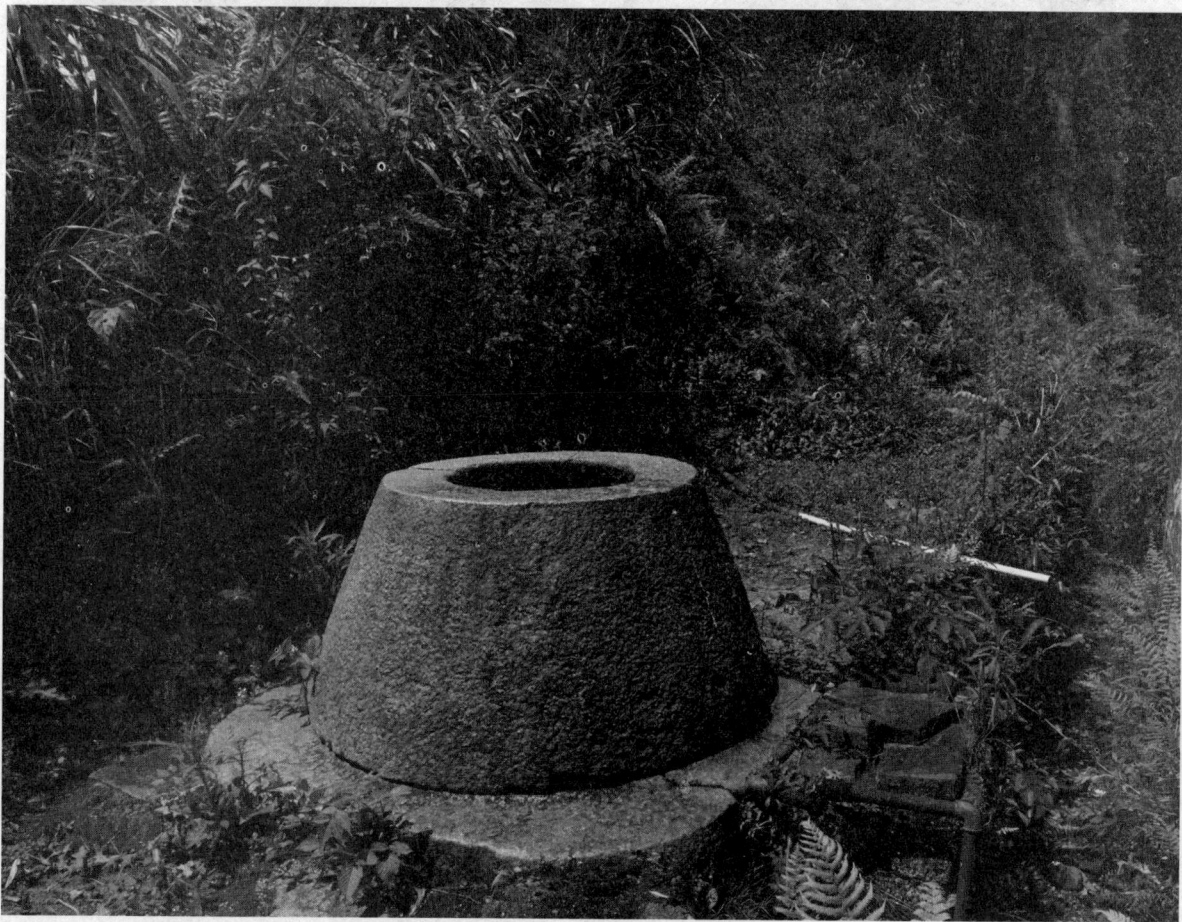

双圆井

古树

"城墙多、石板路多、古树多。"这是虬城老人对旧沙县的最深刻印象。众多的古树中，又以香樟树居多。从城西大洲村开始，至东溪出口，再至古县河段，一路向东延绵十多里，路途有香樟十余株。樟树属于樟科，常绿乔木，生命力旺盛，寿龄可达上千年。另，淘金山的四川苏铁是中生代侏罗纪的孑遗植物，堪称植物珍宝，被称为植物界的活化石，1998 年淘金山千年苏铁群被福建省林业厅评为福建树王。虬江街道曹元村留坑一株 800 多年的香樟树根瘤三明第一。而凤岗街道三姑村太监府后的苦槠是 2015 年三明市的新科树王。2018 年 5 月，高砂镇上坪村檫树王获全国绿化委员会办公室、中国林学会联合评选产生的中国最美古树称号。

三姑苦槠王

树种	树名	地理位置	树龄	备注
小叶榕	古县榕树	古县城隍庙旁	1500 年	国家一级保护
樟树	实小古樟	沙县实验小学校园内	1000 年	
樟树	东山古樟	凤岗街道东山村	700 年	
樟树	留坑古樟	虬江街道曹元村留坑	800 年	省级保护
樟树	大洲古樟	凤岗街道城西大洲村	805 年	
苏铁	四川苏铁	淘金山半山腰	800—1000 年	福建树王
苦槠	三姑苦槠王	沙县凤岗街道三姑村	500 年	三明树王、省级保护
檫树	上坪檫树王	高砂镇上坪村	1600 年	福建十大檫树王之一

沙村凤林
SHACUN FENGLIN

古墓

沙县古墓以古代名人墓为主,既有开县始祖邓光布、曹朋的墓葬,又有士大夫、武将军的墓葬,时间跨度从唐末至清代。部分坟墓因城市建设被意外发掘,有些文物弥足珍贵,现存于沙县博物馆的罗畸墓志铭便是其中之一。

2004年2月,在沙县金沙园工地出土了880年前罗畸的墓志铭。石碑有上下两块,长128厘米,宽114厘米,厚18厘米,为黑砚台石,每块约重500斤。碑盖9字,为"宋故殿撰罗公墓志铭",篆书(铁线篆)大小为26厘米×18厘米,见方。碑面为铭文,共1336字,楷书,大小为2厘米×2厘米见方。右下角还有"平津徐福摹上石"7字。此碑是当时三明地区乃至福建省体制硕大、数字最多的墓志铭之一,它对了解宋代当时社会情况和罗畸生平起了正史、补史的作用,有力地证实了闽学四贤之一的罗从彦是沙县人的历史事实。

【邓光布墓】 唐乾符初年崇安镇将,后改封剑州路将军邓光布墓。邓光布墓位于七都芹菜盂(今属南阳乡大基口村),始建于唐末。墓坐西望东,砖砌墓面;墓长10米,宽9.7米;石墓碑高1.1米,宽0.65米,厚0.1米。墓右5米处有一石室。石室深5.4米,分前、后二室。前室宽1.45米,高1.8米;后室宽1.65米,高1.55米。前室有2扇石门,各高1.55米,宽1.75米,厚0.12米。门上雕有植物花纹。

墓主	职务(身份)	地理位置	朝代	备注
邓光布	崇安镇将	南阳乡大基口村虹仔寔	唐末	县级文保单位
曹朋	汀州司录兼摄沙县事	高砂九曲坑山腰	唐末	县级文保单位
罗畸	兵部郎官、殿修撰知州	沙县俦村罗氏先祖坟	宋代	迁龙湖边
曹辅	追赠太师、福国公	县城东仙洲尾	宋代	
邓肃	左正言	虬江街道曹元村后门山	宋代	
陆文升	南京兵马御前指挥使	夏茂李寔村西南面山坡	宋代	
俞肇	户部尚书	夏茂镇罗邦村后门山	宋代	县级文保单位
乐克	谏议大夫	青州镇涌溪村后门山	宋代	
陈山	户部尚书兼谨身殿大学士	凤岗街道淘金山	明代	
陈山夫人	户部尚书夫人	凤岗街道城西后竹垅	明代	县级文保单位
王敬父母	太监王敬的父母	凤岗街道三姑村狮球山	明代	县级文保单位
潘氏祖墓	民间古墓	凤岗街道东山村东北部	明代	县级文保单位
姜恩公	冠带医生	凤岗街道古县村桦溪山	清代	
罗英笏	武显大夫	夏茂街后山	清代	

地域风情

悠悠岁月，浓浓古风，依依心愿，酽酽风情。沙阳古邑，中原汉人多次南迁聚居之地，历经沙县人数代繁衍生息，逐渐在劳动中孕育出了灿烂多姿的民风民俗。沙县民俗风情上，兼容了中原、土著与闽粤赣地区的客家民俗特点，内容丰富多彩。既有民间生产、生活、思想方面的生活习俗，又有寿诞礼仪、婚丧嫁娶、衣食住行各方面的社会民俗，还有祭祀、禁忌、择吉、征兆民间俗信的忌宜事项。它世代相传，无所不在，无时不有，别具风情。

肩膀戏（省级非遗项目）

沙县肩膀戏，俗称肩仔头棚，是别具一格的民间传统艺术。演技奇特，唱腔动听，兼容各调，场地不拘，素有肩膀上的民间艺术奇葩之美称，被誉为八闽独秀、华夏一绝。2005 年 10 月，沙县肩膀戏被列入福建省第一批省级非物质文化遗产名录。

沙县肩膀戏起源于清朝宣统年间（1909—1910 年），已有 100 多年的历史。当时闽中商贾云集，民间戏班十分活跃，仅在沙县城区就有 5 个戏班，各班竞相演出，时有玉枕轩的领班连细狗别出心裁，创新出一种由小孩站在大人肩膀上表演的戏种。

据考，肩膀戏是在古代民间迎神赛会妆台阁的基础上发展而成的，原先由孩童装扮历史人物，站在台阁上，由人们抬着游行，后来又融合民间音乐、锣鼓、排练简单的故事情节，做简单的戏剧表演。由于在台阁上表演，行动很受限制，后来就走下台阁，在广场上演出。又因观众拥挤，看不到小演员表演，于是就由抬台阁的人，肩托小演员表演，从而逐渐演变为今天的肩膀戏。过去逢年过节，肩膀戏都要走街串巷演出一番，所到之处，备受欢迎。

肩膀戏在古县庙会表演

沙县肩膀戏先采用民间最流行的小调打花鼓演唱《小放牛》《补缸》《花子过关》等剧目；后来采用南词曲调演出《赶船》等戏曲；又发展到演出《黄鹤楼》《平贵别窑》《四郎探母》等京剧折子戏。据 1928 年《沙县志》记载，光绪二十六年（1900 年）首演肩膀戏便是《花子过关》。

肩膀戏表演形式独特。首先是小演员的遴选，岁数最大不超过 10 岁，最小不低于 5 岁。岁数太大的孩子，体重过重，底座（人托）无法长时间承受。岁数太小，领悟力差，不利于学戏。其次，小演员站在大人的肩膀上表演，孩童负责唱腔、头部表情和双手动作，大人负责台位变换和腿部动作。戏有生、旦、净、末、丑之分，表演上由小演员与肩承人（人托）像双簧一样，小演员站在大人肩上唱起来字正腔圆、声情并茂，演起来形式有致、惟妙惟肖。大人或跑、或跳、或碎步、或弓步，与肩上小孩巧妙配合，上下默契，浑然一体。

1983 年春节，沙县肩膀戏应邀到三明参加全国文化艺术节，这是沙县肩膀戏踏出虬城，进军全国的第一步。2001 年 1 月 23 日（除夕）下午，沙县肩膀戏剧团参加了在澳门议事亭前广场隆重举行的"万家喜庆贺蛇年"的开幕式表演，澳门特别行政区长官何厚铧观看了演出。2004 年 5 月，应中国民间文艺家协会邀请，沙县肩膀戏参加第八届中国国际风筝节。2005 年 12 月 7 日晚，在沙县金沙园举行的《同一首歌·走进沙县》大型文艺晚会上，沙县肩膀戏《十二生肖颂沙阳》登上了大舞台。2010 年 5 月，沙县肩膀戏应邀赴台湾，参加海峡两岸特色乡镇交流会。2012 年 11 月，沙县肩膀戏到三明参加世界客属第 25 届恳亲大会。2013 年 5 月，沙县肩膀戏代表福建省到广东参加第九届深圳文博会。2016 年 11 月 26 日，沙县肩膀戏《梨园百花》在 CCTV《快乐戏园·和平的旗帜》播出。沙县肩膀戏从 2017 全国少儿戏曲春晚福建赛区总决赛中脱颖而出，获得"晚会直通牌"，登上央视 2017 全国少儿戏曲春晚大舞台。

盖竹小腔戏（市级非遗项目）

富口镇盖竹村至今流传着一项传统民间艺术——小腔戏。2015 年 10 月，盖竹小腔戏被列入第四批市级非物质文化遗产名录。

小腔戏亦称江西戏、乱弹、土京戏、汉剧小腔，属于原始的皮黄腔戏曲，广泛流传于闽西三明地区尤溪、永安、大田、沙县，以及龙岩地区的龙岩、漳平、上杭、连城等地，因为用小嗓细音行腔，故得名。小腔戏唱词以七字和十字齐言句为基本格式，也有五字句。演唱中常加入"啊""呀""唉""咿"等虚词衬字。小腔戏读音以中州韵（俗称"官音"）为主，杂以方言，谓之土洋腔。小腔戏音乐曲调以西皮、二黄为主，吸收梆子腔、道士腔和民间小调。

小腔戏班人员有"16 把椅"之称，即前台演员 10 人，后台乐队 6 人。乐队 6 人的分工是：司鼓、上手琴（司京胡）、下手琴（司二胡或月琴兼唢呐）、大锣手（兼三弦）、大镲手（兼后捡场）、小锣手（兼前捡场）各 1 人。同时，小腔戏表演程式有"大花平天，二花平眉，挂须平鼻，小生平肩，小旦平乳，三花平肚脐"等规范要求，表演动作带有木偶表演的痕迹，不少动作直接来源于生活。

据专家考证，小腔戏传入福建的渠道可能有两条：一条由福建毗邻江西的石城、南丰等地传入永安，继而流传至尤溪、南平等地。另一条由湖南的祁阳戏（祁戏）经赣南客家地区流入连城，再传至龙岩、漳平等地。传入时间大约为清嘉庆年间。小腔戏在南平曾一度被称为南剑戏，其曲调亦流行于民间鼓吹班。清咸丰到光绪年间（1851—1908 年），是小腔戏兴盛时期，其行当角色从"四门九行头"发展到十个角色，演出范围从本村扩大到外乡，又流行到沙县、永安、大田、明溪等县。

盖竹村从明末开始就有演唱戏曲的传统。据传，盖竹戏班原先是唱大腔戏的，清朝末年，小腔戏传入盖竹，遂改为以唱小腔戏为主，兼唱大腔戏，后来纯粹演小腔戏。主要传统剧目有《千里走单骑》《古城会》《辕门斩子》等。

盖竹小腔戏戏场分文武场，左文右武，左边文场3人，分司京胡、唢呐和二胡。京胡又分上手琴和下手琴，这3人一专多能，精通京胡、二胡和唢呐。右边武场4人，司鼓1人、大锣手1人、小锣手1人、大镲手1人。前台演员约10人，依戏曲剧情"需要"而定"人物出场"数量。小腔戏戏班成员为草根，演出时是演员，没有演出时他们与村民一起下地干农活。在农村，能在"三寸板"（戏台）上踏"千层底"（戏鞋）的人，常被乡民看作文武双全之"能人"，受人尊敬。

作为传承古老汉族民间艺术的盖竹村小腔戏业余剧团，不仅保留了古风古韵的唱腔，还承袭了原汁原味的小腔戏拜师仪式。

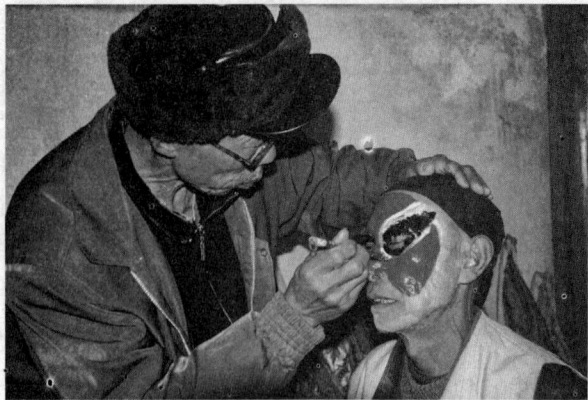

演出现场

小腔戏以田、窦、郭为戏神，其历史大致始于清。明代汤显祖在《宜黄戏神清源祖师庙记》中曾说以田、窦二将军配祀清源祖师，说明在明代万历年间的田、窦二人只是配祀戏神的将军；而清乾隆刊本《玉匣记》传奇提到的戏神众多，列有"唐明皇梨园祖师，南方翼宿星君，窦元帅、田元帅、敕封冲天风火院老郎祖师"。此时，田、窦二人便名正言顺地升格为元帅，并成为戏神了。

田元帅是福建和粤东讲闽语地区民间戏剧、乐舞所共同崇奉的保护神。有句行话说："老爷姓雷，戏仔着捶。"着捶即必须严厉打骂管教。以前童伶入班，必先在戏神牌位前举行授教仪式。童伶学艺过程倘有犯规或失误，常被罚到戏神前长跪悔罪。

民间有关田都元帅的传说则更加生动。相传，田都元帅是唐代人，俗名雷海青，擅长音律，善歌舞，被召入宫中当乐师。安史之乱时，雷海青被叛军擒获，痛骂叛贼被处死。雷海青死后，忠魂不散，屡次显灵护驾。有一次，其"雷"字大旗的上部被云遮住，雨头不显，只见田字，故被称为田元帅。后被追封为梨园总管，尊为会乐天尊、歌舞菩萨、田都元帅。在民间神话系统中，玉皇大帝敕封他为风火大元帅，助张天师驱疫鬼、除疫患。因此，田都元帅又从被梨园弟子信奉的戏神，演化为能驱鬼御寇、保境安民，并能为儿童除病消灾的神祇了。

华光天王庙会（市级非遗项目）

天王者，华光天王也。传说每年农历二月初一是华光天王五显灵官大帝的诞生日，际硋华光天王庙都会举行庙会，举办跑天王、过火龙、捧金砖等特色民俗活动。2015年，华光天王庙会被三明市人民政府列入第四批市级非物质文化遗产名录。

【跑天王】 沙县凤岗街道际硋村，距沙县县城7千米，位于省道304线沙将公路旁，东溪从该村穿过，村内以姜、吴、张、陈、孟、洪姓为多。

当地传说华光天王五显灵官大帝的神诞日是农历二月初一。前一日（或正月卅或正月廿九）夜间，际硋村民组织炒火队至与南平交界的尤溪白塔华光天王庙炒火。在凌晨6时前，炒火队必须赶回村里。返程时，提前通知留守的村民，让他们抬着华光天王神像到村口水尾，摆好三牲、酒醴，点上香烛，等候接马。见到取回的吉火后，燃放鞭炮，迎接吉火。稍事休息，炒火队和等候队合并为一队，开始抬着华光天王神像，挑着吉火，热热闹闹游行。沿着村落慢速度行走一遭，将吉火传遍各家各户。各家各户燃香鸣炮，迎神接驾。

华光天王神像上殿前，要举行隆重热闹的跑天王仪式。跑天王在英顺宝殿前的主街进行。主要参与人有洒水引路1人，木棍开路2人，平抬神像8人（4人平抬，4人备替），锣鼓队、唢呐队、扛旗队、护神队队员若干人。仪式开始，锣鸣开道，1人手持装满水的酒壶在神像前淋洒，2人随其后手握木棍横扫斜敲，紧接着是4人平抬的神舆，神舆下加装井字木架，前后各两人平抬，从街

跑天王

口的那头疾步跑来，众人边跑边喊"呼啦、呼啦、呼、呼、呼……"

至英顺宝殿前20米，抬神舆4人集体转身（神像方位保持不变），持壶洒水和握木棍者转到神像后，引领众人一路呼喊着折返回跑，到街那头后再折回来……反复循环，抬神舆的4名壮汉很快便累了，另4人备替汉子快速接上。如此"前三后四"（前进三趟、后退四趟），道士在英顺宝殿前抛撒七宝（谷、麦、豆、茶叶、铜钱、灯芯、竹钉等7件物品）。神像才在众人簇拥下，抬进英顺宝殿"上殿"安坐。

华光天王又称灵官马元帅、三眼灵光、华光大帝、马天君等，系道教护法四圣之一。华光天王马元帅在佛教和道教典籍以及神魔小说、野史杂记均有涉及，因此，社会上流传的华光天王的故事众说纷纭。

当地传说带有浓厚的本土元素，话说清朝道光年间（1821—1850年），在沙县际硋一带经常闹匪患，有一个被称为"红毛鬼"的土匪最为凶残，作恶多端，残害百姓，民众对之深恶痛绝，又一时无计可施。后来，有一位叫华光的人迁居际硋，便组织村民设下埋伏，活捉了土匪头子"红毛鬼"，为百姓除了一大祸害，村民从此获得了太平。不幸的是华光在这次战斗中牺牲了，村民为了纪念华光的显赫战功，建立庙宇祭祀华光，称其为"华光天王"，并于每年其诞生日（农历二月初一）举行祭祀活动，将华光神像用轿子抬到庙外，跑步绕村，到处游走，祈求一方平安幸福。

过火龙

沙村凤林
SHACUN FENGLIN

打狮王（市级非遗项目）

沙县打狮王俗称打狮，系流传于南霞乡茶坪、下洋一带的民俗活动，是村民"重视农耕、以农为本"意识的体现。2018年8月，茶坪打狮被三明市人民政府列入第五批市级非物质文化遗产名录。

打狮王始于宋代。当时以农耕为主的山民经常受到老虎、野猪等猛兽袭击，农作物被野兽严重毁坏。相传山中有一只狮子致全村不得安宁，村民组织起打狮队伍，用尽十八般武器才打死了"狮王"，并在山顶上建了庙宇，从洞天岩请来仙奶（马氏真仙）坐镇，村里才得以物阜年丰，人丁兴旺。

打狮王逐渐演变成一项风俗活动流传至今，每年正月庙会和农历六月初五（传说马氏真仙的生日），村民会自发举行打狮活动，祈求一年平安、五谷丰登。

打狮表演以武术为主，文艺为辅。表演时，由两人扮成狮子，套上狮衣。其他人扮成武士，手持刀、枪、棍、剑、戟、藤牌等武器，跟随伴奏音乐，以武术套路结合绕阵变换队形围打狮子。相传，打狮的武术套路源于南少林五行拳中的虎拳，这种拳讲究三进三退，阴阳结合，借力打力，是一套防身的好拳法。

具体操作流程：打狮队伍由8人组成（狮头、狮尾扮演者各1人，其他6人扮演勇士），勇士们身着节日盛装，腰间扎着红绸布，肩上扛着各种武器道具，个个威风凛凛。唢呐、锣鼓一响，开

茶坪打狮

始"打狮"，一头野狮王冲了出来，时而往左、时而向右扑向人群，第一个出场的勇士赤手空拳与狮王展开一场搏斗，但失败了。第二个勇士手拿木棒出场，也失败了。紧接着第三、第四、第五个勇士轮番上阵，也以失败告终，还是不能把狮王征服。最后一个身强力壮的勇士手拿铁耙上场，这铁耙是征服狮王的撒手锏，虽然狮王经过数次反扑，欲吞食对方，但是机智勇敢的勇士手拿铁耙，与狮王斗智斗勇，几个回合下来，就把狮王打得满地打滚，趴在地上不动了。

表演一般在松柏岩的村部广场举行。扮演狮头者手持的红色狮状傩面是由竹子编织成的，直径约六七十厘米，再糊上纸，最后绘上各种色彩，狮身由黄色麻布织成。狮头扮演者两眼看不到对方（勇士），需要听对方（勇士）的口令和观察脚步动作来完成各项表演动作，对方（勇士）如果高喊一声"嗨"，就往前扑，俗称"开天门"。如果再喊一声"嗬"，说明对方要进攻了，这时就要表演避让的动作，左右避让则称为"开大小门"。整个表演过程需要双方密切配合，一步走错，将会乱了阵脚，影响全局。

茶坪村的狮子道具是红色傩面。红色狮子傩面为游艺型，只在节日庆典时使用。这种古老神秘的傩面舞，是先民为了驱恶除疫、祈求平安而举行的巫术表演，在漫长的历史发展过程中逐渐演变成为一种民间游艺活动。

传说清末时期，南霞一带常有土匪出没，小村落的安全受到威胁。为了防止土匪打劫，村民们以组建打狮队伍做掩护，学习武术套路。这也是打狮能够流传下来的一个重要原因。

迎铁枝

在沙县湖源乡和富口镇盖竹村，有一项传统的民俗文化活动至今完整保留着，在祈求风调雨顺、国泰民安的同时，也让村民们收获一份欢乐，这项活动就是"迎铁枝"。

迎铁枝是湖源乡当地人很喜爱的一种民俗活动。湖源乡开乡有800多年，开展迎铁枝民俗活动至少有300年的历史。湖源迎铁枝一般在农历6月—7月间举行，为期3天。每次活动大都由乡里的邓姓、陈姓两个大姓家族成员组织，张姓、李姓、余姓家族成员配合开展。在湖源乡，迎铁枝堪称盛会，十里八乡的村民都会赶来观赏。

湖源迎铁枝由铁枝队、打狮队、旗幡队、响铳队、灯谜队、乐器队、花样队、佛轿队等组成，人数多达1000余人。迎铁枝队伍长达2千米，浩浩荡荡地行走于阡陌村落间。队伍中，铁枝队最为显眼。铁枝是由轿脚、铁枝、轿椅组成，轿椅周围镶有各种飞禽走兽的浮雕，金山银山，配以彩花、花灯、纸马、木偶等各种花饰装点，绚丽别致，表示丰衣足食，吉祥如意。铁枝由一架铁枝和鼓城（有装饰的轿椅称"鼓城"）组成，称之为一"景"，铁枝重达90千克，高2米多，8个青壮年负责一"景"，轮番抬着行走。每"景"铁枝就是一个传说，如"穆桂英挂帅""薛丁出征"等，在铁枝上坐有一名6至10岁的男童，身穿盛装，扮成戏曲中的人物，如穆桂英、李世民、姜太公、花木兰等。迎铁枝的长龙穿行在乡村小路，到各宗祠开展祭祖活动。一路上，迎铁枝的队伍穿梭游行，唢呐声、锣鼓声、鞭炮声响彻云霄。

无独有偶，沙县富口镇盖竹村也完整地保留着迎铁枝这项传统的民俗活动。盖竹村的迎铁枝从云庆庵开始，云庆庵始建于明崇祯年间（1628—1644年），重修于清乾隆（1736—1796年）、道光年间（1821—1850年）。后堂正殿供奉各路神祇。云庆庵游神活动集中在诸神诞辰日或纪念日，即每年的农历三月初三、七月初八、八月十三和十月十八。其中以农阴历三月初三游太保最为隆

重，游太保同时举行迎铁枝民俗活动。

盖竹的铁枝有两架，每架百余斤，每架铁枝有上铁枝和下铁枝之分，上下铁枝巧妙地用铁套联结，上铁枝还有一副不大不小的圆铁箍，恰好容得进一个8岁左右男童的身体。和湖源乡迎铁枝最大的不同是盖竹的上下铁枝安装在一个轿平台上，平台没有装饰，盖竹迎铁枝亦是由村民自发组织，壮汉16名，未满10岁的男童4名（每架铁枝分别有8名壮汉和2名男童）。男童装扮成古戏文中的武将杨宗保、穆桂英等（取材于《穆桂英下山》等传统戏曲剧目），坐在高高的铁枝上，由16名壮汉轮流抬着绕村一周，以祈求人口平安、风调雨顺、五谷丰登。

湖源迎铁枝与盖竹迎铁枝外在演绎略有不同，湖源迎铁枝"惊艳"，盖竹迎铁枝"惊险"。湖源迎铁枝的轿椅大方平稳，精美的雕饰与繁复的花饰，吸收了彩扎、纸塑等艺术门类的精华，足以"惊艳"出场。盖竹迎铁枝的铁枝上下两架，没太多装饰，上架的铁箍正好被男童身上穿的长戏袍衣裙遮挡，远观之，视觉效果是男童恰好站在一把锋利的宝剑上，宝剑凌空，托举男童，旁逸斜出，惊险绝伦。二者共通的是，一架铁枝演绎一段民间传说或一个历史故事，可让观众领略到中国历史文化的博大精深。

夏茂游春牛（市级非遗项目）

游春牛习俗自宋朝传入夏茂镇，至今已有800多年历史。2010年，夏茂游春牛被列入三明市第三批市级非物质文化遗产名录。

游春牛一般在立春举行，但并不是每个立春日都可以游春牛。夏茂镇的游春牛只在逢双春（也叫二度春、两个春，四年一次）的年景才可以游，夏茂游春牛要在立春后的两个小时内游完。

夏茂镇春牛的制作相当讲究。夏茂镇的春牛是纸扎品，最初的加工工艺是内扎耕牛竹骨架，外沾糊油纸，涂上颜色。其样本并未统一，而是依据当年黄历（皇历）按图索骥，颜色、形状、尺寸等均要求按形定制（如果当年黄历上的牛画是白头牛，为孝牛，则不游）。纸扎牛高四尺，代表春夏秋冬四季；牛身八尺，代表四立，即立春、立夏、立秋、立冬。牛尾一尺二寸，代表一年中十二个月，遇闰月（十三个月），则改为一尺三寸。纸牛是否张嘴也要严格参照当年黄历上的图形标示，如是张嘴牛，则要在牛嘴里塞入芦苇或青草。纸扎牛尾朝向也有规矩，阳年牛尾左摆，阴年牛尾右摆，扎纸师傅要明细辨别，不可混淆。

游春牛仪式在立春清晨拉开序幕，始发地为夏茂镇文昌宫。首先要举行隆重的接春神、祭春牛仪式。摆上香烛、瓜果等供品，由道士主持接春神、祭春牛仪式，道士口诵经文，并宣"民康物阜、国泰民安"此类祝祷词。之后，游春牛正式开始。队伍出行有序：两面清道路锣开道引路，灯鼓队紧随其后，灯鼓上书"欢度春节、风调雨顺、五谷丰登"等吉祥语，灯鼓队之后是联牌队，三灯柱前面的对联分别写着类似于"物丰民阜贺新春，国泰民安庆佳节""春种一粒谷，秋收一担粮""愧彼惰农空食粟，怜其劳力勿加鞭"的吉祥语，楹联主旨大多与"春种秋收""春华秋实"相关。联牌队之后是唢呐队，两把唢呐"呜啦呜啦"响个不停。盛箕是重头，排在唢呐队后，分别由三对体壮的青年抬着，第一对抬五谷真仙神像，第二对抬米谷、瓜豆和果蔬，第三对抬三牲、白馃等祭品。之后，春牛隆重出场。为了体现喜庆，同时也包含对春牛的褒扬，在牛头上扎一朵红艳艳的红绸花，或在牛角上系一红布。春牛前面由一扮相滑稽的男佣牵着，四个壮实的青年在牛肚下前后支撑着前行。最后，宋代服饰戏妆的一户农家夫妻儿女四人跟随出场，男主人扛着犁耙，女主

夏茂游春牛

人手提水壶，男孩挑着一担牛草，女孩提着食篮（竹篮），上覆一条白毛巾。一位扮演阿婆的演员，杂在队伍中，惟妙惟肖地模仿老嬷嬷，扭着腰，摇摆前行。

家家户户点好香烛香火，等待春牛的到来。春牛一到，各家马上点燃烟花和爆竹，表示对春牛的欢迎。春牛游完镇上的大街小巷后，再次返回到文昌宫门前，这时人们用火将春牛点燃，预示着来年风调雨顺，五谷丰登。至此，活动结束。

追根溯源，夏茂镇游春牛源自远古的打春习俗。汉族民间风俗，立春那天用鞭子抽打泥做的春牛以祈丰年或是敲打小锣、竹板等，唱着歌词，挨户索取钱财的习俗，此即"打春"。宋孟元老所著《东京梦华录·立春》载："立春前一日，开封府进春牛入禁中鞭春……置春牛子府前，至日绝早，府像打春，如方州仪。"《京都风俗志》亦载："宫前'东设芒神，西设春牛'。"礼毕散场之后，"众役打焚，故谓之'打春'。"我们可以在史书上找到"周公始制立春土牛"的记载。

春牛有纸牛和泥牛之分，夏茂镇游纸扎的春牛，其实是打春的另一种演绎，与传统的打春相比较，只是外在的表演形式略微不同而已。清施鸿保著《闽杂记》卷一所记，闽地迎春土牛芒神式与夏茂游春牛异曲同工，曰："按《会典》：土牛式，胎骨用桑柘木，身高四尺，应四时；长三尺六寸，应三百六十日；头至尾长八尺，应八节；尾长一尺二寸，应十二月；鞭用柳枝，长二尺四寸，应二十四气。以本年天干为头角耳色，地支为身色，本年纳音为蹄尾肚色，以立春日干为龙头色。构用桑柘木……"文中还说，造成各地略有差异，大致是因为"迎春土牛、芒神皆有定式，闽中各处不尽遵用"。

耕牛是广大农村千百年来农田耕作不可缺少的劳力。夏茂人自古以来爱护耕牛如爱子。每年农忙时节，夏茂农民都要用粳米加工成白馃给耕牛吃，当地人认为粳米营养价值特别高，牛吃了白馃身体强壮，耕田时干劲就大了。一旦耕牛"老"去，牛主一家人沉浸在极度悲痛之中，往往挖个大坑把它埋在山上。在夏茂溪北桥头阁东侧有一块禁宰耕牛碑。石碑上镌刻着："凡是能耕作的强壮水牛一律不准宰杀。明嘉靖年间立。"滥杀耕牛无疑是影响农事的，怎能不立碑为戒？所以，夏茂人更舍不得鞭打耕牛，于是他们把民间纸扎艺术与游神习俗巧妙结合，演绎出游春牛这种既独特又精彩的表现形式。在游春牛的同时游五谷真仙，五谷真仙又名五谷大帝，亦即神农氏，是主管农业的神仙。因此，从某种意义上来说，夏茂游春牛和打春一样，旨在重农劝耕，带有典型的农耕特质。

湖源迎龙迎烛桥（市级非遗项目）

湖源乡过年有三次别具特色的民俗活动，即正月初五的迎花灯，初七、初八的迎龙和元宵的迎烛桥。2010 年，湖源乡迎龙迎烛桥被列入三明市第三批市级非物质文化遗产名录。

首先是龙头、龙尾和龙身的制作，三者都是用竹篾做骨架，由彩纸粘糊而成，外围再用塑料花、剪纸等装饰。龙身外形是躺着的弯曲圆柱，长度 80 厘米，直径 25 厘米，先搭好竹骨架，糊上彩纸，再固定在一条长 2.5 米的板凳中部。龙身两头平截，好似一节一节的龙段，所以又称龙节。龙节两侧的圆截面分别写上"春回大地""万象更新""龙飞凤舞""人寿年丰""龙腾虎跃"等四字祝福语。龙身要严格按照尺寸标准编扎，前后至少留出一对蜡烛光的腰身，腰身不能太窄也不能太宽，太窄烛火会燃着糊纸，太宽则与整条龙形不搭，影响美观。木板凳无腿，其实是一块杉木平板，距凳面两头 20 厘米处各开一圆孔，方便龙节安装时插入木楔（竹楔）。竹木楔 60 厘米长，插入圆孔后，上下又有小洞可锁死，防止龙身溜节。龙身（龙节）制作任务包干到户，一户一节（以灶眼为单位），预先做好后，放在自家客厅的八仙桌上。

龙头和龙尾的制作工艺较为复杂。龙头 4 米长，"鲤鱼头、麋鹿角、黄鸭嘴、招风耳"，额头上书一个敦实的汉隶大"王"字，后脖写上"国泰民安"，后脊龙爪一双，雄赳赳朝天举，酷似一条写意风格的民间草龙。与宋人罗愿在《尔雅翼·释龙》中描述的"角似鹿、头似驼、眼似兔、项似蛇、腹似蜃、鳞似鱼、爪似鹰、掌似虎、耳似牛"龙外形大相径庭。每个龙头右边插一杆纸风车，象征风调雨顺的祈愿。最有特色的是龙眼和龙珠，它们分别由两孔射灯和一盏小红灯笼构成，只要接上底部的蓄电池开关，龙眼内的龙珠就能发出强烈的"龙光"，在乡野中的夜晚格外璀璨夺目。龙尾 2 米长，一头大一头小，小头上翘，似牛角又似鱼鳍。龙头和龙尾主要是用白纸裱糊，空白处请村里剪纸手艺最好的匠人配上花色、水果、动物、植物的剪纸，有苹果、鲤鱼、凤凰、孔雀、青蛙、蝙蝠、花草，等等，活动现场样式最多的是龟的剪纸，有金龟、长寿龟，中华龟……龙头和龙尾在龙首家制作，即使是最有经验的师傅至少也要三天时间才能完工，因此，正月初二后，不但要请师傅来扎龙首，还要邀请自家叔伯兄弟和亲戚朋友来帮忙。

湖源迎龙首是这样产生的。正月初一，村里族人都要到祠堂祭祀祖先，汇报上一年的婚娶、生育及平安情况，第一家获得男丁者（男孩出生），就必须承担迎花灯的灯首任务，而上一年度第二个、第三个和第四个有男孩出生的家庭，则分别做正月里迎龙的龙首，分别称之为大龙、二龙和三龙。做龙首的家庭在当地被认为是当年族姓中最有福气的人，做龙首会给家人带来好运，所以都很重视，做龙首的家庭也是此次迎龙活动的主家，即便再忙碌，他们依然兴高采烈。做龙首的家庭之

打龙圈

间往往会相互攀比，暗自较劲，都想把排场做得大些。

迎龙的日期和吉时由乡里最有名望的"先生"定夺，具体做法是拿大龙家的八字来合，定出具体时间，而后各家分头筹备。

邓氏与陈氏是湖源乡的两大姓氏，迎龙主要在这两个家族中进行，据说为节省开支，原先两大家族轮流坐庄。后来生活富庶了，两大姓氏每年独立举行。当然，别的姓氏亦可自发组织进行。湖源乡邓氏和陈氏人口众多，所以每年出现大龙、二龙、三龙的概率高。

湖源迎龙路线与次序是有规矩的。在安装长龙前，龙头和龙尾要先敬小祠堂，再敬祖宗祠，之后才能安装。安装地点在各龙首最近的开阔地、祖厝或乡间小径上，如广全堡溪、溪头、邓氏祖厝等地。抬出龙头，龙身逐节安装，安装方法简单，两板面圆孔重叠，插上木楔（竹楔）即可。龙身自由选择龙首安装串联，可去大龙家，也可去二龙家或三龙家，安装的顺序是龙头、龙身，最后龙尾。安装结束后，点燃龙身内的一双蜡烛，烛光映衬着龙身的彩花与剪纸，绚丽多彩。湖源迎龙的龙身在 200—300 米左右，若单独连一条龙，至少会有 500 米，多时达 800 米。

迎龙开始，锣鼓领头，笛子、二胡、唢呐次之，儿童花灯队紧跟，接着是 6 人抬的龙首，之后龙身次第紧随，最后是龙尾。迎龙的路线是绕湖源乡间小径和街道一周，点亮龙火（龙身内的蜡烛），打开龙眼，过田垄、跃水沟、跨坑洞、爬山路，群情激奋，笑声荡漾，夜间游龙，在山路田间蜿蜒前行，烛灯辉映，旖旎多姿。之后是游街道，每到拐弯或下坡，迎龙的小伙子发"呼""哈"之呐喊声，而后牵扯着飞奔而过，气势恢宏。

迎龙中途入龙安坪"打龙圈"。打龙圈是湖源迎龙的重头戏，大龙在最内圈，二龙、三龙在外圈包围，绕着余氏祖坟坪打圈游行（圆满之意），旧例，只要大龙的龙头突破不了二龙三龙的包围圈，游行就不能停止，直至龙圈越来越小……一时间，龙头交错，烛光辉映，焰火冲天，烛龙或曲或直或弯或拐，火树银花，别有一番美景。

湖源乡迎龙为什么要打龙圈？传说，当年湖源乡有几大姓氏，除了邓氏、陈氏之外，余氏也是兴旺的一支。传说余氏祖坟为蛛网形，由内向外，以墓穴为中心向外扩散。守卫蛛网的是一只蜘蛛精，只要它在，余氏子孙便可以世代获得荫佑。天有不测风云，不知何时何人，在墓穴的上方开出一条山路，此山路如一柄利刃，直刺入"蛛网"，破了"蛛网"，也破了余氏气运，从此，余氏家族大不如前。邓氏族人为了保住余氏家族，特意制作"段龙"绕坟坪打龙圈（围绕坟坪外围四周游龙），以挽救之。蚯蚓有地龙之称，邓氏族人认为，打龙圈的"段龙"其实便是"地龙"的化身，它被截成一节一节，不断喂养着蜘蛛精，因为有了地龙（蚯蚓）的投喂，蜘蛛精才不至于网破而遁迹，余氏家族因此也获得顺利传承。

如此看来，湖源的迎龙不单是嬉闹之游戏，也不只是敬祀神灵而已。其意义远比想象的重大，还承担着拯救余氏一脉的兴衰与荣辱的重责。这个传说如今已无从考证，可以确定的是每年打龙圈的地点实实在在是在余氏祖坟坪进行。

湖源迎龙一般持续2个小时左右，龙队绕行一周后，来到水尾的龙会桥，经过龙会桥再入邓氏或陈氏祖宗祠。早先的时候，龙头龙身龙尾进入祖祠是不能走正门的，迎龙队员想要进入宗祠，要手持烛龙依次跃过1.3米高的宗祠围墙，方可进入，所以说旧时的迎龙队员若没有些真功夫，还真的不行。最后仪式是把纸扎的龙头打碎，任由乡亲把碎片捡走，以示福气均沾。新婚家庭以抢到龙须为荣，抢到后回家斜挂床边，喻示祥龙送子。

迎烛桥

迎烛桥是流传在沙县湖源乡、富口镇盖竹村、山峦村，大洛镇陈山村，南阳乡西坑村，以及凤岗街道际岩村等地的一个古老风俗。起源于明朝年间，至今已有400—600年历史。最初是迎神祭拜活动，渐渐人们把龙神为图腾的祭拜活动融入民间艺术中，演绎成别具一格的民俗娱乐节目。每年元宵节前后，村民们舞起自制的烛桥，以独特的方式，庆贺元宵节，欢庆丰衣足食的年景，祝愿来年气象更新。2010年，迎龙迎烛桥被三明市人民政府列为第三批市级非物质文化遗产名录。

【湖源迎烛桥】 迎烛桥是湖源乡闹元宵盛大的传统民俗活动项目。确切来说，湖源迎烛桥是迎灯、迎龙的延续，是在前两项民俗活动已经结束了的基础上举行的。

湖源乡迎烛桥从明洪武四年（1371年）陈氏"开基湖源"开始，流行至今，已历600多年。湖源乡陈氏宗族保存一本较为详尽的文牒，内曰："吾乡有迎烛一

迎烛桥

迎烛桥

事由来已久矣。迎烛非以博子弟之欢，乃藉以邀神明之鉴也。"

湖源迎烛桥与迎龙相类似，不过此时木板凳上的龙身已经更换成了五盏花灯。花灯的制作是先安竹骨架，再糊彩纸，内置铁钉或竹钉，可插蜡烛。五盏花灯均匀并排在木板凳上，一家一板，一板一桥。热闹的年景，有二三百桥，长达数百米。

湖源迎烛桥的路线是固定的。与迎龙路线一样，先绕湖源乡游行一周，过山垄，行小径，走街巷，经过水尾的龙会桥，最后至邓氏或陈氏宗祠。迎烛桥最常见的情形是：鞭炮齐鸣、烟花齐放，唢呐声、锣鼓声、笛子二胡声（现在还有女子铜管乐队）混在一起，山摇地动。烛桥由宗族里最有威望的长者引领，走街串巷，逶迤而行。烛桥所到之处，家家燃放鞭炮、烟花相迎相送。迎烛桥活动结束后，各家各户扛着自己的烛桥回家，放置在客厅的八仙桌上，直至烛火燃尽，才可以收拾烛桥，以备来年再迎。

湖源迎烛桥活动从正月十五元宵节当晚开始，经常会持续到正月十六清晨。迎烛桥有迎平安吉祥之意，更是庆贺元宵，祝愿丰衣足食的独特方式。

需指出的是，湖源迎烛桥之烛首（福首）的产生，邓氏和陈氏略有不同，邓氏家族由高寿年长者为首，陈氏则以清朝咸丰年间（1851—1861年）定下的拈阄规则进行，别的姓氏根据年龄辈分推选，延续至今。

【盖竹迎烛桥】　正月迎烛桥这项古老民俗游艺活动已在富口镇盖竹村盛行了400多年。

盖竹村烛桥制作任务分包到户，一般一户一桥。烛桥的制作工艺古朴、简练。选一条2米长的木板，两端各留出烛桥连接的孔眼，中间依次安上5对似凳腿的对称骨架，用白纸糊成呈漏斗状的灯箱，灯箱尺寸为底宽15厘米×顶宽18厘米×高32厘米。复杂的灯箱会在灯箱外绘上代表吉祥、健康、长寿等寓意的松、鹿、鹤、梅、兰、竹、菊，以及花、鸟、虫、鱼等。简单的灯箱则用毛笔写上祝福的"原创诗句"，不一定平仄押韵，以吉祥话为主。比如"江山万代""庆贺丰年""大地好河光""集众共一桥""祖国山河壮""新年纳余庆""百业兴旺""国泰民安"等。盖竹的烛桥每年都有80桥左右，最多的一年高达120桥。

盖竹村迎烛桥民俗活动一般在每年的正月十四举行，福首有主辅之分，俗称"大头"和"小头"，"大头"统筹当年迎烛桥的所有事宜，包括份钱的收取、香烛鞭炮的采买、伙食的安排等。"小头"辅助"大头"，帮忙料理迎烛桥所有事务，同时自己也是个学习借鉴的过程，因为今年的"小头"就是翌年的迎烛桥的"大头"，让"小头"率先介入，是为了让其积累经验。福首的产生，以许愿的方式自愿报名，每年至少有十几二十人报名，名单开出后，依次去小佑山寺庙的殊胜堂里卜珓，征求三位开路神的意见，三位神仙同时出"圣珓"者，才有资格"做头"，当年新选的"做头人"只能做"小头"，学习一年，翌年才有资格换成做"大头"，依此类推。

旧例，正月初九日先去小佑山上的殊胜堂请下开路神，在"大头"家坐神到正月十四迎烛桥结束，正月十五送回殊胜堂。现今很多村民在外做小吃，去小佑山请开路神的时间也提前了，改为正月初二请神下山，初四迎烛桥，初五送回。

开路神有三位，分别是定光佛、如来佛（原先是三宝佛，因重塑的三座三宝佛体形较大，便以如来佛代表）和五谷仙，两佛一仙，释道一统，多神崇拜。同时尊重佛教信仰习惯，当日的伙食（平安饭）是素斋，不能上荤菜。

串联烛桥在"大头"家门前的大坪或开阔地上进行。傍晚时分，做好烛桥的人家扛着烛桥来到"大头"家门前，从龙头起始，自行找烛桥串联，直至龙尾结束，而后各桥点着烛火。晚餐之后，夜幕降临，迎烛桥开始，"三眼枪"（老式土枪，可装少量火药）鸣礼炮三声，开路神和圣旨牌的轿舆走在最前面。龙形烛桥紧随其后，一路上鞭炮齐鸣，锣鼓喧天。

盖竹迎烛桥行走的路线是绕圆边逆向行走，也就是说先至村尾再至村头，而不是先村头再村尾。烛桥队沿乡村小径逆行，每过一户人家，均鸣炮敬香，以示欢迎。烛光闪烁，欢声如潮，烛桥队在暗夜中游走，远远望去，就好像一条长龙在田间小路蜿蜒前行，蔚为壮观。烛桥游行至新村建设点或活动广场时，会停下来，展演一些"花式"，或金蛇缠绕、或九龙飞舞、或游云惊龙……现场欢歌笑语，热闹非凡。

烛桥队伍绕村逆行一周后，最后都必须迎到村庄中部的古庙云庆庵内，龙头、龙身、龙尾都要进庵内绕行，在龙尾没有进入庵内前，烛桥与烛桥间不可分离。这算是一项技术活，需经验丰富者引导。所有烛桥绕行完毕，"三眼枪"再次鸣炮三响，之后烛桥分离，各自扛上自家的烛桥，争先恐后快速往家里跑，意思是谁先跑到家里，福气就先到谁家，所以大家都不甘示弱。

【陈山迎烛桥】　大洛镇陈山村位于镇西南部，其迎烛桥活动至今也有400多年历史。

陈山村的烛桥制作工艺虽然简单，却有自己的特点。在一条长约2米，宽20厘米的横木板上，留出头尾10厘米，按比例6等分（间距30厘米）安上6副铁骨架，请篾工用篾白扎成18厘米×38厘米，形如无底酒漏（分隔酒水与酒糟的竹器）的灯笼，依次在每条烛桥的骨架上套上6盏酒漏灯笼，中间点烛灯。烛灯是定制的每支2斤重的蜡烛，插在灯笼中间木板预先钻好的标准尺寸的圆孔上。

陈山村的烛桥每人一条，相互不串联，迎桥的人们行动自由灵活，所以大洛镇陈山村的迎烛桥以走队形最为好看。表演的"花式"也丰富多彩，主要有：造城、造篾墙、安民、安香炉脚、穿轿子沟、担谷袋、蛇蜕皮、斩枪等。

每年的正月十五元宵节期间，陈山村青壮年就会自发组织这项活动。陈山村迎烛桥请的开路神是清水祖师。清水祖师圣号为"昭应广惠慈济善利大师"，宋泉州永春县小姑乡人。据史志记载，清水祖师成佛后，神通广大，有求必应，行仁赐福，兴神助战，功勋卓著。自宋至清，获历朝皇帝四次敕封祭典。英名远播，四海人民皆敬奉，备受人间崇拜。

陈山村迎烛桥的"福首"以生产队为单位轮庄，烛桥的产生则由村民或信士自愿许烛桥愿，也就是说，明年正月的烛桥今年就要村民预先自愿许愿出资，烛桥的数量与许烛桥愿的人数有关，越多人许愿，来年的"烛桥"数量越多。

陈山村迎烛桥出发前，先在村里的空坪上，由6—12人进行表演"花式"（队形），之后才进行游行，走在烛桥最前的三人，一人扛旗、一人提锣，另一人执鼓，"鸣锣开道"率先前行。随后一人提着一盏灯笼，灯笼上写有红色的"清水祖师"四个字，紧随其后才是烛桥队，末尾是锣鼓队。陈山村烛桥队的人数不限，每年至少有30桥，多时达100多桥。

夜色下，观看陈山村迎烛桥，荧荧烛火透过烛桥上的小竹笼，熠熠生辉；烛光闪烁，阡陌交通，烛桥穿行其中，远观之，恰似一条银龙游走在乡间小径上。烛桥每经过村民的房前，家家户户均以鞭炮、烟花相迎，既表达合家团圆、庆祝元宵的欢乐，又祈盼来年风调雨顺、五谷丰登。

高桥迎香龙（香龙制作工艺为市级非遗）

迎香龙也称游香龙，是指一种在正月里"舞"和"游"香火龙的风俗，其游艺形式是龙身上插满点燃的檀香，将数十个龙身用绳索串成一条龙，故也叫串香龙。迎香龙风俗以高桥镇和夏茂镇最为盛行。史载，舞稻草龙灯开创于南北朝时期。高桥、夏茂香火龙始于隋朝，至今已有千年历史。

每年春节前后，高桥镇的高桥村、泉水峡村等就有以各大姓为主的迎香龙等民俗活动。其中又以高桥村的朱、陆、龚、蔡四大姓的族人操办的迎香龙最为热闹和隆重。

迎香龙前，要预先制作一条香火龙。制作一条精美的香火龙，工艺相当复杂。一般要经除杂、切割、捆扎、出样、上色、装饰等6道工序，制作过程中要讲究精、准、紧。要想活灵活现呈现龙头之威武，制作者颇要费一番心思。2015年，高桥香龙制作工艺被沙县人民政府列为沙县第三批县级非物质文化遗产代表性名录。

制作高桥香龙的主料是稻草，而今水稻大部分采用机械化收割，稻草秆长度短，无法使用，故现在逐渐用茅草替代。茅草细、水分多，晾晒在半干半湿状态下最适合制作香龙。一是龙身的制作，将茅草整理，除去杂质，拢成外径均匀的一束，晾晒或阴干，先用塑料扎带分段捆扎，后改用铁丝捆绑，前后三次，至茅草晾晒到水分充分挥发时，再用铁线扎紧两头。每节龙身40厘米，多余部分用柴刀或电锯截取整齐，一节龙身就这样成形了。接着是龙把（龙脚）的安装，取来长1米左右、手腕粗细的木棍或竹子，嵌入茅草束中，再用发泡剂填充并固定好。最后是在龙身上粘贴红黄色蜡纸，如此，一节龙身就算做好了。二是龙头的制作，龙头是香龙制作的关键，工艺也最复杂。香火龙的龙头要先有一个50—60厘米长，36厘米高的简易铁质形架，制作师傅上山砍下毛竹破成篾片，绕"形架"搭建龙头外形，边搭建边用铁丝固定，龙头制作少不了要压弯或塑形，为了能弯出满意的弧架，竹篾片不少部位须用明火烘烤弯曲。骨架扎好后就要开始上装茅草，晾晒后的茅草从上颚开始堆叠，而后是额头和下颚，不多时，龙头的轮廓也呼之欲出。湿茅草有韧性，用来

第六编 地域风情

高桥迎香龙

扎龙头顺溜光滑，但湿茅草水分足，所以要晾晒半个月，才能在香火龙的眼、耳、鼻等处贴上蜡纸。龙头部分除了龙嘴可灵活滑动外，其余均用铁丝绑死。龙舌下方暗设烟花，烟花由专人定制，并请经验丰富的电工在龙头下用"电炉丝"制作操作便捷的控制开关，方便龙头操控手舞动时随时把控。"龙珠"往往就地取材，一般使用本地老芋头，也有用柚子代替的。当然，现在的龙珠更加具有科技感，是一对会发光的小灯泡，小灯泡靠小电瓶供电，小电瓶也巧妙地暗藏在龙头的茅草中。龙尾与龙头一样，也预先有一副的铁制形架，尾部上翘，似大号鱼鳍。龙尾没有太多机关，工艺较简单，依形架扎上茅草便可。

龙头、龙身、龙尾制作完毕后，就要开始安装。龙头在前，龙身随后，最后是龙尾，三者间用尼龙绳串联，捆绑在龙把上，行距1.2—1.5米。龙身一般16—18节或者更多，一条香龙长20余米。最后在龙头、龙身和龙尾上插上点着的檀香，檀香也是专门定制，小指粗细，30厘米长，可燃一个钟头左右，如燃尽，则更换。一条迎香龙一般需擎龙头、龙尾各一人，擎龙身者16—18人。每节龙身重约3千克，龙头的重量是一节龙身的8倍，抬龙头的人必须是身强力壮的青年。

据高桥香火龙制作工艺传承人陈敬因介绍，高桥迎香龙的"花式"主要有"翻滚"和"波浪"两种。龙头扎下去，忽又昂起，边走边舞，边舞边划弧线，龙身和龙尾紧随节奏，一会穿行、一会飘弧、一会横扫，逶迤而行，蜿蜒腾飞。

对高桥镇村民来说，每年的正月初一到正月十五都是迎香龙（舞香龙）的吉日，更多的是选择正月初九这一天，取天长地久之意。迎香龙由上一年里家有喜事（指当年家里有新生儿出生、新建房宇的农户）的厝主牵头组织。正月初一前，厝主便要牵头打理迎香龙的相关事宜。厝主先到族里挨家挨户收份子钱，用以购买制作香龙的材料、鞭炮，和支付"敲锣打鼓"的工资，以及舞香龙者的误工补贴。依照早先的说法，香火龙的龙头必须由厝主来扛，意味着早生贵子、人丁兴旺、五谷丰登。

迎香龙一般在夜间进行。当日傍晚，厝主把剩余的茅草用火点燃之后，分发檀香，拿到檀香的人将点燃后的檀香分成5股分别插入龙头、龙身、龙尾的茅草束中，同时，锣鼓声起，龙珠闪动，迎香龙的序幕拉开了。青壮年抬着香火龙在乡里游走，接受族人和乡邻的祈福。点上檀香（线香）的香龙在夜色中穿行，香烟缭绕，盘旋飞舞，忽左忽右，忽高忽低，腾挪跳跃，在夜幕中看去犹如一条金龙在遨游。

正月十五元宵夜，村民将龙头从长绳上解下，点燃香龙，投入河中，名曰"香龙入水"。以求来年风调雨顺、国泰民安、五谷丰登。

七夕蒙学式（市级非遗项目）

在沙县，七夕节也是小儿节，是一个充满童真童趣的儿童节日。做七夕是指给新入学（小学一年级）的孩子特别的入学仪式。沙县自古有三登科的说法，即科举高中为大登科，娶妻结婚为小登科，七夕上学则为小小登科。所以沙县人很重视七夕，把它办得很隆重。

外婆给外孙（现在外孙女也做）买的做七夕礼物有书包、课本、描红簿等学习用品外，必少不了糖塔。糖塔是做七夕最具代表性的礼品，也是糖塔和糖俑的总称。一般糖塔有两大组，其一为糖塔和糖制福禄寿三星俑，喻示有福、有禄、有寿。福星俑手持如意，体形最大，禄星俑、寿星俑次之，禄星俑手抱婴儿，寿星俑手持梅花杖。其二为糖塔和鳌鱼俑（上色的米俑，乃是米粿用木模具压制成鲤鱼象形，鱼眼睛用食品红点圆，鱼鳞用毛笔蘸黄栀子汁画半圆弧粗线勾勒）、拜朝俑（持笏文官，也称官俑）、麒麟俑。鳌鱼俑意形出自鲤鱼跳龙门，以示学业晋升；拜朝俑是持笏文官，以示仕途高远；麒麟俑喻示太平长寿。

沙县人做七夕是在农历七月初七，与之对应，民间制作糖塔也集中在农历六月中下旬。因此，每年农历六月十五至七月初一这一段日子，是糖塔师傅最忙碌的时间。从白糖到糖塔主要经过清洗模具、选糖、熬糖稀、浇注、冷却、出模、桶装、上色等几个步骤。

沙县做七夕具体从何时而来，史料上无从考证。从糖塔取材选形于唐朝"雁塔题名"判断，推断为唐朝中宗神龙年之前。沙县人给孩子做七夕是重视教育的一种表现，也是独特的崇文重教的文化传承。《沙县志》载曰："七夕，小学蒙童设酒肴，焚所习字纸乞巧。"其实，沙县人给入学孩童做七夕与魁星有关。据说农历七月初七是二十八星宿中魁星的诞辰日，魁星是北斗七星第一颗，也称为魁首。相传魁星主管人间文事，想求取功名的读书人会选择在农历七月初七魁星生日这天祭拜他。

封建社会教育实行官学和私学并举，县学、社学、义学、义院和私塾遍地。沙县有1600多年的历史，民风淳朴，知礼崇文，特别重视教育。唐武德七年（624年）便在西天王寺创办县学，为三明境域内设置最早的官学；宋天圣三年（1025年），汀州府设府学于文庙，境内各县陆续兴办县学，沙县此时则已是"五步一塾，十步一庠，士以诗书相劝"。历史上，沙县不仅拥有大量官学，还有众多私塾、族塾和家塾。即便在清末，沙县仍有私塾130余所。此外沙县的豫章书院、凤岗书院和了斋书院是三明境域最早创办的书院。

沙县长期对教育的重视取得了非凡的成果：高桥人张确在宋开宝八年（975年）状元及第，是闽西北第一位状元。沙县历代中进士184人，是三明地区登进士最多的县，其中宋代就有进士149人。沙县城关滨河路文昌阁和夏茂镇的文昌宫历史悠久，沙县实验小学校园内的五代魁星阁和夏茂

模具

糖塔（红桶组合）

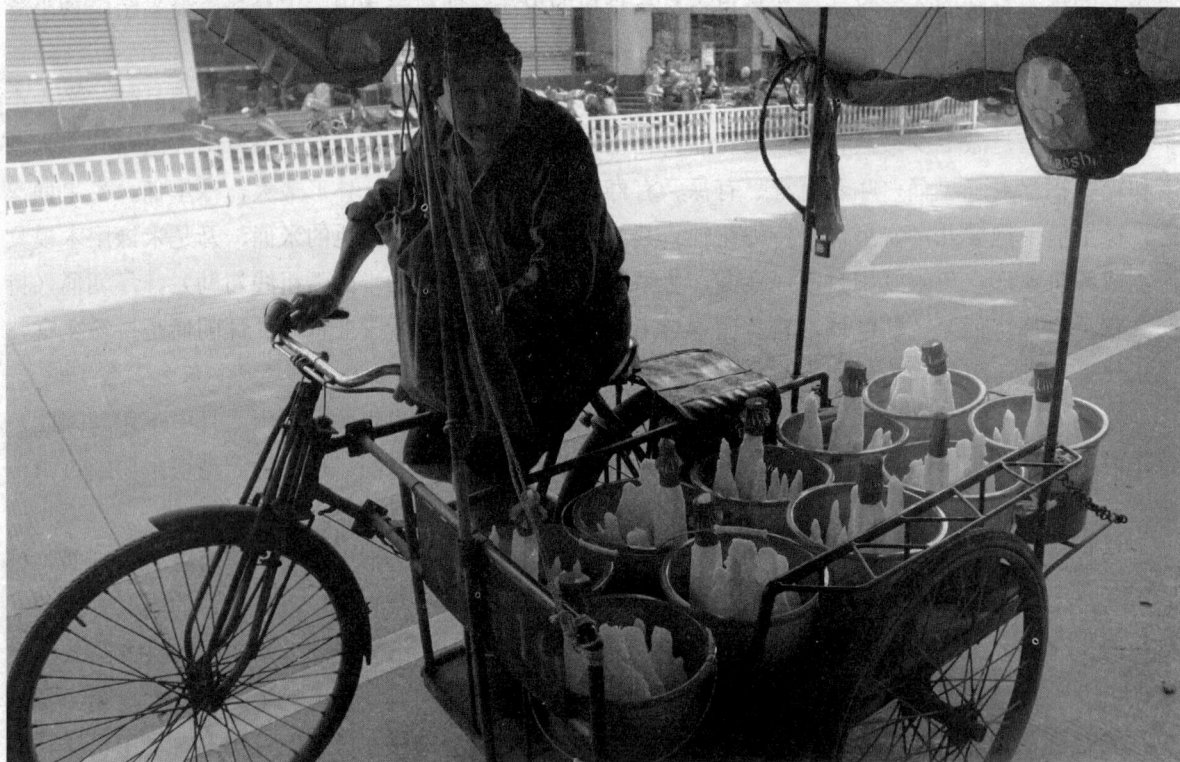

装载糖塔的幸福三轮车

镇的天章阁（供奉魁星）岿然鼎立，各地孔庙的复建也如雨后春笋。

夏茂游鱼（市级非遗项目）

舞鱼，也称游鱼，是民间的一种传统游艺，也是夏茂镇民间重大民俗活动之一。2018 年，夏茂舞鱼被三明市人民政府列入第五批市级非物质文化遗产名录。

夏茂舞春鱼起源于明代，明洪武十八年（1385 年）正月，有迁居夏茂的江西人以竹篾扎成鱼灯，鱼贯游舞于夏茂村镇的大街小巷中，始称游鱼、舞鱼，又因在春节期间举行，故又名舞春鱼。

游鱼这种民间舞蹈的活动时间一般是在每年农历正月初一至元宵节前，特别在正月十三最为热闹。舞鱼有两种，一种鳌鱼，另一种鲤鱼。领头的称鳌鱼、深青颜色。据说此鱼已率先跃过龙门，变成龙头，为照应鲤鱼家族个个成龙，毅然回返给众鲤鱼当向导。

游鱼的主要道具为鱼灯。鱼灯的制作考究，其框架全长1.2米，直径40—50厘米，分为鱼头、鱼身、鱼尾。三节可灵活转动，内燃蜡烛，外糊白纸（或彩纸），绘成各色鲤鱼象形。具体做法是用竹篾扎骨架，将鱼体分做三节，前节鱼头、中节鱼身（含鱼鳍）、尾节鱼尾，分别扎好，最后组装而成。鱼身下端（鱼腹）扎装一小竹把，竹把连接木柄，后节为鱼尾活动件。鱼腹竹把下装一支长20厘米的木柄，方便执舞，舞动时，鱼头、鱼尾可以自由摆动。鱼骨外表用绸布包裹或用不同颜色的彩纸糊糊。

夏茂舞鱼以村组或姓氏宗亲为单位，组队竞技，参与人数少则十余人，多则上百人。舞鱼队出场，排在舞鱼队有的大鱼由4人抬着，其余的每人一鱼。时而高举、时而潜行、时而穿插、时而交替，舞鱼的套路达50多种。

舞鱼队每队鲤鱼一般有12条至16条，颜色分别是红色鱼6条、五色鱼2条、绿色鱼2条、水红鱼2条、紫色鱼2条、白色鱼2条。每种颜色都有一个美好的象征，红色象征吉祥如意，五色象征五谷丰登，绿色象征春意盎然，水红象征国泰民安，紫色象征万紫千红，白色象征健康长寿。舞鱼时也是按以上颜色顺序依次排列。

游鱼表演主要通过鱼灯的高举、潜行、穿插、交替以及队形的变化表现鱼跃龙门的主题。常见的套路有跳龙门、双鱼戏水、鱼进港、鱼钻洞、鱼刮痒、鱼洗鳃、穿8字、穿双8、三梅花、鱼相会、鱼扫地、起风旋、单绞绳、双绞绳、对半挟、鱼单剪、鱼双剪、卷草垫、鱼半虱等。鱼儿进门

游鱼

特别讲究，必须要一对红鱼先进门，鱼头先入，两条鱼对一下嘴，游一圈后鱼尾先出。

表演者除了舞鱼外，还设击鼓1人，敲锣1人，执红烛引路1人。舞前将烛点亮，献于受舞者家里，表示引祥入室。锣鼓的敲击旋律节奏是"咚咚呛、咚咚呛、咚呛咚呛咚咚呛"，随着锣鼓声，表演者擎鱼起舞，忽高忽低，表示鱼在游动；来往穿梭，由缓到急，表示鱼在水中顺流逆流游动，边舞边唱，舞蹈达到高潮是送春，也是鲤鱼跃门化龙，勇搏湍流急涡的场面。表演者轮流仰躺于地，两足蜷曲，手的五指掌柄运转鲤鱼，身子也随着转动。此刻，锣鼓声密集，表演达到高潮，未轮到送春鱼者围着送春鱼欢歌以伴，扣人心弦，精彩可观。

按夏茂习俗，鱼"游"到正月十五元宵节当晚，应将鱼舞至河边，将鱼焚烧到河里，有如鱼得水之意，寓意年年有余。庄重的焚烧仪式在水尾河边或者大路上举行，一长者主持，将破损鱼身修补好，鱼头朝向河（溪）头，点香鸣炮，敲锣打鼓，放土铳，为春鱼送行。焚烧顺序也是从红色鱼开始，白色鱼收尾。

舞鲤鱼取材于"鲤鱼跳龙门"的神话传说。鲤鱼跳龙门寓意高升，喜兆吉祥。下户献舞也就是上门送吉，所以很受群众欢迎。旧时较富裕的家庭喜欢鲤鱼上门来送春（原意是鱼产卵），以示门庭纳福，添丁发财，四季吉祥。游鱼寓意有余，鲤鱼化龙寓意富贵吉祥。所以这项传统的民俗活动深受群众喜爱。正月初一起，伴随着富有节奏感的锣鼓声，游鱼队伍开始穿梭在夏茂的各个村镇小巷。鱼灯所到之处，沿街村民争相以鞭炮和烟花迎接。如有祈福或许愿的人家，还可以将游鱼队伍请进家里，增添喜气。

荷山打门神（市级非遗项目）

荷山村位于富口镇西北部，海拔785米，因其山形似荷花，故名荷山。荷山村至今原汁原味保留着一项千年的传统民俗文化活动——打门神。2020年3月，荷山打门神被列为三明市第六批非遗代表性项目。

每年的农历八月初八是龚、刘、杨三位祖师的拜祭日，也是荷山白云观（莲花山寺）最热闹的庙会。这一日，人山人海、香客如织，热闹非凡。

荷山庙会是从农历八月初六开始的，这天上午乡民们将三位祖师爷从莲花山寺请下山，而后迎进罗氏或陈氏宗祠"坐神"。荷山村主要是罗姓和陈姓（另有黄、刘姓各一户），按荷山流传下来的规矩，"坐神"分别在罗氏宗祠或陈氏宗祠进行，牵头的福首旧时则在划分的5个生产小队中轮庄。入祠堂"坐神"前，道士要在三位祖师爷面前"卜珓"，出"圣珓"之后，方可把祖师爷请进祠堂大厅安坐。

巡境游神从初六下午开始，游神队每天请出三位祖师神像舆，而后依次是移动神龛、彩旗队、迎神鼓队、三架祖师神像舆，列队前行。游神队须绕荷山村巡境三圈，三圈分三趟，分别巡至罗氏宗祠、陈姓宗祠、村口（门楼方向），以祈风调雨顺、国泰民安。值得一提的是，龚祖师身上抱着一尊小神像，荷山村老人说那是龚祖师的父亲，也是刘、杨祖师的义父，最初龚父与移动神龛，一边一头被人挑担着。近年，考虑到龚父上了年纪，所以安排龚祖师怀抱，体现出儒家孝道文化。

游神活动持续三天，村子里所有人都在祠堂吃平安饭。农历初八上午最后一趟巡境之后，三位祖师要被请回莲花山寺。老人说，旧时，返回莲花山寺须行古道，从村尾出发，往东北面逶迤上行。通常游神队还会选择身体较弱的8—10岁男童一名，脖子上戴着枷锁，从荷山村开始，跟随游神队伍同行，一直到莲花山寺，再去除枷锁，此举的意义是，"枷锁加身"如同"病魔缠身"，"去枷锁"等于"祛病魔"，获取安康。

"赛神"（祖师赛跑）和"打门神"是荷山庙会的重头戏。参加传统巡境游神的人与神像舆乘车至约离莲花山山巅2千米处，事先早有人安排香烛酒水供桌在此接马。而后，游神的人抬着三位祖师神像舆下车步行。缓步行至莲花山寺入口，忽然有人吆喝一声，三组抬着龚、刘、杨三架祖师神舆的游神人疾步跑动起来，争先恐后比赛着，分上、中、下三路冲向莲花山寺山巅大坪，结果总是中路的龚祖师率先到达。

打门神在莲花山寺前殿门口进行。莲花山寺前殿门后侧底部左右各留一孔20厘米大小的门洞，上安两大铁环。门洞与铁环各插进一根18厘米的新鲜毛竹，竹根入地，竹梢串环，斜对交叉，支好毛竹，并在毛竹上涂抹茶油。接着，精选村民中壮汉8—10人，站在矮底宽平的板凳上，裸露上身，身上也涂满茶油。吉时一到，殿外的游神者想入殿，冲上前去，抬脚趴着毛竹想往里钻；殿内的裸身人阻拦着不让进，掰开游神者的手脚，使劲往外推搡。殿外游神者一心一意要冲进殿，殿内的裸身人想方设法阻拦着不让进，殿外游神者见抵不过殿内裸身人，逐步增派人数，先是一个两个，接着三个四个，后来是一群两群，一大伙一大伙，形成一浪又一浪的冲击波。殿内的裸身人更加卖力，青筋暴露，手舞足蹈……殿外的人喊"有馇"（有吃），殿外的人回"冇馇"（没有吃），推推搡搡、上上下下、冲撞挤压、喊声叫声加油声笑声混成一片，煞是热闹。结果是即便殿内裸身人和交叉毛竹不断涂抹茶油增加滑度，最终抵不过殿外不断增加的人流，每次总有一人被众

荷山打门神（罗文津摄）

人腾空抬起，"塞"（爬）进殿内去。如是三次，"塞"进三人（三祖师替身），节目方歇，平安饭才可开席。

白云观供奉龚、刘、杨三祖师的历史可以追溯到宋代。传说，龚、刘、杨三祖师是结义兄弟，三人侠义心肠，又秉性相投，且都喜欢热闹。一日，三人结伴下山巡境游行，体察民情，帮危救困。不知不觉已过午餐的时辰。他们三人饥肠辘辘，为了赶在午餐时辰（出家人奉行过午不食）之前回到寺里。其中一人提议："这样回去实在乏味，我们三人何不分三路比赛，看谁先到得山巅？"另两人拍手赞同，于是三祖师分左、中、右三路开始比赛，大家争先恐后奋力争第一，但最后都谦让着让老大（龚祖师）得第一。话说白云观驻庙门神见三位祖师一大早下山，一溜烟全走了，不打招呼无故脱岗。于是要了一个心眼，在三位祖师回家时，想故意刁难他们一下。门神心想："他们下山吃香喝辣的，不捎上我们就算了，还不尊重我们，走前也不吭一声。回来时别想轻易进门！"巧得很，三位祖师回来时，已过了午饭的时间。三位祖师到门口对门神说："快放我们进去吃晚饭，肚子很饿。"门神说："谁信，这个点还没吃饭？"三祖师说："不打谎！还没吃，让一让，行不行？"门神说："下山喝酒吃肉，还不说实话？偏不让进！"于是，他们争执起来，各自施法，相互推搡。推搡中还伴有"有镳"和"冇镳"的吵闹声。当然，最终三位祖师的法力更胜一筹。

由此看来，荷山庙会包含巡境游神、迎神赛会和打门神竞技三类。赛神和打门神还是三祖师和门神之间传奇故事的演绎，生发出别具一格的故事与对话，并流传下来，成为一种独具特色的地域性民俗文化活动。

民间技艺

沙县小吃制作技艺（国家级非遗项目）

沙县小吃制作技艺兴于唐宋，盛于明清，以其品种繁多、风味独特和经济实惠而著称，现保留的小吃品种有 110 种。沙县小吃不仅流行在三明市各县（市、区），而且在福州、厦门、北京、石家庄、深圳、汕头、上海、云南、贵州等地均有分布，甚至在日本、美国、新加坡等 56 个国家和地区开设了沙县小吃加盟连锁店。从福建走向全国的沙县小吃，全国门店超 8.8 万家，年营业额达 500 亿元，沙县有 6 万多人外出经营小吃。2020 年 12 月，文化和旅游部发布第五批国家级非物质文化遗产代表性项目名录推荐项目，沙县小吃制作技艺名列其中。2021 年 9 月 18 日，沙县小吃制作技艺正式列入第五批国家级非物质文化遗产代表性项目名录。

制茶技艺（省级非遗项目）

两宋时期，沙县的茶业已相当发达，饮茶风俗已经相当普遍。当年李纲在兴国寺招待陈渊后写

茶山

下了"开樽欲约玉川子"（玉川子为唐代茶仙卢仝名号）之诗句。清代中期，沙县盛产乌龙茶、红边茶。饮茶之风日盛，不仅民众日常饮茶，待客还讲究茶礼。

沙县茶业曾经的繁荣超乎常人想象。据《沙县志》："清咸丰间（1851—1861年）茶市初兴。琅口多开茶庄，富口、高砂、镇头、渔溪湾皆有茶市……"民国版《沙县志》载录更为详尽："清同治初，茶市大兴，由同治至光绪（1860—1908年）茶之出数有增无减。民国以还，远不及矣。查乌龙茶在同治初，计出一万余箱（每箱30斤）及季年则加一倍。光绪兴，茶叶如故。自十年起至二十八年（1884—1902年）已增三万五千余箱。"

沙县不但是乌龙茶的重要生产基地，还是主要的出口区。清人施鸿保著《闽杂记》卷十《建茶名品》载曰："建茶名品甚多，如蔡君谈《茶谱》、黄文英《品茶要录》及《北苑茶录》等所载，今人鲜知者矣。吾乡俗则但称曰'武夷'。闽俗亦唯有花香、小种、名种之分而已。名种最上，小种次之，花香又次之。近来则尚沙县所出一种乌龙，谓在名种之上。若雀舌、莲心之类，寻常所称者，亦不辨也……"1983年，孟长基在沙县琅口农家里发现了三个当年盛装茶叶出口的小木盒，有"白毛猴""小丹桂""水仙"等字样。据茶叶专家考证，它们都是上等出口乌龙茶特有的名称，说明当时的沙县乌龙茶量多品优。

红边茶是沙县茶的一种，因其成品茶冲泡后的叶缘有一红边，呈现出三分红七分绿的特征而得名。2022年1月，沙县红边茶制作技艺被列入福建省第七批非物质文化遗产代表性项目名录。

"酸冬红"酿造技艺

沙县人普遍有自酿米酒的习惯,几乎家家户户都有一两口酒缸。这种传统的家酿酒被称为"酸冬红",其名称由来有两种说法,一说是因微酸,酿于冬季,色红,故称"酸冬红";一说因新酿之酒,沉于缸底,色红,名为"新沉红",同音转换,变为"酸冬红"。

沙县红曲酒大多为农家自酿。主料糯米是自己种的粮食,红曲为知根知底的熟人供应,酿造时亲力亲为,事必躬亲。九月初九重阳日至翌年谷雨都是酿酒的黄金时期。但沙县人认为,冬至的水味儿最醇,用它酿酒可以久藏不坏,柔和爽口,后劲绵长。所以,冬至酿酒在沙县民间约定俗成。酿酒前要挑个好天气,先去集市挑选酿酒的器具,把陈年的酒坛搬到溪流中,用黄细沙搓去污物,再用清凉的泉水反复冲洗,最后置放在阴凉处风干。更心细者,会把陈年酒坛倒覆在热锅中,蒸馏一段时间,一为洁净,二为消毒。

沙县民间酿红曲糯米酒,细分起来至少要有十道手工酿造工序。在这里说说沙县酿糯米酒的大致步骤。第一步浸米,用井水淘洗糯米,浸泡8—10小时,沥干备用。第二步蒸饭,旺火将糯米蒸至九成熟,让米粒外硬内软,疏松透亮。第三步淋饭,用冷井水浇淋米粒,使其冷却至适宜发酵的温度。第四步拌曲,拌曲很关键,将特制酒曲(若是酒饼,须碾碎),均匀拌入糯米之中,尽量均匀,更容易发酵。第五步落缸,落缸也不可小觑,将混合后的糯米均匀置入酒缸,并掏空中部便于酒酿渗出。第六步注水,酿酒注水,山泉水尤佳。第七步搅动,三四日后用洁净小竹耙或木棍伸入酒缸中微微搅动几下,使酒曲与糯米发酵更充分。第八步装坛,出酒后沉下酒漏,从酒漏中间舀酒出来装入酒坛(亦可直接装入锡壶取来饮用)。第九步滗酒,酒水接近缸底时抽出酒漏,滗出缸内剩余酒水。第十步压酒。缸底的酒糟倒入布袋后扎成酒包,用自制的榨酒设备压出剩余的酒,最简易的方法是豆腐架上放簸箕,簸箕上放酒包,酒包上再放木板,木板上压重物(石块或石磨),酒水便会渗出。第十一步起糟,压干酒水的酒包内仅剩下酒糟,酒糟是很好的烹饪调料。

俗语云:"新糯造酒满洋香。"沙县人酿酒用的是新糯米,那些刚被风车扬下的新米,精选风干,颗颗饱满,粒粒精华,出酒率高,最适合做米酒。

"清明茶,谷雨酒。"酿一两缸好酒对沙县人来说是家里的大事,老人们也格外重视。如果错过了冬至日,在接下来的月份(冬至至谷雨时间段)里,他们会慎重地请村里最有文化的先生掐出适合造酒的日子——甲乙日(农历甲乙开头日,一个月有两天),因为他们都虔诚地信奉祖先流传下来"甲乙做酒就是香,丙丁造酒臭泥浆"的古训。于是"甲乙日"处处可见沙县人淘米、洗米、选酒曲的场景,那两天,百家炊烟袅袅,糯香千里弥漫。

"酸冬红"米酒色泽微红,清亮透明,酒质醇厚,口感香糯,具有红曲酒特有的醇香。虽然没有北方酒的浓烈醇香,却更好入口,且可以驱寒祛风,壮阳滋阴。

玉露酒制作技艺(市级非遗项目)

说起沙县的黄酒,20世纪八九十年代的沙县玉露酒让人记忆犹新。玉露酒属甜型黄酒,其色泽褐红、味甜质醇,似琼浆玉液,故有玉露之美名。当年的玉露酒畅销省内外,1959年还被评为福建省名酒。玉露酒红极一时,曾是沙县的一张名片。

玉露酒

　　黄酒是世界上最古老的酒类之一，源于中国，且唯中国有之。约在三千多年前的商周时代，中国人独创酒曲复式发酵法，开始大量酿制黄酒。黄酒分为福建红曲黄酒和浙江麦曲黄酒两大系。三明是闽派黄酒的重镇。沙县的红曲黄酒属于传统的优势酒种，历史悠久，文化积淀深厚。清中叶传入沙县，至今已有三百多年历史。

　　清康熙《沙县志》有记载民间采百草酿玉露酒的习俗。当地人以优质糯米为原料，纯根霉曲为糖化发酵剂，用当年采摘的百草以及籼米制成药酒，酿成冬酒（冬日的酒）。翌年将冬酒兑入糯米甜醅中，经养醅、压榨、灭菌、装坛等工序，酿造一年以上方成，其酒色呈褐红色，醇和浓郁，醇和爽口。黄酒也以糯米和红曲为主要原料酿成，与沙县米酒"酸冬红"比较，口感略显清淡。

　　沙县玉露酒按照传统工艺制造而成，工艺程序包括蒸饭、发酵、陈化贮存、勾兑、灌装杀菌和容器清洗等。其原辅料可供选择的品种很多，包括枸杞、红枣、龙眼、黑豆等食材，以及甘草、茶多酚精华等药用食物。经传统工艺加工出来的沙县玉露酒甘香醇美，红润饱满，酒香清远飘逸，入口醇和舒适，略带清甜，堪称玉露酒中的翘楚。

　　沙县玉露酒畅销省内外，获得业内专家的好评。2016年和2017年，沙县玉露酒连续荣获全国六省一市"金奖优质奖"称号。2020年3月，福建省沙阳春酒业有限公司的黄酒酿制技艺（沙县玉露酒）被三明市人民政府列为第六批市级非物质文化遗产代表性项目名录。

夏茂冬酒酿造技艺（市级非遗项目）

沙县人有冬季酿造米酒的习惯。康熙版《沙县志》载："隆冬造酒，制曲为先，为红酒，为长水，为短水，为米烧，为玉露，为冬白，各有不同。"沙县人隆冬造冬酒，以夏茂冬酒为佳。夏茂冬酒色泽清澈透明，酒味微甜可口、香醇绵长、营养丰富，素有"观之琥珀悦目，闻之芳香馥郁，品之柔顺回爽"之说。

夏茂冬酒制作工艺，由中原迁入的客家人田、窦、郭、姜、韩等姓的先民，糅合当地各色中草药制成的百草曲制成，传承至今，已有1500多年历史。2015年秋，沙县夏茂冬酒制作工艺被三明市人民政府列入第四批市级非物质文化遗产名录。

白露节气过后是酿造夏茂冬酒的最佳时间，夏茂家家户户都会备齐材料，酿造新一年的冬酒，存储过冬，期待来年开坛畅饮。酿造夏茂冬酒的原料主要是精选的优质糯米、用山草药特制加工而成的百草曲（白曲）和无污染纯净山泉水，酿造工具主要有铁锅、饭甑、广口缸、窄口缸、坛子、"酒海"等。

酿造夏茂冬酒，选料讲究、工序复杂、周期漫长、成本巨大。传统酿造方法如下：一是浸米，酿造夏茂冬酒主料是糯米，以新糯为佳。选好了糯米，将糯米倒进木桶里浸泡10个小时左右。每桶米大约重27千克，一桶米恰好酿一缸酒。二是蒸煮，将浸好的糯米倒进饭甑内，放入铁锅里蒸炊1个小时左右，直到烟雾飘出，才说明糯米已经熟了。三是晾凉，糯米蒸熟后，要将它平铺在地上晾凉，晾凉时可以直接倒在地上洁净的塑料布上，也可以先在地上铺上清洁过的竹匾或竹谷席，平摊开来，加速散热。四是拌曲，糯米晾凉后，拌进酒曲，酿造夏茂冬酒的酒曲是百草曲（当地人称白曲），百草曲的主要原料是早籼米（米质疏松，易碎，容易加工）压碎后混合百草汁（金银花、茅草根、麦冬、人字草等）成团，而后阳光下曝晒发酵而成。夏茂镇西的后垅村加工百草曲（白曲）最成规模，当地人称"罗坑冬酒，后垅曲"。五是煮酒，糯米与百草曲充分混合后一般要加泉水并入广口缸发酵酿造，糯米、酒曲、泉水的比例并不固定，想要酒甜度高些，多拌曲少加

浸米

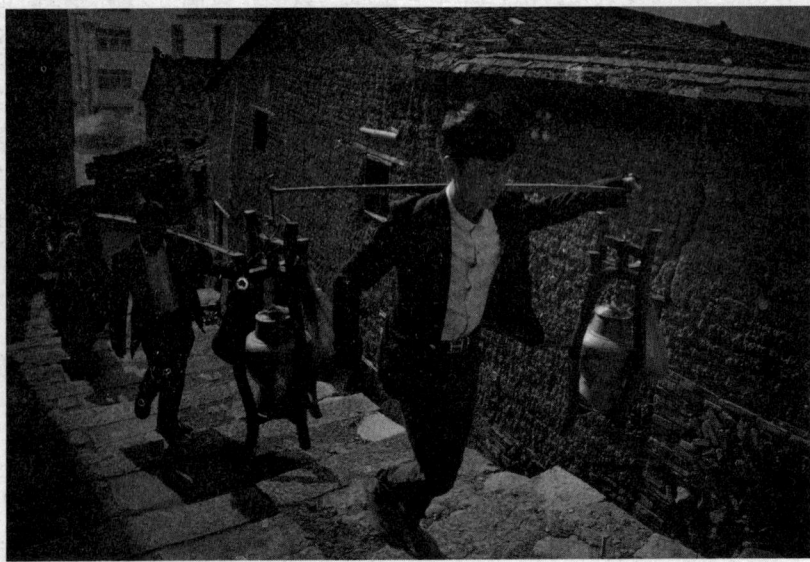

夏茂"出门酒"

沙村凤林

SHACUN FENGLIN

水；想要口味淡些，少拌曲多添水。温度控制依季节而定，冬季可在糯米酒曲混合还未凉透时就入缸，缸口覆盖箬叶、稻草或薄膜保温，经过一个月左右，糯米和酒曲沉淀，清酒酿出。将清酒舀出，倒入大锅煮沸，煮酒一般用"酒海"，"酒海"是锡制品，短嘴大肚敞口，"酒海"左右对称，两侧各焊有"提耳"，棕绳穿耳，上挽绳扣，若横一木杆，两人可抬着"酒海"直接浸入热锅中，加热至冬酒冒青烟（水蒸气）为宜。六是压酒，剩下的酒糟，倒入布袋捆扎，用酒榨设备压出剩余的酒。七是装坛，清酒煮沸后再冷却，便可以装坛了，装好后进行封坛，然后冷藏或窖藏，第二年启用为佳。

酿酒用具

夏茂冬酒适合久藏，愈存愈醇。夏茂冬酒头一年酿造至第二年四月谷雨，放置一年以上，才能达到最佳的口感，所以一般人家酿造冬酒，第一年酿造，要待第二年才取出饮用或销售。

夏茂冬酒的最大特点是浓郁甘醇，味道纯正，香甜可口，易入口，后劲足。许多能喝烈性酒的人，往往也醉倒在这水酒上。夏茂人在20世纪70年代以前，家里婚、丧、嫁、聚等红白事都用冬酒待客，少的几百斤，多的上千斤，哪

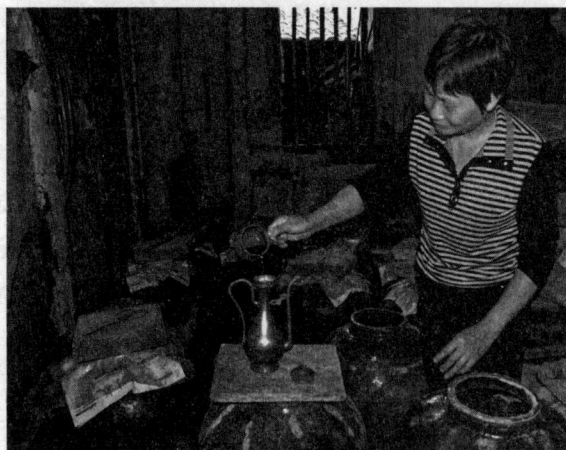

夏茂农家冬酒

怕家里来了一个客人也要有冬酒。家里若没酒，也要向邻居借几斤来待客以示欢迎，夏茂有"无酒不成席"的说法。

古法红曲制作（市级非遗项目）

沙县制曲历史悠久，据《酒经》记载，酒曲有三种传统制作方法，分别是罨曲法、风曲法和曝曲法，其中罨曲法指将曲坯放入密闭的曲房中进行培菌。沙县红曲是以籼米为原料，经接种曲母培育成的酒曲，其制作技艺便是源自宋代的罨曲法，是源远流长的中华酒文化的传承。

沙县制曲，以虬江街道后底村和高砂镇柳源村为名声最盛。后底村以家庭作坊形式制曲，规模较大的有6家，每家年产红曲都在1万千克以上。而柳源村古法制曲技艺于2018年8月被三明市人民政府列入第五批市级非物质文化遗产代表性项目。

沙县人制曲一般在立冬过后，选择这个时间除了气候适合外，主要是沙县人酿酒是在立冬后，制曲时间与酿酒时间契合，最大限度保持红曲的新鲜。

红曲制作工艺复杂，每个环节都非常讲究。制曲之初要先选米。米是曲的原料，品质优劣直接关系到红曲的质量。在众多的大米品类中，选择那些籼型非糯性的稻米（即黏性较小的籼米）的陈米最好，有经验的师傅会选择那些"新陈"（最近一年）的早籼米来制作红曲。早籼米呈细长或圆

形，质地脆弱易碎，黏性较小。蒸后松散，出饭率高，食之粗糙。横断面呈扁圆形，颜色呈白色透明，也有半透明和不透明的。而晚籼米米粒细长而稍扁平，组织细密，一般是透明或半透明，腹白较小，硬质粒多，油性较大，不适合制作红曲。

浸米是制红曲的第一道工序。将大米盛入木椪（木桶）中，用优质山泉水浸泡一晚。待那些大米尽情地"喝"足了渍水，张开全身毛细孔，胀大了身体。翌日取来笊篱，搅动木桶中的籼米，反复淘洗，而后捞起，置于木架上沥干水分。之后盛进簸箕中，再倒进锅里的饭甑中炊熟。盛入过程中需缓慢进行，慢慢将米粒堆起，不可压实，否则曲米炊不熟。一甑曲米控制在 25 千克左右，太多或太少均会影响曲米的熟透度。

"炊甑"是细致活，考验的是加工者的耐心，经过一个多小时的等待，米香弥漫，蒸汽氤氲，这时曲米就可以倒入预先备好的竹匾中，摊开摊平，任其自然冷却。曲青与曲母加入的最佳时间是曲米 30℃时，有经验的师傅是抓一把曲米贴在额头上，没有灼热感，感觉不烫皮肤便可以了。

曲母和曲青分别在研碗里用捣杵研碎，掺进曲米中，而后搅拌均匀，混出颜色。二者的比例是半碗（直径 12 厘米碗口）的曲母和曲青混合兑千克（一甑）曲米。曲母和曲青都是制作红曲的引子，曲母是红色的，能促进曲米尽快霉变发酵；曲青是青黑色的，主要起使曲米色泽均匀的作用。要做出"红心黑皮"的上等红曲，一定要放入适量曲青（秘制品），酿造出来的红酒才更醇更香。

曲米做好后，就可以装袋入窑发酵了。曲窑选址对环境要求极为苛刻，窑外必须要有充足的阳光照射，窑内的空气湿度要求很低且又能起保温作用，若地面很潮湿，则不能使曲米正常发酵，乃至发霉腐烂。曲窑高度为 1 米左右、宽为 4 米、长度 4—8 米，外围采用夯土墙顶架横木，铺上毛竹条后再覆盖一层黄土，曲窑底部要先铺上一层沙子，再以三合土铺面。这种窑的优点是面积比较大，保温效果好，易操作。

一般曲窑为长方形，前方豁口。窑身宽大，窑口窄小，仅容一人进出。一窑平摊 6 块长方形曲米，两两相对，整齐规矩。曲米入窑前，首先要控制窑温，如果窑里温度不够，须在里面生火加温，方法是在曲窑底部铺上一层干柴草和谷壳，让其慢慢焚烧，增加温度。袋装曲米入窑后，原封

沙县红曲（卓庭辉摄）

翻拌曲米（卓庭辉摄）

不动堆放一晚，翌日凌晨开袋，均匀铺洒落地，厚度大约在 3—5 厘米，让其自然发酵，随发酵时间的推移，须随时关注曲窑的温度变化。天气太冷，要关上窑门保温，天气太热，又要打开窑门通风。曲米每天都要择机翻拌，翻拌要有规律。

曲米发酵一般必须耗时 6—8 天，其间要浇水（浸泡）2—3 次（每天一次），浇水用的水，前四天是清水，第五天开始用浆水（俗称生石灰水），浆水调制，不同师傅有不同的配比，那是经验与实践的积累与沉淀。红曲发酵有"浇二""浇三"之说：就是从曲米入窑发酵的第四天开始，要将曲米收装起来，装入竹篓，拖出窑口，重新浸水，而后沥干，再入窑发酵。曲米铺洒厚度渐次减薄。如此循环，三次以上。

第五日开始，曲米改用生石灰水浸泡，入窑后再铺薄一些，直至曲米变红变深为止。浇过两次水的红曲颜色淡红，较重、更结实一些；浇过三次水的红曲呈红黑色，较轻、更蓬松一些。随着时间的推移，曲米颜色开始慢慢变红变深，色泽分明，发酵时间越长的曲米越靠近窑口。发酵后的红曲断面中心如果能看到像鞭炮引线一样的黑芯，那是最好的。七日后，红曲制作便完成了，装袋扛出去晾晒。晒曲也是技术活，晒不到位，水分过大，将影响出酒率；晒过头了，曲米太轻，连本钱都可能无法收回。

明代方以智《物理小识》中载："红曲，福州古田最红，其曲母出沙县。李昌谷诗'酒滴珍珠红'，夏彦刚曰：'江南人造红曲酒，则古有之矣。'"

大洛福袋刺绣（市级非遗项目）

大洛福袋也称陪嫁福袋，顾名思义是母亲送给女儿的陪嫁之物。在大洛镇农村，有在女儿出嫁时身挂陪嫁福袋出门的习俗。此习俗在大洛镇流传了上百年，至今不变（在沙县湖源、梅列、洋溪等地也有这样的风俗）。一件完整的陪嫁福袋需要在上面刺绣，名曰"刺绣福袋"，可惜掌握这项民间绣活的人已经不多了。2015 年，大洛福袋刺绣工艺被三明市人民政府列入第四批市级非物质文化遗产名录。

制作一件福袋，大致需要以下步骤。首先是绣稿的制作，用纸板剪出福袋的大致造型，以纸板为底，白布置于中间，接着把鲜艳的棉布摆放在上层，用自制糨糊（一般以木薯粉与热水混合调制而成）将三者粘糊在一块儿，以小板细心刮平，保证其平整，如此，绣稿的雏形就出现了。第二步是刺绣，选用普通的彩色棉线，多选择粉色、金色、黄色、绛紫等色彩艳丽的棉线，使用最多的是代表幸福、吉祥、喜庆的红棉线。采用上下平针法在绣稿上绣上所需的图案和花饰。第三步是缝合，剪好的绣稿，用多种颜色的棉线绣上各式图案后，再将两片造型相同的绣稿缝合在一起，福袋便成型了。第四步是装饰，在福袋边缘添加一些装饰材料，如小珠子、塑料小花、穗秧子等。第五步是填袋，福袋内还可以装入铜钱、镜子、银饰等物，以保平安和祈福之功用。完成以上五个步骤，一件福袋才算做成了。

通常上讲，大洛镇传统的陪嫁刺绣福袋主要有镜子袋、君子袋、菩萨袋、瓶子袋几种。所谓镜子袋就是福袋内装有镜子，镜子是姑娘们梳妆打扮不可或缺的物件，亦是镇妖辟邪之礼器；"君子袋"里装有祈求婚姻幸福的灵符，也蕴含着母亲对女儿嫁得翩翩君子的祝福；菩萨袋里同样装有祈求婚姻幸福的灵符，又包含着母亲祈求菩萨对女儿未来婚姻生活护佑的祝愿；瓶子袋也装灵符，乃"案上有瓶""平平安安"之意，瓶子袋就是祈求平安吉祥的福袋。除了镜子袋、君子袋、菩萨袋、瓶子袋外，大洛福袋还会有别的样式。中洋村陈桂娣老人曾经绣了一个多子多福的福袋，图案是一位母亲居中，左右手各拉着一个孩子，她解释说，这是喜得双胞胎图。这件福袋人物写实，用线简洁，寓意却十分美好。

民间刺绣是汉族传统手工艺，集汉族民间美术、民俗知识和传统手工技艺于一身，具有较高的观赏价值、实用价值及收藏价值。大洛福袋刺绣，针线缜密，色彩鲜艳，组合巧妙，构图大胆却不夸张，不求形似重神似，具有浓郁的地方特色与乡土气息，有较强的艺术生命力。它反映了闽中一带人民群众的生活习俗，表达了人民群众对美好生活的祝愿和追求。

时节民俗

福烟节

农历六月廿四前后，时值晒烟收成并交卖结束，时间比较闲适，经济也比较宽裕，夏茂镇一带的农民过福烟节，称为"做烟叶福"或"过烟叶福"。其中以李寓村最盛，每逢农历六月廿四日，村里杀猪宰牛，家家置酒、鸭、肉、粉干或面条，有的农家打白粿或做米冻皮，也有的从夏茂街买来汤面（也叫火面）、凉面（也叫水面），家家户户庆丰收、改善生活，还请亲友同餐庆贺。

吃新节

沙县民间以农历六月初六或六月中第一天逢"申"日子为吃新节。夏季，稻田里沉甸甸的谷穗成熟了，新谷初收，舂成白米，农家择吉日蒸上一大甑香喷喷的新禾米饭，或以新米加工成米冻、喜粿等各种食品，准备上酒、蛋、猪肉、豆腐等菜，全家人聚餐改善伙食，叫"吃新"。

端午节

端午节当天，门上悬挂菖蒲、艾草，房屋角落熏燃黄烟，儿童用菖蒲、艾草等多种草药煮成的百草汤沐浴；婴幼儿在胸襟上佩挂香囊，或在手腕和脖子上佩戴五色线、长命缕、百岁锁等以避邪；全家饮雄黄酒以祛疫除灾，并具牲醴，祭祀祖先，以求平安。菖蒲似剑，悬于门上，用以驱魔。艾草则代表招来百福，插在门上，可以使身体安康。饮雄黄酒，并用它涂抹儿童的耳鼻、额头、手足，能够使孩子们免受虫蛇的伤害。

端午节赛龙舟，又称扒龙船。沙县扒龙船，一般以各街道、村落命名并组织，各队龙船各有特色。沙县端午节，乡下过初四，城关过初五。民谣云："村佬不识字，过初四；城佬不知苦，过初五。"趣说乡下人不认识字（没文化）过节过初四；城关人不知辛苦（体力劳动），过节过初五。其实乡下百姓提早一天过端午节，主要是为了翌日赶到城关观赏扒龙船，与不识字、不知苦无关。

端午龙舟赛

立夏饮食习俗

立夏这一天，沙县人家家户户精心侍弄了满当当一桌菜肴，青的小笋、绿的韭菜、白的豆腐、黑的田螺、黄的喜粿米粿，红的酒糟肉。即便是些平时能吃到的农家小菜，也有一套精致的"说法"，吃韭菜补头发、吃豆腐补头脑、吃田螺补眼睛、吃小笋补脚骨，吃喜粿补气力……这些说法智慧贴切配合食物，让人吃得津津有味，胃口大开。

沙县人立夏饮食习惯完全是农耕社会的淳朴自然饮食文化习俗的延续。农历三四月份正值万物苏醒、季节更替，极易发生传染病，此时却又是农事农时的最佳时间（单季稻下秧），需要大力补充营养，舒筋活血，做好家庭饮食，显得及时和重要。

祭灶习俗

农历腊月廿三俗称小年或祭灶节，祭灶也叫送灶神上天。祭灶当日，家家户户都要把灶台、几案、锅碗瓢盆收拾得干干净净。先把墙上的旧灶神像揭下来，在香炉前焚化，表示灶神已上天，然

137

后贴上新的灶神像。神像两边贴上"上天言好事，下界降吉祥""东厨司命主，本宅水火神""调和鼎鼐神仙府，燮理阴阳宰相家"等对联。早早准备晚饭，点烛燃香，摆上茶水三杯、米酒三杯、橘子、花生、灶饼等祀品，并奉上糖果（冰糖）和甘蔗，好把灶神的嘴"甜"住，使他"上天庭不至于乱说话"。据说此做法就是为了讨好灶神，"堵"住灶神的嘴，并唱《送灶歌》："廿三廿四上天朝，卅年暝（大年夜）下来吃糍婆（糍粑），小孩说话勿计较，好言请记牢，坏话摆一边……"期望他们"上天奏好事，回宫保平安"，并把吉祥福禄在返程下凡时带回给主人。此时，看热闹的儿童也不闲着，在一旁唱着儿歌："红橘红红，鞭炮嘭嘭，冰糖甜甜，灶神公上天。"

祭灶习俗

年三十，灶王爷与诸神会返回人间过年。因此，除夕夜又要把灶神接回家，各家各户在灶台摆上供品，点香烛，放鞭炮，接灶神公回家。热闹的"接灶""接神"仪式，民间俗称"接元宝"。

有趣的是沙县祭灶是两天，分别是腊月廿三和廿四。即城关居民腊月廿三祭灶，部分乡镇腊月廿四祭灶。何故？原来聪慧的沙县人担心灶神爷去天庭汇报工作的路上人流太多，会造成交通拥堵，故意错开一天，分流使之顺畅。

社交习俗

沙县人社交风尚以广结人缘为宗旨，热情好客，讲究礼尚往来，民谚有云："欠人钱，欠人米，不能欠人礼。"最能体现沙县人社交风尚的是请春酒、朋友家和娘婿队。

请春酒

请春酒也叫请春饭或请春席，意思是在春节期间宴请亲朋好友。请春酒没有固定的日期，也没有限定次数和人数，可以一次多人或多次多人。请春酒一般选择正月初二至十五的某一天。

请春酒的对象不甚讲究，可以是外家亲戚，如岳父、岳母、舅舅、舅母；也可以是内亲，如姑姑、姑丈、姨娘、姨夫；还可以是左邻右舍或至交好友。

沙县人请春酒，菜肴丰盛但不奢靡，以年节菜为主。酒水必不可少，以家酿酒居多，主打"酸冬红"或夏茂冬酒。酒席上，东家客客气气，常说："没菜吃，酒多喝两杯。"

春节是中国人的传统佳节，族人回乡，亲友相聚，以请春酒为媒介，不失为恳亲联谊、共叙亲情、交流信息的好机会。请春酒既可维系亲情、友情和乡情，又能加强家族间的向心力和凝聚力，促进家族感情融洽。

朋友家

沙县男子结朋交友，长大后形成松散的团体，俗称朋友家，人数为12人左右。朋友家之间保持有事相帮、有难同当，有福同享的人际关系，颇具"江湖义气"。

朋友家在红白事中发挥着重要作用，从叫客、买菜、帮厨、借桌椅、挑水、劈柴，都是朋友家的分内活。朋友家中有人结婚，其余的朋友家要负责到女方家送"三阁礼"，挑"六合筬"，搬嫁妆、接新娘等。婚宴前，负责打糍粑、摆碗筷、分酒水等，开宴后负责端菜、添花生瓜子等。新郎新娘敬酒时，当酒保或协助"打通关"。婚宴结束后，组织"闹洞房"。"朋友家"中若有人碰到丧事，搭设雨篷、租借治丧用具，甚至抬棺等，都是朋友家的任务。

除了有事互帮，朋友家在经济上也相互帮衬。朋友家之间的礼金相助，相当于民间借贷的互助会，而且是完全自愿与免息的。

娘婘队

与男子的朋友家相对，沙县青年女子也有独特的社交组织——娘婘队。"娘婘"在沙县话里是女儿的意思，队则是伙伴之意，所以娘婘队是指特定范围的一帮女子朋友。娘婘队的功用比朋友家少，大多是队内未出嫁女子给出嫁女子做伴娘。而随着女子们纷纷出嫁，娘婘队的功能再一次减少。

娘婘队

分家

分家，沙县方言称"分厝"，是指将家中祖传田产、房屋以及农具、钱物等财产均分给儿子，也有富裕人家将钱物等留一些给女儿当嫁妆。

在沙县农村，分家是很常见的现象。分家前，父母要将全家人的生辰八字列出来，请先生推算出吉日良辰，再由兄弟们的母舅充当公证人，家族长辈为见证人。除留出部分房间、钱物用于父母养老外，其余的"均而分之"。一般由长子继承原有房屋（俗称"老灶""老鼎"），其他兄弟每人各分得一定房屋。离开"老灶"的儿子们要择吉日在自己的屋内砌灶，添置生活用具，包括菜橱、饭桌、凳子、水桶、饭甑、碗、碟、筷子、汤匙、酒杯以及灶上所用的锅铲、水瓢等。

一切商量妥当后，于吉日良辰举行分家仪式。一大早，母亲将"老灶"灶火点燃烧水。水开后，倒入大米煮成半生熟米饭，捞出盛入事先备好的几个饭甑之中，端到儿子们的新锅灶里，媳妇们则用从娘家带来的火种（用红纸包好的火柴）点燃自己新灶的灶火，继续炊饭。饭炊好后，先炒芝麻、黑豆，预视"大发"，接着煮蛋、粉干、豆腐等。媳妇娘家赠给女儿、女婿的礼物有米冻、豆腐、豆芽、笋四盆；腌蛋、豆豉仔、冰糖、龙眼四瓮；成套的碗、箸（筷子）、汤匙、瓯（小酒杯、碟盆仔（小盆），以及粉干、猪仔、一对雏鸡（俗称"鸡种"）、布料、鞋子和贺联等，所送的碗、筷、汤匙、酒杯等器物都是以十只、十把或十双为一组，取十全十美的好彩头，祝女儿建立美满幸福的新家庭。

过去分家，要聘请文人帮助写契约、契约内容涵盖分割、下代继承、老人赡养等方面，还要由家族中辈分较高或年龄较长且有威望者共同签名见证，这类契约叫作"分关簿"。沙县有句俗语："上船不讲价，下船要打架。"分关簿的作用就是有约在先，立字为证，杜绝纠纷，避免日后兄弟阋墙。

清代道光年间，沙县城东王氏家族兄弟分家时，请人立了一个账本，包括序言、凡例及房屋、财物、田产分配的详细情况。此分关簿之序言文化内涵丰富，颇具特点，摘录如下：

王氏立分关簿序

盖闻张公艺①九世同居，江州陈氏②七百口共食，其人已远，其风遂邈，窃叹古今人不相及也。又曰："水有源，木有本，源长则派分，本大则枝分，其理其势然也。"我父廷试公上承先祖，受分微业，兢兢业业，克勤克俭，守成勿替，产业颇丰。生我兄弟五人，母氏早逝。长兄名正蕃，娶室杨氏，生下二男，长联德，次名联兴。不幸伯兄亦亡，嫂甘守志，支持内助，以养以教，以至二男成人长大。吾父之幸，亦祖之光也。子行第二正辅，三弟正岱，俱已完娶生育。四弟正盛，五弟正来，俱未受室，另有归完婚之费。迄今父已去世，人繁事刷，督理维艰。吾不忍以棚而内者，久累于嫂；其忍以棚而外者，长累于叔父。于是吾叔嫂同兄弟相商，诚有念于水之分派，木之分枝，邀亲友族人公同酌议，将祖遗物业并父手块置苗田，除归父蒸、赵氏母蒸、陈氏母蒸与正答长子田、联德长孙田，以及书田、酬劳田外，其余田段以及住屋、杂物搭均分作恭、宽、信、敏、五房于祖庙前拈间，受分唯念，愿自今以后兄友弟恭，和乐如前，各宜勤俭持家，光前人，裕后昆。倘能扩而充之而至于苟完苟美，丕振太原之鸿业，是亦吾祖吾父之所厚望焉。是为序。

大清道光壬辰十二年（1832年）花朝　月　日

　　立分关簿，宽房；兄正辅，信房；三弟正岱，敏房；四弟正盛，息房；五弟正来，恭房；胞侄联德、联兴。
　　在见族长：载遇。
　　房长伯父：延咏。
　　堂兄：耀彩、占北。
　　在见母舅：赵崇诲、陈养贤、陈光邦。
　　见亲：黄大观、杨体乾、陈映松。
　　代书关簿：曾上孚。

【注释】　①张公艺（578—676年），山东郓州寿张（今属河南濮阳市台前县）人，历北齐、北周、隋、唐四代，享寿九十九岁。长子仲人中状元，次子仲义中榜眼，合家九百人，团聚一起，九辈同居，和睦相处，是我国历史上治家有方的典范。②江州陈氏即南朝时期陈后主陈叔宝之弟陈叔明家族。

盖聞張公藝九世同居江州陳氏七百
口共食其人已遠其風遂邈竊歎古今
人不相及也又曰水有源本有本源長
則派分本大則枝分其理其勢然也我
父廷試公上承先祖受分微業兢兢
業業克勤克儉守成勿替產業頗云茍
合生我兄弟五人母氏蚤逝長兄名
正蕃娶室楊氏生下二男長聯德次名
聯興不幸伯兄亦亡嫂甘守志支持内
助以養以教以至二男成人長大吾
父之幸亦祖之光也予行第二正輔五
三弟正低俱已完娶生育四弟正盛五

且夫水之有源也其流必長木之有枝也其葉必茂
吾人之子孫蕃衍亦猶是也窮慕上古同居休風甚
顧爾等奉為法則但吾自念年近花甲精神漸倦焉
之人裏事繁難以總理爰是敬請族戚酌議將祖父
遺下受分及己手續置田園屋宇山場財物先歸父
母並吾夫婦等養膽以及書田讓長儘先分肥均分
禱神祇閻立為智仁爲三房膳載闔書俱係至公無
私日後照闔管業無管依次輪收掃頋爾兄弟
篤友恭敬愛敬各勤己業大振家聲是為父之
幸也

分关簿（古本）

下会

民间下会，沙县人称"落会"，是一种古老的信用互助民间借贷方式。普通百姓如遇结婚、生病、盖房等，急需用款时，通过下会的方式借贷筹资，以解决资金困难。

下会始于何时何地无从考证，20 世纪 30 年代以来普遍存在于沙县民间，成为一种重要的民间借贷方式。一般由某个需要资金的人发起，称其"会头"。会头邀请亲戚、同学、朋友、同事若干人参加，参与者称"会脚"。整个会的会员，包括会首、会脚，过去多是 12 人，也有 24 人的，现在不定数，少则十多人，多则五六十人。一般每人下一股，也有人下四五股，人数多的会总股数多达上百股，每月标一次，七八年才结束。

会头负责会脚的资产负债状况和信用程度进行审查，对信用度低或估计无法如期支付会款者，即使要求参加，也不让其入会，以保证会的安稳。会头负责组织竞标、收会款、做会账等工作，并对所发起的会承担全部责任。一般一个月标一次会，中标者获得本期会款。会头作为组织者，不需要竞标，先收第一次会款，然后按期将本金返还各会脚，会脚可以根据不同约定方式（互让、抽签、下标的）等确定收会次序。某个会脚中标后，会头就负责向其他会脚收取会款，等三五天收齐后，交给中标的会脚。每个会脚都中标后完成一个周期，一个会就结束了。

沙县民间下会形式多样，亦有多种称呼，实质是一样的，都是一种民间借贷形式。按"标的物"还分为谷会和钱会。谷会流行于过去粮食紧缺的年代，粮食不够吃，或家里建新房、娶亲等，就邀请亲友若干人下谷会，但更普遍的是钱会。按下会的时间来分，正常的有年会、季会、月会。社会上流行的多为月会，即每月标一次会。

按操作方法分类，沙县的下会形式有收头会、车轮会和互助会等。

会首遇到经济困难，就举办一桌酒席，热情邀请亲戚朋友参加。酒席饮宴中，会首就将会的规模、人数介绍给会脚，每人认一股或两三股，当场交纳会款。会首在酒席上以抓阄的方式，安排以后的还款顺序，一般每月还一股。因为是亲友的友情资助，不计息，但酒席费由会首承担。这种只有会首收取一次，然后按期偿还会脚的会，民间叫"收头会"。

车轮会，入会者按自愿的原则，抓阄确定会脚收会款的先后顺序。收会款者，置办酒席，宴请其他会脚，一般按月或按季度轮流一次，酒席上会脚主动上交会款，不计息。

20 世纪 80 年代前，许多单位开展互助活动，每人每月交一些钱，资助经济困难的同事，叫互助会。互助会以互相支持、互相帮助为宗旨，不计息，取得了良好的社会效益，成为当地解决经济困难的一种民间习俗。

第七编

地域饮食

　　沙县山多林密，土地肥沃，属于亚热带季风气候，雨量充沛，气候温和，历史上以物产丰富著称。主产有水稻、花生、玉米、茶叶、烟叶、木材、毛竹、笋干、香菇、绿豆、荞麦、蚕豆、豌豆、木薯、油茶籽、苎麻、药材和木耳等多种农副产品。其中水稻为沙县农产的"三大件"。丰富的物产为沙县小吃的诞生提供了后勤保障，也为沙县美食的发展奠定了坚实的基础。

米制品

沙县烙粑

沙县人特有的一个节日，那就是农历四月初一的烙粑节。这一天，几乎家家户户都要烙又香又脆又甜的香粑，行走在大街小巷、乡间地头，随处能听见"嗞嗞"的烙粑声，粑香味四处弥漫，孩子们围着锅吞口水。

烙粑加工类似北方煎饼，是一种操作简易、携带方便的手抓食品。把米浆或面浆均匀浇在平锅上，摊平摊圆，煎熟一面翻过来续煎另一面便可。沙县烙粑分甜味和咸味两种，甜粑取材面粉，混合白糖或红糖加水调成稀浆，分几次烙成香甜的面粑；咸粑取材籼米，先磨成浆，烙制时加入蝴蝶菜、虾米、韭菜、食盐等配料，分几次烙成又鲜又香的米粑。

沙县烙粑的传说好多种，大部分和蛊毒鬼有关：阳春三月万物复苏，冬眠后醒来的毒虫开始张牙舞爪，蛊毒鬼没安好心四处网罗收集，怂恿它们相互争斗，挑出最后胜出的、毒性最强的毒虫，焙干后磨成粉。四月初一这天，蛊毒鬼会带毒虫粉在身，装成做饼的师傅，偷偷掺进孩子们爱吃的糕点里，只要人一吃就会毒发身亡。小孩贪嘴，为了阻止小孩贪嘴，这天大人不让孩子出门，并想方设法做出比糕点更香更美味的食物给他们吃，于是就有人烙制出香喷喷的烙粑，也因为烙粑自身特有的黏性，大人寄希望烙粑能把孩子的嘴巴"粑"（糊）住，不能偷跑出去乱吃东西。这个传说虽然有些荒诞，仔细一想却有道理，农历三四月份正值万物苏醒、季节更替，此时极易发生传染病，清代《沙县志》还真实记载了一个县令搜集来专治蛊毒的中药方的事，可见在当时的确流行过某种可怕的流行病，而且这种流行病和食物有关。就这样，农历四月初一成了沙县的烙粑节，至今老百姓中还流传这样一句话："吃粑，吃粑，活到九十八。"

另一说和沙县烟叶种植有关，夏茂镇自古以来晒烟有名气，烟农种植烟叶前喜欢烙粑，小心翼翼烙得又圆又大，烙得越圆越大喻示烟叶将会长得圆实肥大，生活圆满，所以夏茂人也特别喜欢烙粑，媳妇们暗中较劲，看谁把烙粑烙得又圆又大。乡下还有一种说法"吃烙粑，吃了会管家"，把烙粑和美好生活期愿紧紧联系在一起，所以沙县人爱烙粑，爱其美味，更爱吃完后能独立。

喜粿

"喜粿烧烧（沙县俗语，热气腾腾之意），豆豉油辣椒"是流传沙县街头巷尾，妇孺皆知的民谣。夸的是一种叫喜粿的节气食品，喜粿制作方便、软糯细绵、厚实抗饥、米香浓郁、风味独特，深得沙县民众喜爱，也正因为大众喜爱，长时间来，有人挑担"走街串巷、现买现吃"兜售沙县喜粿。

沙县人做喜粿在夏至。取材籼米或红米（以红米制作质量更佳）磨成米浆，加适量碱与盐，边加热边搅动，使米浆中的淀粉迅速膨胀糊化，等淀粉与水充分结合糊化不见生米浆时，即趁热舀出，手中抹油将粉团揪出一块，双手一合即成喜粿，若拍成小团即称喜粿团，包馅食用，口味更佳，香辣鲜俱全，馅心多采用咸糟菜、虾米、韭菜等，亦可以选用笋、瘦肉、萝卜丝、茭白等炒制。

说到喜粿，必然要说说与之搭档的豆豉油。豆豉，是我国传统发酵豆制品，古称豆豉为幽菽或豉，所以沙县人称之豆豉油，是沙县小吃不可缺少的蘸料，外观颜色接近酱油，但没酱油那么浓黑，其味较淡，特有沙县豆豉的芬芳，可依个人口味放盐、糖、味精，蒜泥或辣椒自行调配。

喜粿在沙县是一种节令性的食品，原先一般在立夏才能吃得上，现在发展成为一种日常美食，随时都可以食用。

浆糍

浆糍是一种油炸米制品小吃。沙县历来盛产优质稻米，有人把米磨成浆，下油锅炸成小圆饼状，便有了这样的风味小吃。浆糍是沙县城关的叫法，大概由做浆糍的米浆类似沙县糍粑富有黏性，延续称呼得来。而在沙县南阳、高砂等乡镇则称之为"灯盏糕"，因浆糍成品形似旧时的油灯盏。

将籼米、黄豆浸泡好后倒进滗箩沥干水分。加熟米饭磨成米浆，混入葱白与调味品搅拌均匀备用，大火烧热花生油，将两把装有米浆浅铁勺轮番下油锅炸米浆成金黄色浮起，捞起沥干油即为浆糍。制作浆糍时，为什么要在磨浆前加熟米饭呢？那是因为要增加米浆的黏度。制作浆糍时要注意籼米和黄豆的配比，黄豆掺少了，浆糍空壳无肉，硬实难吃，干涩难咽；黄豆掺多了，炸制时吃油太凶，籼米熟饭黄豆三者最佳比例为3:1:1。乡下人做浆糍多为深秋本地油茶落果压榨出油时，用茶籽油炸浆糍，既有浓郁稻米香又有茶籽天然清香，辅以豆豉油，美味绝伦。

炸制浆糍时，两把浅铁勺交换使用，一起一落，人们称此过程为"月落日出"，白米浆下油锅为"月落"，稍候金黄浆糍漂浮冒出为"日出"，"月落日出"贴切形象且诗意。

米冻·米冻皮

米制品特色小吃，米为籼米，磨成米浆，做米冻时，加碱和盐搅拌，加工方式很多，有煮搅法、蒸制法、混蒸法和先搅动后蒸法等。食用方法也多样，有拌食法、煮食法、煎食法和炸食法，最受推崇的是煎食法，米冻切成2—3厘米的方块，挂上蛋清液、平底锅放油两面热煎至金黄，香气四溢。沙县民间立夏有制作米冻相互馈赠的习俗，民间盖房乔迁酒开席前必上糍粑、米冻和豆腐，前两样有黏性，借喻新宅牢固安稳。

米冻皮属客家小吃，用籼米做原料，所以又有人称之为梗籼面，厦门、广东等地则称之为肠粉，湖南称为米粉，各地米冻皮制作方法大同小异，均选早稻米做原料，成品可凉拌、炒、煮等加工，有的还包入牛肉、鲜虾仁、韭菜、豆芽菜、香菜等，包好后淋上鱼豉油，味道鲜美。沙县米冻皮简单清淡，籼米磨浆，加水和盐蒸制，成品色白如玉，软嫩明亮，以豆豉油调入辣椒、蒜末、香油、葱花做浇头，食之清爽、香辣、鲜美，口感极佳。

做米冻皮需先磨浆，大米倒入大盆，清水浸泡约2小时，待米泡胀，淘洗干净，沥干水分，倒进冷饭（沙县话叫饭芡），将米和饭拌匀，带水舀入磨浆机磨成嫩滑粉浆备蒸。蒸锅内放入木架，加清水，旺火烧水，粉盘抹油，勺舀粉浆入盘，摇晃均匀放在木架上，密盖大火蒸2分钟，揭盖而出，稍冷即竹签轻挑，撕下晾冷，叠三层即米冻皮。米冻皮的质量主要由色泽和气味决定，优质的米冻皮洁白、光亮、有透明感，具有大米天然色泽与气味，无酸腐味、口感爽滑不粘牙。

米粿·艾粿

正月，沙县农家要打米粿，以祀土地公，祈佑风调雨顺、五谷丰登，祀毕，农家以食用米粿配板鸭。

沙县白粿用粳米做原料，前夜先将米浸好，翌日，用饭甑（木桶）盛装上炊，趁着米热时倒入大石臼中，用丁形木槌抡大半弧循环击打，米未软糯前力道集中槌头，边舂边团，叫"轻捶"，米软糯抱团后取出继续放入饭甑蒸炊，熟透后二次入石臼木槌大力击打，叫"重捶"，经过轻和重的捶击，粿生成了粿熟，粿熟便可食用。

白米粿中加艾草一起捣烂捶打，成品叫艾粿，也叫青粿、清明粿。艾粿有稻米的软绵又有艾草的清香，更得大众青睐。白粿艾粿均可压平包心，包心分甜味和咸味两种，甜的主料为加糖的豆粉，辅料为花生芝麻等。咸的包心取材多，冬春笋、鲜蘑菇、胡萝卜、香咸菜等混合均匀即可。

沙县民间流传一个"乞丐嫌瘪粿"的故事。传说一赌徒输光了钱，最后连老婆都典了，沦为乞丐，他老婆因祸得福，反倒成了殷实人家的主妇。俗话说"一日夫妻百日恩"，她见前夫穷困潦倒，顿生恻隐之心，有意帮衬，她做了许多米粿，暗中把银子包藏进一部分米粿中，以布施的名义，派人分批发给乞丐，前夫见别人都得到又热又香的白米粿，而自己却得又冷又硬的瘪粿，生气地把藏有银子的米粿扔了。于是，沙县人就用"乞丐嫌瘪粿"来讽刺那些身处困境却又不懂得抓住机会且永不满足之人。

面食类

花椒饼·状元饼

花椒饼，因其初期制作时放花椒而形成特殊风味，称"花椒饼"，后来加工已不用花椒，但仍依旧俗习惯称之。又因其面上有芝麻且系烤制而成，所以又叫芝麻饼、烧饼、火照饼，其中不沾芝麻的称光饼，加葱肉烘烤的称葱肉饼，乡民还称之为咸饼。

沙县花椒饼以面粉发酵制剂，以小剂子蘸油为馅心包入饼坯，擀平后撒上芝麻，入烤箱烘烤（传统的是外木桶内陶缸中填黄泥的大火炉），出炉便香气四溢，成品芝麻香浓郁，外酥内软，携带方便。

花椒饼可单吃，亦可夹馅。饼中间为空心，从旁边割口可塞进不同材质馅心搭配食用，常见的馅心有米粉肉、酒糟炒鲜笋、韭菜玉兰和浆糍芋头丝饼等，饼外热暄，饼内香酥嫩脆，口感极佳。米粉肉鲜嫩不腻；酒糟炒鲜笋，糟香笋脆，还没有新笋的苦涩；韭菜与笋干玉兰片小炒，清香可口，浆糍芋头丝饼也是沙县人特别喜欢的食品，入夹饼前蘸豆豉油，别有风味，此系列的夹饼颇受大众喜爱。

沙县人把花椒饼称为状元饼，在沙县崇信乡德星里（今高桥镇高桥村）吴早山下曾出过一位名叫张确的南唐状元。据说张确一生都爱吃葱肉饼，十年寒窗挑灯夜读，其母亲每晚给他准备几个葱肉饼充饥，有人说他就是吃了这种饼才越来越聪明，考上状元的，于是人们便把这葱肉饼称为状元饼。真正的状元饼应指烧饼，这和烧饼自身的特性有关，烧饼存放的时间长，又结实耐饥，古时候经常被进京赶考的秀才当作路上吃的食品随身携带，他们都是奔着考上状元去的，为讨个口彩头，都称烧饼为状元饼。

柳叶蒸饺

水饺原名娇耳，是中国传统面食，用薄薄的饺子皮包裹各种美味的饺子馅，用水煮至晶莹剔透，蘸着佐料吃，回味无穷。

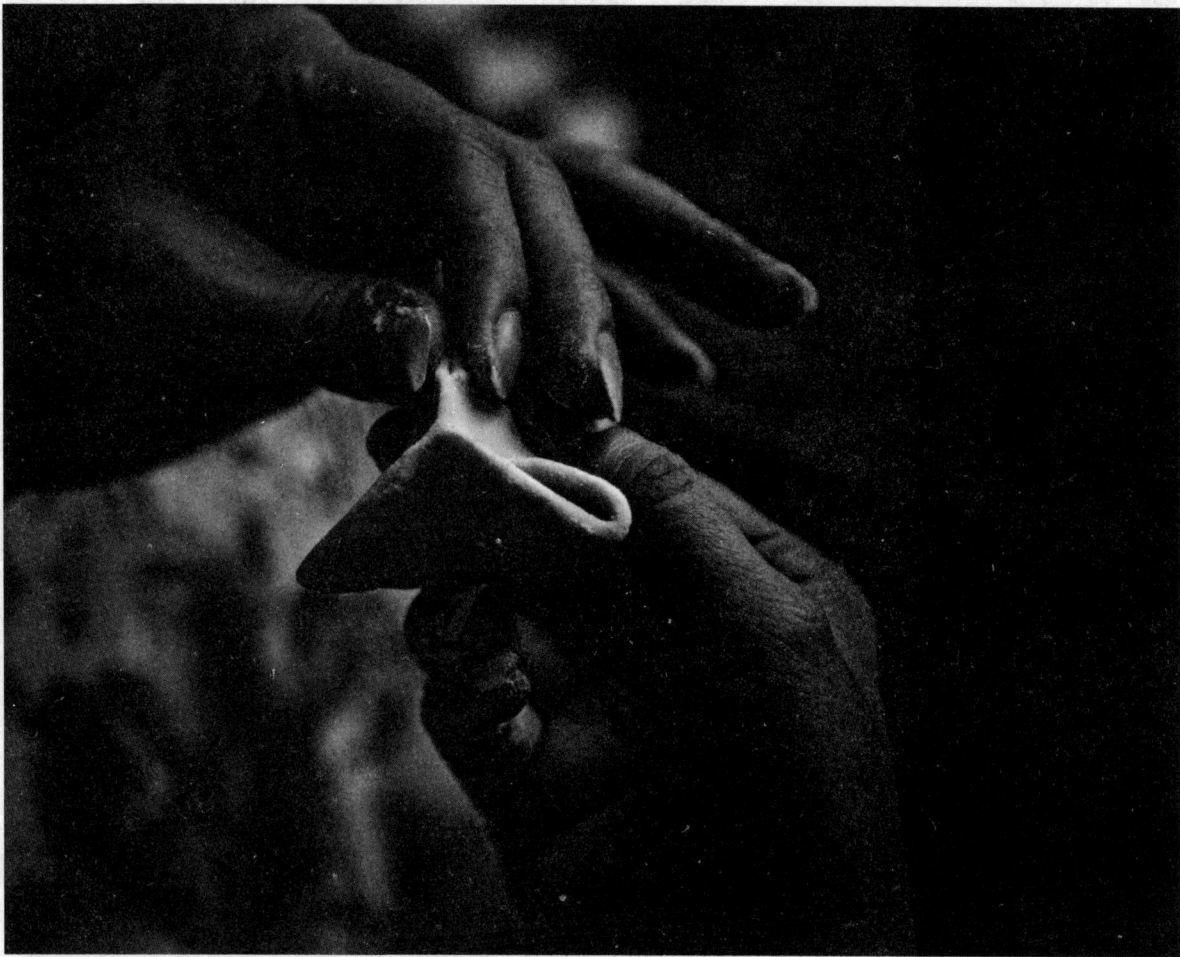

　　水饺的款式多种多样。两头扁中间大的为普通捏饺；饺脊手工捏，一垒一垒像扭麻花似的，叫花饺。饺馅主要分肉馅和素馅，因用馅不同，名称也五花八门，有猪肉水饺、羊肉水饺、牛肉水饺、三鲜水饺、水晶水饺等。因其成熟方法不同，又有煎饺（锅贴）、蒸饺之分。

　　蒸饺，指饺子过熟方法是蒸制，它也是历史悠久的传统食品之一，因外形内馅不同，有烫面蒸饺、花式蒸饺、四喜蒸饺、芹菜蒸饺等。蒸饺被沙县人当作小吃出售，小吃经营者在其外形上不断创新，捏成一头大一头尖的样式，原叫福寿饺，因大小如鼠，俗称老鼠饺，又因外形酷似柳叶，也称柳叶蒸饺。

　　柳叶蒸饺的皮坯用冷水调制，馅心为生，是传统蒸饺制法的一个突破，成为沙县各乡镇外出经营沙县小吃的当家品种。制作柳叶蒸饺时，和面要注意水量适当，太多则面软粘手；太少则面硬，不好成型易裂皮；同时要饧面 10—15 分钟。包制时，左右手边捏边进馅，要注意将面头捏入饺内，这样外形更美观，"柳叶"更漂亮。柳叶蒸饺的特点是皮薄馅香，味道鲜美，百食不厌。

高砂拌面

　　清袁枚的《随园食单》把面条归为"点心单"，并介绍了鳗面、温面、裙带面、素面。其实面条应算主食，如北方的抻面、打卤面、北京炸酱面等。

沙县拌面以高砂拌面最为出名，店主侯氏的祖先侯嬴据说是周文王所传晋国后裔，三家分晋时为避战乱，举家南迁到福建建瓯时再分支到沙县高砂镇。侯氏世代以制作面条为生，传说有秘方，问其要诀，笑答"在选料和工艺上下功夫"，其制作的面条切工细，柔韧筋道，久煮不烂不糊，口感极佳，回头客很多。高砂拌面可用花生酱混拌，也可不用，面条下锅烫煮捞出，浇入猪油、调酱、味精，再撒葱花，吃起来真是回味无穷。说到沙县拌面不得不说沙县特产的花生酱，花生酱以民间磨坊生产的最为地道。

沙县扁肉

　　沙县扁肉又叫沙县面食，是当地最受欢迎的小吃之一。沙县扁肉入口即化，咀嚼嫩脆，吞食鲜香，风味独特，引人食欲。

　　沙县扁肉跟北方的馄饨有相似之处，即面皮包肉馅。同类的还有江西的清汤，广东的云吞，四川的抄手等。其实沙县扁肉制作方法与馄饨并不相同，馄饨的肉馅是用刀剁的，沙县扁肉则选用新鲜猪后腿的精瘦肉，手工捶打800—1000下，把精肉打成糜烂成肉酱。捶打时腿肉忌讳乘热（猪杀完让其自然冷却），亦不能先水洗，否则影响口感；沙县扁肉面皮很薄，每斤面粉可擀400—600张皮，皮薄馅多是其特色。

　　清施鸿保《闽杂记》载曰："扁食，馄饨字，已见顾野王《玉篇》。唐段成式《酉阳杂俎》、宋陶穀《清异录》亦有其名，则由来久矣。今闽人名为扁食。"《正字通》云："馄饨即饺饼别名，俗屑米面为末，空中裹馅如弹丸形，大小不一，笼蒸啖之。"《食物志》亦云："或作馉饨，或作运饨，象其圆形。盖取混沌包裹之义，故嘉兴人以鸡鸭伏卵而不出雏者，盐渍煮卖，名鸭馄饨，亦以其黄白相杂犹馄饨包裹也。"沙县有民谚赞扁食曰："梆声船夜半，红炉火初红；汤鲜时滚沸，肉嫩沉浮中，皮如纱绉薄，馅将肉和融；民间美食忆，百姓风俗通。"

　　沙县扁肉以白煮为主，先将扁肉下锅煮熟，分入盛高汤的小碗，撒上葱花；另一种烹调方法就是炸制，将包好的扁肉放入油锅中炸至浮起，捞出装盘，调汁浇淋上香，此称炸扁肉，鲜香酥脆，为待客时小酌的下酒佳品。

豆制品

烫嘴豆腐

　　烫嘴豆腐以沙县游浆豆腐为原料，加黄花菜、猪头骨肉、香蘑菇、蛤干等慢火熬熟而成。烫嘴豆腐汤清澈，味咸鲜，熬煮过的豆腐内密布如蜂窝状小孔，将菜肉菇蛤混合的汤汁强力吸附，咬上一口，美味盈口，食用时夹起豆腐蘸沙县味极鲜酱油或就朝天椒与蒜泥。

沙县游浆豆腐耐煮，煮至一定程度便会密布蜂窝状小孔，所以沙县人又称之为豆干胖。以前，寒冬腊月沙县城关的豆腐店就会把豆腐煮至烂熟出售，在这个季节吃上一碗豆腐那真是吃在嘴里热在心上。若遭遇雪天，来买豆腐的人那才叫多，豆腐店前一长溜队伍，买回家混白菜、骨头肉、黄花菜等一起煮，起锅热气腾腾，吃一口，鲜香烫嘴，随处可闻吸溜声，所以后人便把这样熬煮的豆腐称之为烫嘴豆腐。

烤豆干

沙县烤豆干有两种，一种盛行于沙县水南片乡镇（南阳、郑湖、琅口、湖源）一带，一种流行于沙县城关，两种烤制豆干，无论外形、颜色、口味都有较大的差异。

沙县豆腐传说来自正宗的汉朝安徽淮南王刘安的传统制作方法。它不是用石膏或盐卤作为凝结剂，而是将磨好的豆浆放在锅里加热，用瓢慢慢注入煮熟的豆浆中，行话叫"游浆"，豆浆慢慢凝固成豆腐。南阳豆干是用小瓢舀游浆豆腐入长宽10厘米的方形包布中，沥水后压制成豆腐包（也叫豆干包），成形后上烤网烘烤，两面烤干即可；城关的烤豆干则小而薄，方法是把豆腐舀入大框，包成100块的大板，沥水压干，再划成小块。南阳豆干乳白色，置烤网烘烤后有焦香，表皮硬实，耐煮，易吸附汤汁精华。

城关烤豆干有黄色和咖啡色两种，以黄色为主，为什么豆干会有颜色呢？那是因为在煮豆汁时加入了栀子（别名黄栀子，俗名黄衣，果实是一味中药，具护肝、利胆、消肿等作用）同煮，煮熟后捞出晾干。铁锅加木炭，烧红后覆上铁丝网架，豆干放铁网上烤，烤干一面后轮换另一面，注意两面受热均匀。

烤豆干佐豆豉油吃最香，蘸以辣椒、蒜头、红酒、香油，回味无穷，此为湿蘸。烤豆干若蘸以辣椒面、胡椒面、味精和盐，此为干蘸，两种吃法均可，风味迥异。

包心豆腐丸

包心豆腐丸是沙县特色小吃，以沙县游浆豆腐为原料，沥干捣烂成茸泥，以瘦肉、虾仁、香菇切碎搅拌为馅心包制成丸，入锅煮熟即可。若添加特产红菇同煮，则红白沉浮，煞是美观；辅以高汤，则咸鲜味美，诱人食欲，俗称红菇豆腐丸。包心豆腐丸以豆腐泥代替鱼泥包肉馅氽制而成，为沙县豆腐丸传统制作技艺创新。

沙县豆腐丸历史悠久，传说这和一个聪慧的厨师有关。起初沙县还没有豆腐丸，福州的鱼丸却已声名远播了，沙县人宴请宾客上鱼丸都需聘请福州师傅掌勺。后来沙县的厨师尝试着自己学做鱼丸，想不到沙县鱼丸也大受欢迎。有个姓林的师傅在烹饪上很有天赋，他很快掌握了福州鱼丸的制作技法，不少大户人家摆宴时都以请到林师傅做主厨为荣。一日，他去里长孔员外家做生日宴，刚给一条大草鱼去鳞开膛剔骨，外面传来热闹声，原来是孔员外请的戏班子开演了，林师傅是一位资深票友，这会儿肯定坐不住，偷偷溜出厨房探看新奇。一会儿工夫，一只猫"喵"的一声把鱼叼走越窗而逃。怎么办？菜品鱼丸马上要出，原料却没了，心急火燎之际，林师傅瞧见身旁有一大板鲜嫩的豆腐，急中生智，他把豆腐拍碎，做了一道假鱼丸，忐忑不安端上桌，想不到大家吃后赞不绝口。

卤豆干

卤豆干是沙县豆腐制品之名品，加工前先将黄豆拣净用清水浸泡 2 小时，以豆瓣用手捏能捏碎为宜，加水在石磨上磨成浆，放入锅中煮成豆腐脑，然后将豆腐脑舀进垫好干净细布的木框中，轻轻盖上木板，压上石头，沥干水分，约半小时后取出，解开净布，此时的豆腐已固化成块，不开裂。将甘草、大茴香、小茴香、肉桂、公丁、桂皮、香苏等用净纱布包好入锅，下清水文火熬煮成汤汁，加精盐、酱油、白砂糖等搅匀，把豆腐沿锅边放入锅中煮约 10 分钟夹起，按次序排在竹箅上，置阳光下晾晒干即成。块形大小、成品厚薄以及煮与晒的时间长短都可能影响豆干的风味。城关制作小豆干的传统方法是把豆腐浆水舀入大框，大框容量足够盛下 100 块小豆干，沥干水，压平实后，用专用工具划成均匀的小块。

富口老情人豆干，制作精致，为沙县卤豆干之精品，其成品小方块呈

沙村凤林

SHACUN FENGLIN

半透明状，咖啡色，有韧度，咸甜香甘四味俱佳，咀嚼满口盈香回味无穷，佐酒最相宜。话说很久以前，富口镇有一饶姓人家以经营豆干为生。饶家是豆腐世家，已延传三代，豆干做得特别好，别有风味，颇得乡亲邻里们青睐，生意一直很好，一家人日子也过得殷实红火。饶家有独女饶清，明眸皓齿，亭亭玉立，年方二八，家里的门槛就被提亲的媒婆踢破，饶清却不为所动，原来一日她去卖豆干时，在路上认识了浓眉大眼、身材魁梧的小伙子邱有顺，两人一见钟情，暗许终身，可惜女方要求男方入赘，有顺家也只有他一根独苗，不肯倒插门，终未结成秦晋之好，各自成家。后来有顺妻病，生活窘迫，饶清经常暗中接济，并劝他进城开一家豆腐店，还把祖传秘方偷偷告诉他，有顺进城开了豆腐店，果然生意红火，卤制的豆腐干供不应求。人们知道原委后，为他们的真情惋惜，并把有顺做的卤豆干趣称为"老情人豆干"。

其他食材

板鸭

板鸭也称腊鸭、统鸭，是鲜鸭经过腌制，板晒定型等程序制作成的咸鸭。和咸水鸭不同，板鸭要经熏烤，皮黄肉红，肉鲜香而肥嫩，蒸后可食用，也可以作为菜肴原料。具有可以久贮远送等特点。

腊制方法在中国已经流传很久，可追溯到 3000 年前的周朝。早在周代就有将鸡鸭肉腊制的做法，"腊"就是指生产制作此类食品的时间是农历腊月。朝廷中曾设有"腊人"一职，掌管着加工干肉的事务。板鸭的加工是将肉抹上盐、姜等作料腌渍后风干，最后烘干，使肉脱水，延长保存的时间，食用时切块蒸熟即可。

沙县板鸭在配料和烘烤的方法上有自己的特色。农历腊月，沙县农家都有做板鸭的习惯，肉鸭宰杀开膛洗净，切去翅、掌、下颚舌等，放入调味好的缸中腌24小时后取出，用小竹条撑开成板状，接着放置在户外自然晒干。风干时表皮抹一层芝麻油，既可以增加香味，又可以防止苍蝇下蛆。最后地炉中烧木炭进行烤制，先用中火脱水，后用小火烤干。烘烤时最好选用悬挂式铁架，要注意随时翻动，使其受热均匀，防止烧焦；烘烤时若选用茶籽壳燃烧，不但烘烤效果好，还可以让板鸭熏染上茶籽油的浓香。熏烤36小时左右，待呈金黄色时取出晾凉包装。

沙县板鸭肉质结实，肥而不腻，瘦而不柴，香味隽永，品嚼酥香，是沙县民间待客、馈赠的佳品，更是品茗下酒的好菜肴。尤其以郑湖、南阳、夏茂的成品为佳。

芋饺

沙县芋饺以芋泥和木薯粉拌匀为皮坯，包入瘦肉、香菇、青笋等捏成菱形或三角形，下锅煮或蘸料拌食，成品芋香浓郁、润滑可口，有嚼劲，颇受大众喜爱。根据烹饪方法不同，沙县芋饺有两个称呼，拌食的叫芋包，煮食的叫芋饺。

制作芋饺要先做皮坯，皮坯加工用煮芡法，煮芡法可增加粉团的拉力和韧性，使皮坯不容易破；馅为水发的笋干、切碎的豆干、瘦肉、葱白、姜末和调料等。一般捏成三角形，每个芋饺包一粒瘦肉。

沙县芋饺发源于夏茂镇一带，夏茂为闽中重镇，土地肥沃，盛产薯芋。沙县早年没种麦，面粉比较稀少珍贵，最初有人试用蕨粉和芋泥代替面粉，居然成功。村民就把深山挖来的蕨根洗净捣碎榨取粉浆与煮熟剥皮拍烂的芋子糅合，捏成菱形或三角形，供农事或祭祀用，俗称芋包子。以蕨粉芋子为主要原料的芋包叫蕨粉芋，色泽较黑，有天然蕨香，但挖蕨根费时费力，产量低成本高，后来我国大量引种木薯，沙县人用木薯粉代替蕨粉，口感更佳。

甜烧卖

甜烧卖为夏茂民间特有，风味尤为独特，是招待贵客、宴请嘉宾酒席上"三过汤"中一道必备的特色点心。夏茂甜烧卖制作工艺比咸烧卖复杂些，将面粉倒在案台上调制成窝状，加适量盐水捣成面团，并用木薯粉拍粉防止粘糊，面团擀成薄片，切6—7厘米小方块，做成烧卖皮。白糖饼（三元饼）捏碎，加猪油、花生仁、芝麻、紫菜、砂糖一起放入盆内，加开水搅拌捏成烧卖馅；一手托皮，一手舀馅，将皮馅包拢后捏紧，包口朝上并上笼屉蒸熟取出，表面刷猪油装盘食用。皮的擀制也可以不用盐水，或直接用扁肉皮代替，包制时皮馅要注意捏紧，防松散。也可用饼干代替三元饼。

沙村凤林

SHACUN FENGLIN

南阳蛋索面

　　蛋索面又名鸡肠面，简称蛋索。成品蛋香浓郁、咸鲜可口，切条后若与肉丝、香菇丝、白菜丝、冬笋丝一起煮熟，则咸鲜、蛋香、肉香、菇香、笋香融合，香气四溢。加工时将鸡（鸭）蛋磕入碗搅匀成蛋液，地瓜粉入盆，蛋液加适量清水和调味料混合打成稀糊状，平底锅烧热，抹上油，倒入粉浆摇晃至均匀，文火烘焙成薄面皮，熟透后揭下切成条即可。蛋索面为面条之上品，属高档面条。

第八编

地名艺文

好山好水好诗文。在历史长河中，有很多关乎沙县地名的脍炙人口的诗文流传下来，它们是地名文化的一部分，更是前人留给后人的文化瑰宝，本编撷取部分地名诗文，以飨读者。

诗咏沙阳八景

自宋以来，沙县沙阳八景，文人墨客、地方官员纷纷咏之，明代有陈山、曾侗、石恺、黄文梯、李光邦，清代有县令林采等。现精选诗歌8首（曾侗7首和林采1首），共鉴赏之。

凤岗春树

沙阳雄镇此高岗，宛若来仪①彩凤翔。

昨夜一番春雨过，湿云飞起色苍苍。

注：①来仪：《书·益稷》："箫韶九成，凤凰来仪。"《传》："备乐九奏而致凤凰，则余鸟兽不待九而率舞。"古代传说逢太平盛世，就有凤凰飞来。后来就用来仪作为凤凰的代称。

豸角秋烟

嵯峨①特立耸云头，翠染浮岚郭素秋②。

遥望松杉更苍郁，凌人正气未全收。

注：①嵯峨：山势高峻。②素秋：秋季。古代五行说，以金配秋，其色白，故称素秋。

七峰叠翠

郁郁青青溪山峰，倒涵澄碧蘸①芙蓉。

浮踪南北浑如梦，白首相看只旧容。

注：①蘸：浸入，没入。此句犹言"七峰如芙蓉倒映在澄碧的溪水中"。

十里平流

萦回十里寂无声，派①衍鄞江澈底清。

流出双龙②津③外去，茫茫沧海尽填平。

注：①派：支流。此处指沙溪十里平流一段。②双龙：在此指沙溪、茂溪。③津：渡口。旧时沙县内有东南西北四津。东津在仙洲步瀛阁下。

瀛洲夕照

水绕芳洲玉带横，坤①灵幻出小蓬瀛②。

夕阳西下仍回顾，水色山光画不成。

注：①坤：地也。②蓬瀛：蓬莱和瀛洲。此指东门瀛洲。

沙村凤林

SHACUN FENGLIN

瑶池夜月

半亩瑶池澈底清，溶溶①浸玉帖②云平。

嫦娥出浴尘无染，午夜天星一镜明。

注：①溶溶：水流，杜牧《阿房宫赋》："二川溶溶，流入宫墙。"②帖：通"贴"，挨紧。

洞天瀑布

洞天深处远尘寰，素练悬垂一派潺。

流出瑶台①湍急外，桃花随去到人间。

注：①瑶台：神话中为神仙所居之地。

【赏析】

以上 7 首诗，作者曾侗。曾是沙县人，明成化十九年（1483 年）举人，历任梧州司理、象州知州、中顺大夫等职，为官清廉，曾侗将修官舍之款转修郡学。工诗文。享年 86 岁。

《凤岗春树》以"宛若来仪彩凤翔"作诗眼，道出了"沙阳镇高岗"之气势。《豸角秋烟》写豸角山秋景，突出"山高凌空"。《七峰叠翠》写如梦如幻的溪山景与倒影，重点表达水之澄碧。《十里平流》前两句写得风平浪静，后两句却暗潮涌动，大有"大江东去浪淘尽"之势。《瀛洲夕照》写夕阳下的瀛洲美景，想象一下，晚霞下的"水绕芳洲玉带横"该有多美？难怪乎作者发出"水色山光画不成"之感叹！《瑶池夜月》写月色下美人出浴，美人绝非常人，竟是嫦娥！《洞天瀑布》描绘出一幅"天悬素练"的美景，发生地在"洞天深处"，仙境也。

吕峰晴雪

高峰顶白冠千山①，霁色瑶华一片间。

谁道丰年无预兆，农家此日定开颜②。

注：①冠千山：吕峰即锣钹顶，为沙县境内最高山，故有"冠千山"之说。②农家此日定开颜：民谚有"瑞雪兆丰年"之说，下雪了，农人个个开颜欢笑。

【赏析】

作者林采，广西平乐县人。清康熙三十六年（1697 年）以举人任沙县令，康熙四十年（1701 年）主修《沙县志》，有政绩。林采这首《吕峰晴雪》通俗易懂，前两句写吕峰之雪景，后两句抒怀，表达对来年"瑞雪兆丰年"的期许。为民祈愿，为民高兴，为民抒怀，与林县令的身份也十分贴切。

李纲咏七峰叠翠（7首）

【题引】

七闽于天下为远地，而沙县左僻，虽多佳山水，人罕知之。余谪居于此，爱其溪流清澈，而濒溪七峰，联如屏障，前此未有名之者。余尝莅职太史氏而窃居是溪也，适得故人诗云"夜随太史泛闽溪"，因目其溪曰太史溪。最东一峰名曰朝阳，最西一峰名曰碧云。朝阳峰之西，一峰最高，曰妙高。妙高之西，一峰有道士居之，曰真隐。碧云之东，一峰上有岩桂，至秋着花，香扑邑中，曰桂华。桂华之东，两峰相属，对凝翠阁，曰凝翠东峰、凝翠西峰。已上七峰，各创亭于上，岁久隳废。异时好事者肯构以增游览之胜，当以诸峰之名名之，因各赋诗列于左。

朝阳峰

先得朝阳一段红，何年鸣凤在梧桐①？
行舟若到弯环处，知是沙阳第一峰。

妙高②峰

叠嶂层峦枕碧流，七峰此地最奇幽。
登临若会妙高意，便识巢云③老比丘。

真隐峰

杳霭青松映白云，地灵境寂好栖神。
结庐占尽溪山景，安得超然真隐人。

凝翠东峰

两峰凝翠对飞檐，缺处青岑出远尖。
暮雨朝云时点缀，何须画栋与珠帘。

凝翠西峰

翠峰高阁两相宜，独倚阑干注目时。
休问江山非故国，且将爽气慰梁溪④。

桂花峰

桂花岁岁吐秋风，香满溪城十里中。
怪底⑤士夫多折得，移根初得广寒宫。

碧云峰

落日衔山半隐轮，桑榆⑥残照起氤氲⑦。
佳人怅望何时见，万里平凝合碧云。

注：①鸣凤在梧桐：凤，传说中之瑞鸟。《礼·礼运》："麟、龟、龙、凤，谓之四灵。"凤鸣梧桐是吉祥之兆。
②妙高：佛教中传说的山名，也叫须弥山。佛经说乃七宝合成，故名妙高。③巢云：在云深处安家。④梁溪：李纲号梁溪居士。⑤怪底：难怪。⑥桑榆：喻日暮。《淮南子》："日西垂景在树端，谓之桑榆。"⑦氤氲：烟云弥漫。

【赏析】

与一般的风景诗不同，《李纲全集》收录的李纲咏《七峰叠翠》前加了一个题引——对沙阳溪南七座小山峰逐一命名，并做扼要说明。因此，后人均认为李纲乃七峰首个命名者，而此前的七峰，沙邑人称七朵山。

《朝阳峰》写"先得朝阳一段红"，突出"沙阳第一峰"。《妙高峰》写山之"奇幽"，重墨于"妙高"之意。《真隐峰》写"地灵境寂"，凸显"超然"真谛。《凝翠东峰》写"两山对峙相依"，侧重于"暮雨"与"朝云"关系的表达。《凝翠西峰》主要写诗人登高倚栏凝思。《桂花峰》写满山桂花开，表达"仙风桂子香"。《碧云峰》写"落日衔山半隐轮"，夕景容易引人遐思，再以"佳人怅望"带出"碧云"。

大佑山
罗英笏

狂歌岩下肆①英豪，马入崆峒②按辔劳。
玉竹绿遮鳞石介③，银钉④青映锦鸡毛。
千峰挂日晴光蔼，十字悬街⑤夜色骚⑥。
几度春花时检点，满林风雨发夭桃⑦。

注：①肆：纵情。②崆峒：此处作山洞解。传说大佑山有一石洞能出米。③鳞石介：潜伏在山洞石下的龟鳖和小鱼等水生动物。④银钉：银灯。钉，油灯。⑤十字悬街：指沙县城关十字街。大佑山顶上能眺望可见沙县城区。悬，此处有迢远之意。⑥骚：骚动。此处有不平静之意。⑦夭桃：艳丽争泰的花。《诗经·周南·桃夭》："桃之夭夭，灼灼其华。"

【赏析】

夏茂人罗英笏文武双全，18岁入武学堂学习，精通用兵谋略，乾隆四年（1739年）殿试第三名，赐武探花，点授御前侍卫。《大佑山》诗句亮点在"千峰挂日晴光蔼，十字悬街夜色骚。"前半句描绘了"日落大佑群峰"的情形，后半句则写从大佑山山巅眺望沙县城区的情景，华灯初上，闪闪烁烁，即便远在清代的雍正、乾隆年间，灯影没有现今斑斓，沙县最繁华的"十字街"，仍"骚气"十足。

罗岩公行
叶联芳

五月晨征露气寒，小舆径仄着肩难。
绿分禾稼千畦满，翠簇松杉万壑团。
自合庸疏甘檄役，谁当才捷厉朝端。
江南风月元无际，拟赋郊居戴鹖冠。

【赏析】

叶联芳，明嘉靖年间沙县县令，曾主纂《嘉靖重修沙县志》，此诗选自县志。从诗作看，内容写的是叶令到罗岩办事的所见所闻所想。时间大约是初夏五月。罗岩山海拔较高，露水浸肌微寒，轿夫行走在逼仄的古道上略显吃力。罗岩山下农田则稼禾满畦，错落有致，泾渭分明；古道山林边杉树和松树如方戟队列，连绵不绝，直抵山谷沟壑……诗后四句为抒情，身处美景胜地，心旷神怡，自得其乐。千年难求登玉阶，竹门却获一生闲，箪瓢陋巷，高官似流水，富贵如浮云，飘忽莫强求。江南风月无边际，或吟诗作赋、或骑马射箭，均相适宜。

游洞天
吴道昭

递水随流注，栖云亦往还。

独流千古石，片片在溪山。

琼谷①锁烟新，玉泉湛②天碧。

游客醉忘归，坐上苔侵石。

注：①琼谷：在洞天岩枕流石西侧，旧有亭。②湛：清澈。

【赏析】

吴道昭，广东南海人，明万历年间（1573—1620 年）任沙县知县。从他的这首《游洞天》可以看出，洞天岩在当时已然是风景名胜，游客如织。诗作还告诉我们，洞天岩能够吸引官民前往不仅因其有奇石古迹，更有清新无污染的自然环境。琼谷锁新烟！玉泉清澈堪比蓝天，即便是在游客暂时小憩的岩石上，亦可见绿生态的"苔侵石"。

大灵峰
王奕芳

闻道灵峰好，攀萝且息机①。

路随芳涧绕，叶共晚禽飞。

竹露②添游盏，松云罨③布衣。

苏门④长啸罢，缓步抱翠归。

注：①息机：摆脱事务，停止活动。②竹露：竹叶上的露水。③罨：遮掩。④苏门：山名。在河南辉县西北。晋阮籍与士相会于苏门山，互相长啸。借以表示隐士的情趣。

【赏析】

大灵峰坐落于沙县西北，山上有大灵峰三位祖师庙（内供孔子，民间也称孔庙）。王奕芳这首《大灵峰》将这里优美的自然景观和丰富的人文历史充分表现出来。诗眼在"路随芳涧绕，叶共晚禽飞"，山径与山涧相互缠绵，晚禽与落叶共飞，动静结合，是难得的佳句。

蒸饼岩①
林致先

极目疑无地，昂头只有天。

炉香霏②玉屑③，石火数雷鞭④。

岚锁岩腰雨，云连殿角烟。

会当趋帝座⑤，携手订⑥群仙。

注：①蒸饼岩：俗称松柏岩。②霏：飘散。③玉屑：此指香灰。④石火数雷鞭：描写闪电的情状。⑤帝座：星名。在天市垣内，侯星西。本句意为当须快快走到帝座去。⑥订：订正。意谓群仙中增加。

蒸饼岩即松柏岩，位于沙县南霞乡茶坪村，是沙县的一处风景名胜，也是沙县重要的一处旅游胜地。《蒸饼岩》第一句写松柏岩之高，第二句交代松柏岩山顶香火旺和多招雷的特点。第三句写雨中山景，"半山即雨，岚锁岩腰，烟雾氤氲，云连殿角"。诗句动感十足，令人流连忘返。作者林致先的身份特殊，是一位秀才，也是本邑一位富商。

村名故事

富口村

富口村位于富口镇，聚落呈块状分布。传说富口村开村于元朝，东边村口处有个小村庄，叫前坪，称为前坪村。村庄地形似匏瓜，后山有两条山脊向下延伸左右连接，形似两藤结一瓜。

相传，古时村子住着曹姓家族，曹家有一已婚男子进京赶考，高中状元，受朝廷重用，后又官至宰相。可他在京做官后，就难以回家与家人团聚。有一天，一位先生来到此地，看到此处地形，高声称赞："此地甚好，此地甚好啊！"同时见妻妇曹氏时，对其说："好人家，大富大贵，能

富口镇

高官厚禄，光宗耀祖啊！"曹氏说："先生，高官厚禄有什么用，我家官人在外为官，难得回家一次。"风水先生问："那你是要他回家还是留在京城做官呢？"曹氏说："若能回家最好不过了。"风水先生说："后山左边那条山脊是阻碍你家官人回家的元凶，你只需挖断那条山脊，你家官人就会回家了。"曹氏听了先生的话，雇佣了二三十人去后山挖山脊，奇怪的是，不管白天挖了多少，但只要一到晚上山脊又变回原样了，连续挖了几天都是如此。曹氏感到奇怪，又去问先生，为什么一到晚上山脊就变回原样了？风水先生又教她说："要想让山脊不变回原样，你需在挖山脊的时候往里面杀条狗，用狗血祭土神。"曹氏按先生说的方法做了之后，果真山脊再也无法恢复了。挖了几个月，后山左边的山脊就被挖断了。又过了半年，曹家官人在京犯下大罪被斩首，尸体被允许运回了家中安葬。此后曹族举家迁走，远离此地。现居住二十多户都是杂姓人家。因此处是通往沙县主要交通路口，还是溪水流向出口处，所以称之为匏口，后改为富口。至今，本地方言仍将富口称为匏口。

椒畔村

高砂镇椒畔村，原名胡椒畔村，地处集镇东南方，距县城 16 千米。原先胡椒畔还不曾有村名，当时只有几户人家住在村东一个叫后坑仔的地方。相传，村里有个放牛娃龙俊。一日，他赶着一群

椒畔村

牛晚归时，有一头牛不肯回牛栏过夜，而是跑到前方（新厝）田畔旁的一棵胡椒树底下过夜。人们觉得很奇怪，请先生来察看地形。先生说："此地甚佳，宜居宜业。"大家便在此建房居住，取名胡椒畔村。

自古以来，男性村民们在这里以耕田、种席草为生，女性村民则以编织草席为业。村里有一少女，名凤碧，长得如花似玉，又心灵手巧，从小跟着长辈学编织草席的手艺。她编织的草席特别细密柔软，还带有各种花色图案，美观实用。每次拿到高砂墟场售卖时，都被抢购一空。

龙俊与凤碧家相隔不远，他每次放完牛回家，总会去找凤碧聊天。凤碧也会趁着家人不在时偷偷溜出家门，跟着龙俊外出游玩。他们悠然自得地骑在牛背上，漫步在山间小道上，采集路边的野花野果；或者在小溪边田野间摸鱼虾、抓虫鸟，尽情地奔跑嬉戏，嘴里还不时哼唱着熟悉的家乡小调，别有一番情趣。两人可谓是青梅竹马，两小无猜。

成年后的龙俊长得健壮结实，已不再是当年稚气未脱的放牛娃了，而是一个乐于助人、人见人爱的俊小伙。他除了帮家里种一些地外，还经常为别人送席草。这样一来，他与凤碧接触的机会就更多了，一有空儿就往她家跑。白天，他们在一起编织草席，形影不离；晚上，一对小情人在花前月下、温泉湖畔亲密无间……这些都被凤碧父母看在眼里，但因龙俊家里比较穷，凤碧父母坚决不同意他俩在一起。

一天，凤碧与龙俊在外相会后回家，当即遭到父母亲一顿痛骂。凤碧一气之下跑到小溪流的龙凤桥上，龙俊随后追上。两人情意绵绵，互诉衷肠。凤碧抱着龙俊说："俊哥，这辈子恐怕我们俩不能在一起了，我想一个人到外面去走走。"龙俊一听，将怀里的凤碧搂得更紧了，安慰她说："风儿，你就是走到天涯海角，我也永远跟着你，保护你，不离不散。"凤碧挣脱龙俊，仰望着苍天说："如果老天有眼，就成全我们吧！"话音刚落，天空中突然乌云密布，电闪雷鸣，紧接着一阵狂风袭来，将两人吹散。凤碧被吹到身后的山脚下，龙俊被吹到对面的山上。后来人们将这两座山分别称为俊郎山和碧女峰。

俊郎山有一股涓涓细流，人们将此泉引出，经桥头到碧女峰山脚下的新厝，作为村里的饮用水。据传，如果此泉遇干旱断流，龙俊和凤碧就会跑到大路上去寻找对方，甚至还会骚扰、迷惑过往路人。村里某户人家的六个女儿，有一次在去附近岭兜村的路上恰巧碰到龙俊，被龙俊的容貌所迷。姐妹们常常离家与其约会，不肯回家，家中父母担心出丑，情急之下请了位道士赶到约会地点用竹制鸡罩将她们六姐妹罩住。后来，人们将这座山称为鸡盖山。

岭兜村有个艄公经常外出到县城撑船，前往南平、福州等地，有一次在临近胡椒畔村的一个地方，巧遇凤碧。多年在外漂泊的他，一生中从未见过如此美貌的女子，也被她的美貌所迷，魂不守舍。结果船只在半途中触礁翻船，他差点儿丧命，后来人们将艄公与凤碧相遇的那座山称为翻船山。

（王柳儿）

龙慈村

龙慈村位于高砂镇，距集镇 5 千米，下辖大际、小坑、东坑坂、龙慈、廷坑等自然村。横贯龙慈村有条小溪叫鸬鹚溪，过芦口坑入沙溪河。鸬鹚溪快到芦口坑处，有一段暗河与此溪交汇形成回流，遇到大水时，村民从鸬鹚溪水运木材过此处，会被吞没数立方米，之后在下游陆续浮现出来，吞吞吐吐，很似过去抓鱼的鸬鹚鸟，人们称此处为鸬鹚额。从古至今，因该地从未发生过洪灾，古人认为水患成灾是孽龙作怪，可见此龙是善良慈祥的，加之鸬鹚与龙慈本地方言相近，故取村名为龙慈。

龙慈村有一则流传很广且跟龙有关的传说。该村有座山，其形为"五马落槽"。曾有先生说这里是块宝地，定出大贵人。有一年，龙慈村的一户人家生了个孩子，行为特异，终日制造弓箭，剪折大堆的纸人纸马作为玩具。突然有一天，他临睡前嘱咐母亲说："明天五更鸡鸣时，您将纸人纸马排列开来，然后叫醒我。"不想他母亲第二天起了个大早，等了很久鸡也未叫，实在不耐烦，她便敲打竹笏把鸡吵醒，催促鸡鸣，然后将箩筐里的纸人纸马一口气倒了出来，叫醒儿子。儿子醒来，张弓搭箭对准皇帝龙庭射去，因时辰未到，皇帝还未上朝，箭钉在金交椅（沙县俗语，金銮殿里皇帝宝座的意思）上。纸人纸马因倒得太急，没有逐一排列，弄得断手折足，所以虽变了真人形，终究不能派上用场，因此坏了大事。皇帝惊觉后，命国师测卦，卜辞说："蓬杆造旗，即在龙慈；蓬杆造箭，即在沙县。"皇帝一气之下，就用朱笔在沙县地图上勾画，取消了龙慈村"五马落槽"这个地方。不久后，这位英雄终因大业未成，吐血而死。他的那些纸人纸马变成的将士，在"五马落槽"山造了座天子墓，以天子葬礼埋了他，并集体自杀，为其殉葬。后人将该地"五马落槽"称为天子墓。

樟墩村

樟墩村位于沙溪河北岸，与高砂村隔河相望，弯曲的沙溪河水，冲刷成一个肚兜式、弧形的、坐北朝南的村庄。村庄的中心点，有一座自东向西走向的大土墩——面前墩。面前墩的东北边有一棵大樟树，有村民将七宝（即五谷杂粮、豆、芝麻、铜钱等）埋入樟树头边，并拜樟树为父，可以保佑子孙世代繁衍昌盛，樟树成了神树，樟墩村地名由此产生。

距面前墩墩头2千米的沙溪河上游北岸上，有一座由断层岩形成的断崖山。龙慈廷坑自然村的钟氏人家，在山顶上建了一座大圣庙，庙里有一口报时的老铜钟。于是这座山就被称为老钟岩。

距面前墩墩尾下游2千米岸边，也有一座风景绮丽的大山，叫下坑仔岩，山顶上有一座观音庙。传说有一次地震时，老钟岩大圣庙里的报时老钟被震到山下，顺着沙溪河往下流。大圣通知观音派人阻拦，报时的老铜钟在下坑仔长潭边被拦住，沉入潭底。从此每当天黑时潭底就发出响亮的长鸣声，通知人们歇息。

樟墩村由于地处内陆，村民从未吃过海味，于是村里派村民林尚广带着大量的山珍找巡抚换海味，巡抚指令福州知府，选择最强健的一尾母鲤鱼，从闽江口向上游到樟墩。又指令上游永安县令选一尾强健的公鲤鱼，顺着沙溪往下游到樟墩。让公母两鱼听到钟鸣声时合交，繁殖世代子鱼，供樟墩的子孙享用。

当公鲤鱼游到老钟岩头上方、沙溪河中间时听到老铜钟隐隐长鸣，不知铜钟已冲至下游，且天已黑了，认为已到目的地，于是停下歇息等候母鲤鱼。而母鲤鱼游到下坑仔岩头山脚下长潭的沙溪河中心时，也听到潭下铜钟大鸣，就也停下，等候公鲤鱼到来。双鱼各自在此静候、徘徊，日久天长就形成了现在的上、下鲤鱼州。

珍珠窠村

沙县高桥镇珍珠窠又名曹地。说到珍珠窠这一村名的来历，当地还流传着一个催人泪下的传说。

相传在很久以前，曹地人有两把世代祖传的珍珠伞。当时国王昏庸无道，整日在宫中寻欢作乐，不理政事，以致奸臣当道，政治十分腐败。有一年，皇帝下令，要每个郡县进贡一件奇珍异宝。贪官污吏为了能博得国王的欢心，以便日后升官发财，就乘机逼迫百姓献出珍宝。

曹地官吏对当地的宝伞早就垂涎三尺，想把它作为飞黄腾达的台阶，只是苦于没有借口。当接到命令时，他们就以进贡为由，采取软硬兼施的办法迫使曹地百姓交出了宝伞。官吏得到了梦寐已求的宝伞，想留下一把据为己有，另一把护送进京城。不料在路途中被一伙强盗所劫，才不得不将另一把宝伞交出，并要求朝廷派京兵再次护送到京城。

皇帝上朝，看过宝伞，龙颜大悦，文武大臣们也对宝伞赞不绝口。皇帝当即下令将曹地百姓的赋税适当减免，并给进宝官吏连升三级。这时一个奸臣上前奏道："启奏陛下，臣不久前观察了天象，看见东方有一片紫色霞光呈龙凤状，臣认为这是不祥之兆，再说，珍珠伞有两把，一把被强盗所劫，他们想犯上作乱与陛下争天下，陛下须早日斩草除根，免除后患，望陛下三思，收回圣命。"皇帝听信谗言，不觉胆战心惊，于是就下旨将曹地百姓满门抄斩。为了铭记珍珠伞给村民带来的灾难，曹地村就改名为珍珠窠了。

马山村

站在高桥镇官庄赤岭村朝西望，可以看到几里路外有一座山，形状好似一匹跪在地上的骏马。就在这座山的山脚下，有个村庄叫马山村。

老人说，这里原来并没有这座山，小村庄也不叫马山，而是一片麦地。但一到春天小麦返青的时候，常常有一匹马来到麦地里，把麦苗啃个精光。此马又高又大，据说是神马，谁也不敢去招惹它。几年过去了，许多人为了逃避神马的祸害，不得不忍痛抛下土地，奔走他乡。

眼看着土地一天天荒芜了，有个农民很不服气，他说："这头畜生！害得人们背井离乡不得安宁，我倒要看看它有多厉害。"

这一年冬天，他种了几亩小麦。麦苗返青的时候，他在田头搭了座小茅棚，一天到晚守着小麦。一天黄昏，太阳刚刚从山背后落下去，氤氲的雾气笼罩着大地，农民正躺在茅棚里歇息，忽听得一阵马嘶声，他顺手抓了一把锄头，走出了茅棚。

夜色朦胧中，果然有一匹高大的骏马左右摇荡着长长的尾巴，安闲自在地吃着麦苗。不一会儿，麦地就被糟蹋得不成样子了。

农民看在眼里，气在心头，一时间也不知道哪里来的勇气，冲上前去，大喝一声，挥起锄头朝马头砍下去。那马吓了一跳，抬腿要跑，锄头正好落在马腿上。只听得惊天动地的一声嘶鸣，这马跪卧在地上，一动也不动了。

农民被这马的嘶叫声震得耳朵差点儿聋了，丢下锄头就往回跑。第二天早晨，他壮着胆子到地里一看，只看田头凭空冒出一座形状好像卧马的小山。

神马被除，农民又陆续回迁，安居乐业了。从那以后，人们就把这村子叫作马山村。这村子里有口水井，人们常说："这井就是那位大胆的降马农民一锄头挖出来的。滔滔不尽的井水，就是马的伤口流出来的血。"

李窠村

夏茂镇李窠村原本住户并不姓李，而是张姓。关于李窠的来历，有一段故事。

很早以前，勤劳勇敢的夏茂张厝人家在这山窠里开垦荒山，种植李子树，流下许多汗水，建成大片的李子园，经过精心管理，李子连年大丰收。每年李子丰收的季节，人们便成群结队地到这里买李子，吃李子，渐渐地就将这里叫作李子窠。那时的李子品种甚多，有明琴李、鸭脚李、珍珠李、麻铃李、芙蓉李、桃加李、杏李（奈李，现今俗称花奈，夏茂人古称杏李）等品种。李子果实成熟于盛夏季节，产量高，一般每株产量达百余斤，高产的每株达数百斤。

李子可食率高，营养丰富，既是鲜食佳果，也适宜加工制成罐头、蜜饯、李脯、李干等。因此，发展李子生产是劳动人民致富的主要门路，可天有不测风云，李子窠后来发生火灾，李子树被烧得无一幸存。勤劳智慧的张家人就在被烧成平地的李子窠开基建村，重建家业，虽然没有了那么多的李子，人们却依然习惯叫这里为李子窠，后来简称李窠。

罗坑村

罗坑是夏茂镇的一个建制村，这里住的不是罗姓人，而主要是谢姓人家，民间习惯上叫罗坑坪。

罗坑村

关于罗坑的来历，有一个传说故事。一千多年前，将乐高山区圭羊村有一姓谢的犁田手，专靠替周围一带人犁田为生。某日傍晚，他牵着牛经过夏茂人称为老坑的地方，牛就再也不肯走了，打也不动，拖拽它也不起，硬赖在这里。犁田手拿它没办法，只得守在牛身边，还要割草给它吃。岂料这牛不知好歹，一赖就是三天三夜，犁田手眼看三天没有活计，心急如焚，最后流泪哀求牛道："牛啊牛，你不能这样，我一家老小的生计，可是全系在你身上的呀！"那牛见犁田手哭得伤心，它也流下泪来。

犁田手见牛有了反应，便接着说："我们赶快干活去吧！"那牛果真站了起来，跟着犁田去了。傍晚收工时，雇主叫犁田手将牛牵往茅棚去睡，可牛死也不进茅棚，一扭头，又跑回了老坑。连续几天，它准时上工，收工后照老样回老坑。

过了些时日，老坑附近的田犁完了，他们要去离老坑十几里路的地方去犁田，这牛仍是一收工便往老坑跑。犁田手无奈，只得跟着它天天回老坑。一直到夏茂雇主的田差不多犁完，该回将乐圭羊村的时候了，犁田手便牵着牛往圭羊村方向走，可牛死活也不肯回去。犁田手只好让牛留在老坑，自己回圭羊。

乡亲们见犁田手独自回来，问起缘由，犁田手一一说了。族中有见识的老者听说后，认定老坑位置好。于是几个谢姓族人邀了个地理先生来老坑看位置。先生边走边看边算，说这里果然是好位置！并指出了宜建房居住的方位。此后，几家谢姓人便在老坑旁边的坪地里搭起茅棚，暂时住了下来。

谢家人开垦荒地，辛勤劳动，果然没几年就家家有了可观的收入，相继盖起了土木结构的新房，形成了一个漂亮的村落。因为嫌老坑不好听，所以起村名时便用罗坑坪（夏茂方言"罗"与"老"同音）。后来，村名又去掉"坪"字，简称罗坑。

月邦村

月邦原称魏坊。很早以前梅历（今梅列）有一帮魏姓的人到中堡打工，数年后都积攒了些钱。他们见距中堡 2500 米处的中堡山川秀美、土地肥沃，便来到这里开基建村，始称魏坊。又过了些年头，魏姓人果真逐渐在这里发达富裕起来，人丁兴旺，五谷丰登，成了方圆几十里内有口皆碑的富村。不久，又有一些邓姓的人也搬迁到魏坊定居，在这里发展壮大起来。

清顺治初年（1644—1645 年），魏坊接连发生鼠疫和霍乱，第一年的农历七月半（俗称鬼节）发生了一次严重的鼠疫。仅一个星期全村就死亡百人，有的五六口之家全户死尽，有的一天之内一家死了三个人。翌年农历七月中旬，这里又发生了一场严重的霍乱，不足十日，死亡数十人。两次灾难，均发生在七月半前后，且死亡人以魏姓居多，有的甚至绝户。多心的人便认为"魏"字的右边是个"鬼"字，所有七月半闹出这般厄运。"魏坊出鬼了！魏坊出鬼了！"的消息不胫而走了。村里的人能逃的逃，能搬迁的搬迁。剩下两家魏姓也只好搬迁到中堡定居。邓姓的也有一部分迁走，剩下的几户便一面烧香放鞭炮求神灵保佑，一面请道士搞迷信驱鬼，并决定将地名中的"魏"字改为"月"（方言中"月"与"魏"谐音），取光明、光亮，驱除恶魔之意。"坊"改为"邦"（方言也谐音），从此魏坊的地名就不再有人提，而代之以月邦，一直沿用至今。

月邦的更名虽然带有一些封建迷信色彩，但在当时历史条件下，人们对自然灾害的认知水平有限，不得已而为之。

淘金山

淘金山，因山下溪流有金可淘而得名，原名华山。不知什么时候，有人发现山下溪流带来的沙子中有闪闪发光的金子。人们开始在这里淘金，淘金的人多了，不约而同把这座山叫作淘金山。

相传，明正统年间（1436—1449 年），农民起义军领袖邓茂七在沙县廿四都陈山寨揭竿起义，号铲平王，一路挥师，攻城克县，杀贪官污吏，济平民百姓，一时万民拥戴，威震全国。

邓茂七发现沙县城郊西北的华山风光秀丽。气候宜人，且山高林密，山路险峻，山顶却一马平川，一口天池四季水源不盈不枯，是个进可攻、退可守的好地方。于是，邓茂七在山顶结寨屯兵，于山上埋藏 18 口巨锅的金银，以备军需，同时日夜操练兵马，以此为根据地，四路出击。官兵数次围剿，均以失败告终。朝廷不得已，连派两位御史前来招安，可邓茂七不为高官厚禄所动，立志横扫八闽，与朝廷抗衡。

后来，铲平王誓师挺进南平、邵武。临行前召集部队，问道："谁愿留寨守银？"一士卒应道："小人愿留！"铲平王以为其贪财，挥剑将其斩于荷塘之侧示众。孰料士卒一倒地顿时变身化作金龟巨石。副将说："龟秉灵性，其为邓将军守银，诚可信也！"铲平王不由得对其肃然起敬，率军叩拜三下，方离去。去后，短短数日，连连攻克数十个城市，可惜延平一仗，义军中了埋伏，邓茂七不幸阵亡，再也没有回到山寨。

后来，消息传到了淘金山下大洲坊一姓邓人的耳中。他心中暗自高兴，三更天便悄然荷锄上山，找到埋金银处，挥锄便挖。可他虽然挖得汗流浃背，手臂发麻，仍然不见金银的影子。他非常沮丧，但一想到金灿灿、白晃晃的金银，又不甘心，于是又抡起锄头一阵猛挖。终于听到"当"的一声，两口上下覆盖的巨大铁锅，出现在他的眼前。

他惊喜若狂，除去锅上的土，就想用锄头撬开铁锅。谁知锄头还未捅进缝中，突然天昏地暗，雷电交加，立时大雨倾盆，更兼飞沙走石，吓得他连忙钻进石巷内躲避。可待雨过天晴他出来一看，埋金银的地方平整如初，根本没有一丝挖过的痕迹。

他倍感奇怪，仍不甘心，便举起锄头又挖。可锄头还未落地，突然一块巨石劈面打来。他吓得抱头鼠窜，心想，定是金龟所护，非分之财不可贪也！

邓姓人回家后，从此收敛了贪财之心，广结善缘，得以长寿而终。后人便将华山改名为淘金山。淘金山后来成了绝好的旅游胜地，吸引了众多游客前来观光游览。

凤凰山

沙县城关水南有座山叫凤凰山，听老一辈说，凤凰山的名字有一段奇妙的传说。

从前，凤凰山的山脚下有一个石洞，洞里住着一只金凤凰。有一天，金凤凰在洞口立了一块石碑，碑面写着："洞内有只金凤凰，价值黄金三千万。谁能一气读碑文，随手赢得时运转。"

说来也奇怪，从此只要有人经过洞口，石碑就会发出耀眼的金光。偏偏这一带没人识字，只是茶余饭后多个话题。世上没有不透风的墙，奇闻很快一传十，十传百，尽人皆知了。于是山外人蜂拥而至。奇怪的是，来人一开口读碑文，石碑就金光四射，刺得人眼泪直流。读音一停，金光消失，可读碑者的眼睛却再也看不见什么了。

有一天，皇帝的宠臣在京城听说这一奇事，心想若抓住这只金凤凰献给皇上，就可以升官发财、青云直上了，可怜他好梦没成真，反倒把一双眼搞瞎了，结果被皇上罢免回乡。从此，再也没有人到此读碑文了。

光阴似箭，不知又过了多少年，这件奇事逐渐被人们淡忘了。凤凰山已是松青柏翠，四季如春，那石碑还依旧屹立在山脚下。

话说凤凰山下有一户人家，家中母子二人，母亲砍柴种田，纺纱织布，勤俭度日。孩子七岁时，母亲为儿题字："万卷诗书苦攻读，金银财宝家中无。待到功成名就时，为国为民不为奴。"这孩子真听话，以母亲题字为座右铭，十载寒窗，刻苦攻读诗书，之后，拜别了母亲赴京赶考。

不久，他果然高中了新科状元。皇上恩准他返乡祭祖。当经过凤凰山脚下的石碑时，突然"轰"的一声，石碑放出万道金光。状元郎下令停轿，走近石碑，一看碑文，状元立即下跪，对着石碑连磕三响头。原来碑文正是："万卷诗书苦攻读，金银财宝家中无。待到功成名就时，为国为民不为奴。"顿时，狂风大作，随着"轰"的一声巨响，一只金凤凰腾空而起，展翅飞上云天。状元仰望天空，远处隐隐约约传来："为官清廉，万世流芳……"

状元郎当即下令在凤凰山脚下立一石碑，并挥起金笔写上"凤凰山"三个大字。于是，凤凰山名便这样代代流传下来了。

七峰叠翠

在沙溪南岸，有七座挨得紧紧的山峰，这是沙县有名的沙阳八景之一——七峰叠翠。关于七峰叠翠的来历，有一个美丽的传说。

据说天上的王母娘娘有七个女儿，老大叫碧云，老二叫桂花，老三、老四是双胞胎，住在东殿的叫东凝翠，住在西殿的叫西凝翠。老五叫真隐，老六叫妙高，最小的叫朝阳。

七姐妹一年到头待在天上，日子长了就觉得不舒心。琼楼玉宇住厌了，瑶池、蟠桃园也玩腻了，天宫里的日子实在难熬呀！

有一年，王母娘娘外出巡游去了，七姐妹趁这个百年一遇的好机会，偷偷地溜出天宫，来到人间。

七姐妹觉得天宫里虽然富贵，连瑶池的水渠都是用最好的玉砌的，却没有一点儿生气，到处都是冷冰冰、死沉沉的。人间的景物虽然不像天宫那样金碧辉煌，可到处是青山绿水，气象万千；到处是莺歌燕舞、生机勃勃的景象。七姐妹玩得可开心哩。

一天，她们来到蜿蜒在群山之中的沙溪两岸，只见凤凰山下水流平缓，河水清澈见底，河滩上铺着一层金黄色的又松又软的细沙，便被吸引住了。

七姐妹停在沙溪畔，尽情地嬉笑游玩，戏水沐浴。一时间，风传笑语，水播仙音，细浪粼粼，欢波阵阵，连凤凰山的凤凰都来跳舞助兴。

天渐渐黑下来了，眼看到了该回去的时候了。七姐妹多么舍不得离开这个美好的地方呀！可是，不回去又怎么行呢？七妹朝阳对姐姐们说："各位姐姐，我们就要离开这个美好的地方了，以后想再来恐怕是很难得了，让我们把玉簪留下，作为永久的纪念吧！"于是，七姐妹拔出头上的玉簪插在溪边，才依依不舍地飞向天宫。以后，这七支玉簪就化成了七座山峰。

宋朝有个丞相叫李纲，因为得罪了皇帝被贬到沙县来。那时七座山峰还没有名字，李纲就把七姐妹的名字取来做山名。

从此，沙溪河边的七峰就有了名字：碧云峰、桂花峰、东凝翠峰、西凝翠峰、真隐峰、妙高峰、朝阳峰，七峰叠翠的名气越来越大，越传越远。

（张兰芳，张孝娟）

仙洲岛

沙县东门的仙洲岛三面临水，一面依山，这个长不足 1 千米，宽 500 米的小岛，说起它的由来有个古老的神话故事。

很久以前，沙县东门外东溪与虬江汇合的地方，原来是一个很大的漩水潭。有一年，来了位县官，这县官不但贪得无厌，还会一点儿妖术。他看这个漩水潭地势很好，只要做个聚宝盆沉下去，夏茂的金银财宝都会流进盆里。于是，他便施展妖术，做了个很大的聚宝盆，放在漩水潭里，盆口对准夏茂。从此，夏茂一带的金银财宝、珍珠玛瑙都顺着东溪水流进聚宝盆里。富庶的夏茂一天天贫困了，丰裕的百姓一天天穷苦了，而县官的腰包却一天天鼓起来了。

仙洲半岛

又过了几年，夏茂的百姓穷得连饭也吃不上，个个怨声载道，怒气冲天。这事惊动了仁慈善良的南极仙翁。他先到漩水潭查看原因，然后到夏茂对饥民们说："你们贫穷的原因就在那个县官身上，他在漩水潭安了个聚宝盆，把你们的财富全吸引到他的腰包里去了。"

百姓一听，火冒三丈。南极仙翁叫乡民砍来四根大杉木，造了一艘龙舟。他把饥民们叫到舟上，用自己手中的拐杖撑舟，从夏茂顺流而下。船到漩水潭后，仙翁摆好方位，把那根拐棍插在龙舟东北头的洞孔上，船就稳当当地停住了。接着，仙翁又从脖子上取下一串项链，念了几声咒语，向空中一抛。片刻工夫，只见那个专吸民脂民膏的县官被套了来，一下子就掉进漩水潭里去了。饥民们见县官死了，高兴得雀跃鼓掌。

事情办好后，南极仙翁就向空中一招手，飞来一只仙鹤，降落在船上。仙翁同饥民们告别，跨上仙鹤飞走了。

仙翁走后，饥民们才发现，脚下的木船已变成一座小小的岛。原来插在船头的那根拐杖，则变成一株高耸入云的大杉木。因为木船也叫木舟，而"舟"和"洲"同音，这座由木船变来的小岛就叫仙洲岛。

人们常说，如今仙洲岛东北头那株几十米高的杉木就是仙人拐杖变的。

（王成凤）

锣钹顶

锣钹顶是沙县境内的第一高峰，原名青云峰。那么，青云峰为什么又改叫了锣钹顶呢？

相传盘古开天辟地后不久，一天，赤脚大仙应邀前往瑶池赴蟠桃宴。正腾云驾雾悠悠走着，脚趾突然被什么东西撞了一下，痛得他眼冒金星，飞翔不稳。低头一看，原来是碰到了青云峰的峭壁。赤脚大仙不由得怒火中烧，心想这山也太奇险了，连神仙都难行，更何况是樵夫、猎户和农夫？于是，赤脚大仙从天上借来一头神牛，打算犁平青云峰。

青云峰的山神得到这个消息后，惊恐万分。山神左思右想，终于想出了一条妙计。那天，山神把瞌睡虫偷偷撒在赤脚大仙必经的路上。赤脚大仙刚降下云头，就忍不住打起哈欠来，不一会儿就枕着山头睡着了。山神见赤脚大仙睡着了，就托梦给他说："你家母亲病重，危在旦夕。如不马上赶回去，恐怕难见最后一面了。"赤脚大仙从梦中惊醒过来，把神牛拴在一棵高大的松树上，连忙驾云飞回天宫。

山神见赤脚大仙中计，乐得哈哈大笑。山神急忙请来雷公雷母，准备杀死神牛。谁知那神牛有法术附身，任凭电闪雷鸣，也动不了它一根毫毛。青云峰的山神无奈，只好从西天雷音寺借来锣钹，趁神牛不注意，朝牛头狠狠砸去。只听得"哐当"一声巨响，地动山摇，神牛头陨落在地。赤脚大仙正好赶来，见神牛被杀，非常气愤，把拂尘一甩，那副锣钹就定在青云峰顶了。

打那以后，青云峰就改名叫锣钹顶。那头神牛呢，也化作一块巨石，迄今还卧在宝山前往陈山的路上。有趣的是，那块巨石的旁边，还有一块跟牛头一样的青石，据说那就是神牛的头。

（方叶）

很久以前，沙县大佑山麓有一个地方叫坑源。坑源住着一家姓邱的财主，家中金银财宝无数，方圆百里的田产和山地都在他名下，他被人称作"邱十万"。

邱十万有位千金，名叫邱银英，生得如花似玉，不但通晓琴棋书画，而且为人善良贤惠，被父母视为掌上明珠。

一天，邱家来了一位先生。邱小姐对他关心备至，日常起居都服侍得十分周到。一次，邱小姐用金脸盆端水给先生洗脸，正好被邱十万看到，邱十万就将女儿训斥了一顿。隔墙有耳，邱十万骂女儿的话被先生听得一清二楚，之后，先生问银英："邱小姐，前几天你阿爸为啥骂你啊？"

邱银英心知说实话会有损于父女感情，于是说道："宠是害，严是爱，这是家父在对我进行教育，与先生没有什么关系。"

先生本对邱小姐心存感激，如今见邱小姐如此知书达礼，更是十分感动，决定报答她。于是对银英说："你父母很疼爱你，你出嫁时，他们肯定要送你很多陪嫁品。当他们问你要什么时，你就对父母说，金银财宝可以不要，只要大佑山就可以了。"

原来，这位先生已在大佑山相好了一处名叫望天狮的宝地，如将祖宗的金坛安葬此地，预言此地必出文武状元。他叫银英向父亲索要此山，就是为了把这个运气送给邱小姐，以报答邱银英的一番盛情。他还教银英一定要等父亲把山划给她后才可上轿。

大佑山古墓

有道是"男大当婚，女大当嫁"。转眼间，邱银英已到了出嫁的年龄。邱十万便将女儿许给了归化县龙寿村（今明溪县常溪岭头）一位姓饶的员外。是个生意人，其父是延平府知府，可谓是门当户对。

出嫁这天，邱家彩灯高挂、鞭炮齐鸣、欢快热烈的唢呐声中，新娘头披彩巾，在女伴簇拥下，轻移莲步，款款走向轿子，可是接亲的鞭炮响了一阵又一阵，媒人催了一次又一次，新娘还是不肯上轿。眼看时辰已到，没有办法，媒人只好把邱十万请了出来。

"女儿，为父给你的金银财宝、珍珠玛瑙不算少，你还有什么不满足的？"邱十万急匆匆地问道。

"阿爸，金银财宝、珍珠玛瑙是有价的，只有那千年的古山是无价的，女儿要的就是大佑山。"银英回答道。

邱十万一听，笑了："我当什么呢，原来你要的是这座大佑山呀，为父答应你就是。"邱十万当即把大佑山划给了女儿。新娘收起地契，高高兴兴地登上了轿子。

邱氏出嫁不久，先生便借故离开邱家，来到饶家。与银英丈夫饶员外约定："风水应验后，饶家要给先生一斗金、一斗银做酬金，以养家中老小。原本此处不能送人，现在送给了饶家，泄露了天机，地理先生的双眼必定瞎掉。因此，饶家还要负责先生的下半辈子生活。"后生满口应承。

饶家墓做好后，先生口中念道："左有红凉伞，右有黑凉伞，黄牛产马仔，母狸生小象。"说完就下山去了。

此后，饶员外天天上山看墓，期盼吉运应验。却只看见墓地的左右两侧生出了一红一黑两朵大菇，没看到先生讲的红凉伞和黑凉伞。

饶员外一见，好不败兴，以为先生骗了他。一怒之下，把红菇、黑菇都拔掉，一斗金、一斗银也不给先生。此时先生的双眼已经瞎了，他断定墓边一定有两把伞，就叫主人带他到墓前查看，结果发现了两个菇印子。不由哀叹："可惜呀可惜，两朵菇就是两把伞，好气运被你自己破坏了。"饶员外不服，辩解说："那黄牛产马仔，母狸生小象也没有应验呀？"先生反问道："你家娘子可有生下一红一黑两个儿子？""有哇！""这不全都应验了？"

饶员外这才后悔不迭，忙问道："先生，可还有补救的办法？"先生说："办法是有，可在山上建一座庙，山上有龙脉向朝天狮，在此建庙风水很好，如果朝天狮眼睛打开，9条龙上来，饶家就会出皇帝。"

饶员外喜出望外，连忙雇人在山上建庙。不料庙盖好后，因山上风大，瓦片始终盖不上去，盖多少，被风掀掉多少。没办法，饶员外改用每块重15斤的铁瓦覆盖，瓦沟按"前十三后十四"排列。这就是后来的普照寺（又称铁瓦寺）。饶员外没有想到，铁瓦一盖，把朝天狮给压住了，钟鼓敲响，朝天狮眼睛却不敢打开。本来会飞来的9条龙，也有一条却被小佑山用计留住了。如此，饶员外空欢喜一场，气运最终还是被破了，饶家后来虽出过当官的，却始终出不了皇帝。

松柏岩

松柏岩在沙县东南部的南霞乡茶坪村，是沙县著名的风景旅游名胜地。当地流传着一个"木匠斗雷公"的传说。

很久以前，雷公突然来到茶坪村。他找来找去，最后选中了松柏岩半山腰的一块巨大的岩石

"落地为家"，并在大岩石背面安营扎寨。这块巨石是通往松柏岩山巅的必经之路，来来往往的人很多，人多口杂，七嘴八舌，加上过路孩童玩耍嬉闹，极不安静。雷公嗜睡，若没人打扰，一躺下可以睡上个几天几夜，可是他的耳朵又特别灵敏，稍微有点儿风吹草动都听得见。如此，雷公无数次惊醒过来，睡得并不安生。午休时间，熙熙攘攘的人流声若干次搅了他的睡眠，他便格外生气。雷公心生怨气，以致积怨成怒。这个雷公脾气暴躁，动不动就生气，一生气就发脾气，一发脾气就打雷，即便他想憋也憋不住。于是，过路行人经过此路段时，只要吵着了他，他就要出来打雷吓唬人家。后来，雷公还请来风伯雨师助阵，不但打雷，还刮大风，路过之人先是被巨雷吓蒙了，接着又被狂风卷到山脚去，死伤无数。

渐渐地，雷公"打惊雷"上了瘾，次数越来越多，频率越来越高。最后竟变本加厉，不论春夏秋冬，白昼黑夜，他频繁出来"作案"。如此，采菇的、砍柴的、打猎的、伐木的、割草的……全都再也不能上山劳作，偌大的山林物产无法取用，闲置下来，村民怨声载道，迫于雷公法力和淫威，却敢怒不敢言。

过了一段时间，茶坪村来了一个外乡的木匠，听说了雷公的劣迹后，义愤填膺，坚持要上山降服这个雷公。村里老人们闻言，赶紧拉住他："雷公的法力高强，你一个小小木匠，斗不过他，还是别去了。"

木匠抱拳说："大伙的好意我心领了，我小木匠一生最看不惯的就是为非作歹和横行霸道，请大家让我上山会会这个雷公。"

众人劝阻无效，木匠带上工具包便上山了。他来到大岩石前，正欲攀爬向上，一个彪形大汉像一座山一样地堵在路口。

"此路是我开，此树是我栽，要从此路过，斋果孝敬来。"彪形大汉傲慢地说。

木匠看了他一眼："你就是那个一天到晚正事不干，专门打雷吓人的雷公吗？"

"是又怎么样？我最烦你们这些刁民，专和我作对，我一想睡觉就来吵吵吵。"

"你没理在先，这里先有了道，后才有的你，凭什么不让人通过，占为己有？"

"废话少说！我乐意，我霸道，你有能耐就赶走我。"雷公说完，凭空就是一击响雷，接着口吐一阵黑风，劈头盖脸吹向木匠。

木匠身子没站稳，一个趔趄，差点儿滚下山崖。

雷公恶狠狠地说："不知天高地厚的家伙，谁叫你多管闲事。"说完头一扭，转身到大石后面睡觉去了。

木匠坐在巨石下冥思苦想，久久找不到对付雷公的良策。忽然间木匠听到一阵刺耳的鼾声从巨石后传来，他灵机一动，计上心来。木匠脱掉鞋子，光脚潜行到巨石背面，左手执长钢钉，右手握铁榔头，对准雷公的耳孔费尽全力一钉，眨眼间长钢钉深深地楔进雷公的耳道，并从另一头贯穿而出。就这样，雷公的双耳失聪了。此后，有人上山来，雷公听不到脚步声和嬉闹声，再也不会出来打雷吓人了。

原来，那木匠并非凡人，而是如来佛祖的化身，他此番到松柏岩，就是来惩戒雷公的。

雷公双耳失聪后，他无法判断自己的雷声到底有多大。每逢上天派送打雷的任务给他，他怕完成不好再惹上天怪罪，不仅尽心尽力，还多使三分气力，所以松柏岩山上的雷声总比别处的雷声来得响亮和浑厚。沙县俗语云："罗岩出真火，松柏岩出真雷。"这里的"真雷"就是雷声响、威力足之意。

那么，雷公怎么会跑到松柏岩呢？原来雷公电母和风伯雨师是玉皇大帝指派给和丰公主（马氏真仙，民间俗称仙奶）的护卫。他久居人间，日久心烦，偷偷跑到松柏岩散心，见松柏岩景色宜人，流连忘返，不舍离去，滞留下来。

茶坪村人怕雷公不老实，继续出来施法作怪，便在松柏岩山顶上，设置雷公亭，供其神位，敬祀香火。为了和丰公主更好监督他，再迎来马氏真仙神位，供在雷公亭正上方。最后还是放心不下，立观音亭于山顶右侧，请观世音菩萨前来督导坐镇。这就是海拔 895 米高的松柏岩山顶上有成品字形布局的三座庙宇的原因。至于半山腰的那一方巨石，因有了"木匠斗雷公"的故事，现今被人亲切地称作脱鞋石。

（罗榕华）

蓬仙岩

沙县大洛镇白水漈，海拔 1300 米，是沙县也是三明市最高的村庄，距离集镇十多千米。在白水漈村山上有块奇特的巨石，名曰蓬仙岩。岩上有个石洞，石洞宽敞明亮，冬暖夏凉；洞外山清水秀，四季花香，真是个好地方。

蓬仙岩上有座庙，庙前殿供奉的是三圣公，后殿供奉的是清水祖师。按照一般的规矩，这座庙的主神就是后殿的清水祖师，而前殿的三圣公就是清水祖师的护卫神了。实际上却不是这么一回事。

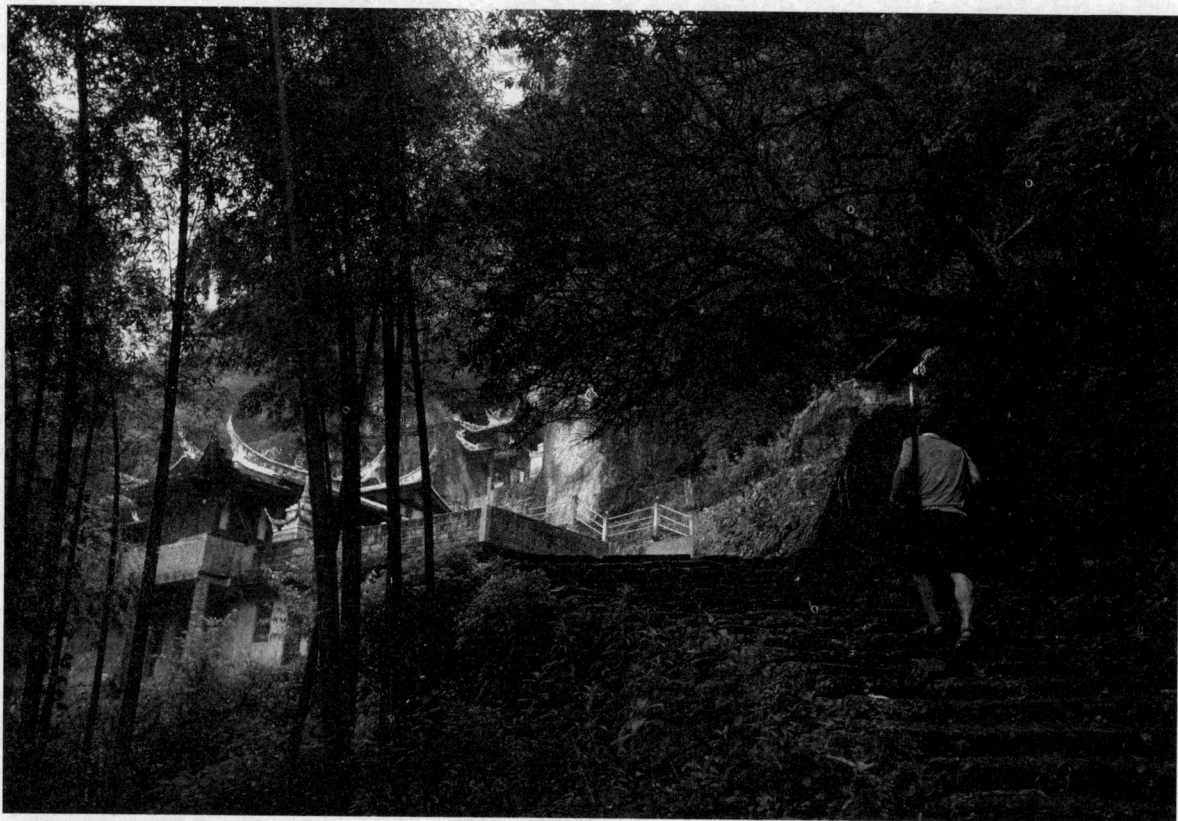

蓬仙岩

据说，蓬仙岩原来的神主是三圣公，清水祖师是外地来的，只因三圣公贪吃爱财，被清水祖师施了个反客为主的计谋，骗到前殿充当护卫神了。

很久很久以前，蓬仙岩的庙还没建起来，三圣公独自一人住在石洞里，倒也逍遥自在。

有一天，三圣公正在洞里打瞌睡，洞外来了个仙人。这仙人就是清水祖师。清水祖师云游四方，想找个落脚修身的地方。找来找去，他中意的地方早已有主了，没有主的地方他又不中意，因此，一直找不到合适的地方。这天，他来到蓬仙岩，看到这里奇花异树，好山佳水，不由得脱口称赞："妙！妙！妙！"

清水祖师正在赞赏蓬仙岩的大好风光时，只听得背后一声大喝："何方妖仙，敢来窥探我的洞府！"原来，三圣公一觉醒来，听到清水祖师在洞外高声叫妙，便冲出洞来，开口就骂。

清水祖师见来者出口不逊，全没有一点儿方外之人的修养，不禁暗暗叹息："可惜这么好的一个去处，竟落到这么一个粗鲁汉的手中！"他眉头一皱，顿时心生一计。他从袖子里摸出一锭白晃晃的银子，送到三圣公面前，笑眯眯地说："贫道身有小病，想借你的洞府歇息一夜，大仙若是肯发慈悲，这一锭银子权当房租。"

三圣公法力功夫都不差，可惜得了一贪二馋的毛病。他一看那白花花的银子，便眉开眼笑地答应了。

当天晚上，清水祖师弄来好酒好菜，和三圣公对饮。三圣公开怀痛饮，一会儿便醉眼蒙眬了。清水祖师在石桌上摆出几十锭银子，对三圣公说："贫道十分喜爱这里的风景，想在此多住几年，你如果答应的话，这些银子都归你。"

三圣公一见银子就动心，问道："你打算住几年呢？"

清水祖师用手指沾酒，在石桌上画了一画，说："你看这是什么字？"

三圣公斜眼一看，说："这是个'一'字。"

清水祖师又画了一画："这又是什么字？"

"是个'二'字。"

清水祖师说："我住的那个年数，只要画三画就够了。"

三圣公一想："一画就是'一'字，两画就是'二'字，三画只不过是个'三'字，让他住三年，白白得到这一大堆银子，有什么不好呢？"便一口答应了。

清水祖师等三圣公把银子收起来后，便在石桌上画了三画。

三圣公一看，清水祖师三画写出个"千"字。这一下，把个三圣公气得暴跳如雷。但是，一言出口，驷马难追，要改口已经来不及了。把石洞让清水祖师住上一千年，心中又不甘。三圣公左思右想，没有主意，不由得怒从心头起，恶向胆边生。他趁清水祖师不备，猛击一掌，想把清水祖师打倒在地。

清水祖师也是身手不凡，他闻风而动，闪身避开三圣公的拳掌，两人便你一拳、我一脚地打起来。

两人斗了半天，分不出个高低，三圣公气得七窍冒烟，心想："干脆一不做二不休，把石洞毁了，谁也别想住！"他一个腾挪，窜出石洞，腾身跳上洞顶，使劲一跺脚。好家伙，这一跺脚，震得地动山摇，巨石崩坍。

清水祖师一看洞顶的巨石就要压下来，不敢怠慢，一个箭步冲上去，伸掌运气，顶住巨石。

三圣公在洞顶连连跺脚，清水祖师在洞里死死撑住，两人就这么僵持住了。

清水祖师心想："这么长久地对抗下去毕竟不是个办法。"便想出个主意。他对三圣公说："我情愿出钱在石洞前盖一座庙，我们两人共同来管理，你看怎么样？"

蓬仙岩以前没有庙，因此，来烧香上供的人少得可怜，三圣公难得吃一顿饱饭。他听说清水祖师愿意出钱盖庙，心想："有了庙，烧香上供的人就多了，油水也就足了，还是同他和解吧。"

就这样，清水祖师在蓬仙岩站住脚了。没过多久，庙宇也盖起来了。

大庙分前殿、后殿。谁住前殿，谁住后殿呢？三圣公心想："住前殿好。人们来烧香上供，总要先经过前殿，有什么好东西可以先享受。"于是，三圣公选了前殿，清水祖师便住到后殿去了。后殿也叫主殿，因此，清水祖师便成为蓬仙岩的主神了。三圣公发现自己吃了亏，成了清水祖师的护卫神，刚开始还有点儿不甘心。后来想："住在前殿名声虽然不好听，但总比以前蹲石洞要舒服得多了，再说，自从有了庙，供品也多得吃不完，当护卫神就当护卫神吧。"

现在，你要是到蓬仙岩来的话，一进殿就可以看到三圣公的神位，清水祖师却端坐在主殿里。庙后的石洞顶上，还可以看到一个深深的巴掌印，据说，那就是清水祖师与三圣公打斗时留下的痕迹。

（山际金）

金鸡岩

南阳乡木科（旧名"暮窠"）岭的东面有一座金鸡山，金鸡山有一座金鸡岩。传说金鸡岩里有个金鸡洞，洞里有只金鸡。金鸡是无价之宝，喂白米生银蛋，喂赤米生金蛋。

在金鸡洞的石门上，刻着许多奇形怪状的字。据说，谁能把门上的字一字不错地念出来，石门就会自动打开，金鸡就会飞出来。谁不想得到那宝贝的金鸡啊！寒往暑来，年复一年，金鸡岩前的山坡被踏出了一条小道，小道又被踩成了大路。不知有多少人千里迢迢翻山越岭来到这里碰运气，可是，谁也不能把门上的字全部念出来。金鸡洞的石门一直紧紧地关着。

有一年，一个商人路过这里，知道了这件事，不由得动了心。他想："我走南闯北，见到的人不知有多少，只要肯问，还怕学不会那几个字吗？"于是，他把金鸡岩上的字一笔一画地描下来，带在身边，又做他的生意去了。

商人每到一处，除了做生意以外，专门和那些有学问的人打交道，把描下来的字拿出来，一个字一个字地问。果然，功夫不负有心人。几年过去，那些字终于被他认完了。那商人别提有多高兴了，兴冲冲地赶到金鸡岩。

金鸡岩前与往常一样，挤满了人。有几个人想碰碰运气，认不了几个字便被难住了，在一片哄笑声中败下阵来。

那商人整整衣冠，得意洋洋地走上前去，开始认字。一个字，两个字，三个字……商人毕竟是下了苦功夫的，果然不同于那些平庸之辈。周围的人看到商人那十拿九稳的神情，一个个伸长脖子，屏住呼吸，把眼睛睁得圆圆的。那商人从来没出过这样的风头，一时好不得意，越念越来劲儿。

念着念着，突然，金鸡岩上钟鼓齐鸣，祥云缭绕。商人一看事情大有希望，不禁欢喜欲狂，一边念着最后的几个字，一边盘算起金鸡到手后该怎么安排了。他乐滋滋地想道："住的，当然是高楼大厦；穿的，当然是绫罗绸缎；坐的，当然是轻车肥马；吃的，当然是山珍海味。这还不够，还要讨个小老婆。对，现在的老婆又老又难看，发起脾气简直像个母夜叉。逮住金鸡后一定讨个小老婆。"想到这里，他不由得飘飘然了，仿佛已经和新讨的小老婆在一起饮酒作乐似的，偏偏正在兴头上的时候，大老婆来了，披头散发，寻死寻活的，把商人的兴致赶到九霄云外去了。他不由得恨恨地骂了一声："混蛋！"

这时商人已经念到最后两个字。金鸡岩已经裂开了一道缝，缝里射出万道金光。据眼尖的人说，连金鸡的鸡冠都看到了。周围的人只等着看金鸡出洞，哪想到那商人突然念出"混蛋"两字。一刹那，钟鼓停了，祥云消了，金光退了，石门又闭得紧紧的。

商人一边声嘶力竭地狂喊着金鸡岩上最后那两个字，一边发狂似的擂打着石壁，但是，已经无济于事了。

据说直到今天，那金鸡还藏在金鸡岩内的石洞里。老人们说，木科岭上，每天早晨第一阵鸡啼中最响的那一声，就是洞里的金鸡发出的。

（罗辉）

观音岩

沙县南霞乡有一座高山，山上有一座大石岩，名叫观音岩。

相传很久很久以前，这座山岩全是茂密的树林，郁郁葱葱。有一天，观音菩萨来到了这座山，看到这里的风景很美，就在这里变了一座小山洞住下来。洞里有许多的石椅石桌，观音菩萨坐在石椅上觉得很不舒服，就再变出一个莲花宝座，坐了上去。慢慢地观赏起外面美丽的风景。

有一天，何仙姑等八位仙人来到此地，看见有一个洞，就飞了进去，看见观音菩萨坐在莲花宝座上观看风景。铁拐李奇怪地问："观音菩萨，你怎么会来到此地呢？"

观音说："我本是出来游玩，看到这里的风景很好看，就在这里变了这个洞，你们看还不错吧！"八位仙人都微笑地点了点头。

观音接着问："你们怎么也会来到此地？"何仙姑笑着说："我们是路过此地，看见这儿有个洞，觉得很奇怪，所以就飞下来看一看，原来是你变的。"

观音菩萨笑着说："原来是这样，各位仙人请坐吧！"何仙姑他们坐在石椅上，和观音一起聊天，讲故事。八仙在这里玩了几天，铁拐李说："我们应该走了。"说完，他们向观音告了别，就飞走了。

八仙走后不久，有一只老虎来到了这片森林，经常到村子里去咬人咬猪，扰得人心惶惶，人们不敢下地劳动，村里的老百姓非常害怕。观音知道后，把老虎给收拾了。过了几年，观音要回去了，她怕这洞被毁了，就变了一条大蛇守在这里，她就离开了。人们听说洞里有蛇，谁也不敢进去。

直到今天，那个洞还存在，人们为了纪念观音救了他们，就把这个山叫作观音岩，把洞称为观音洞。

七仙洞

相传天宫中有"红橙黄绿青蓝紫"七个姐妹，都是天上绝顶漂亮的仙女。她们不仅长得美丽，而且心灵手巧，她们每天用手编织天上的云彩，使天上与人间分隔开来。可是，她们觉得天上并不好，冷冰冰的，缺少温情，总是想找个机会逃出宫中，观赏人间的景物，看看人间是不是比天上还要苦。

有一天，王母娘娘喝多了酒，靠在宝座上打瞌睡。趁着这个机会，七位仙女从云彩稀薄的地方瞧见了人间，于是由每一位仙女各出一色云彩，汇成七色彩虹桥，大家沿着这座七色彩虹桥漫步下凡来到人间。

她们知道，天上一天，地上千年，王母娘娘最少也要睡一会儿，于是她们到处飘游。看到了人间的生活是如此美好，男耕女织，相亲相爱，不由非常向往。这天，她们来到了沙县富口，被富口美丽的青山秀水所吸引，众仙女不由得轻舒广袖，翩翩起舞。一时笙箫悠扬，彩虹闪烁，惊动了周围的农人。几位胆大的青年人好奇窥视，一个个立时神魂颠倒，不由自主地急拥上前。不想众仙女一见有人，"忽"地化为一道青烟钻进洞里，只有一位名叫张青的青年手疾眼快抓到老六青霞的一方仙帕，再找寻，却发现前面多了一座仙奶庙，洞口已然不见，更找不到仙女的丝毫踪影。

从此，张青害了相思病，天天到仙奶庙找青霞，可整座山都找遍了，也没有找着洞口。可他却不管晴雨，不顾寒暑，仍然从春找到夏，从秋找到冬……

且说七位仙女躲进洞内，里面正好有七个大厅，于是一位仙女住一个大厅。善良的大姐红云见青霞有意失落仙帕，生怕已动凡心的青霞会做出越轨之事，触犯天条，遂长袖一扫，将洞景变成了一幅壁画，把洞口隐在壁画中，壁画外竖一仙奶庙，非仙人莫想入内。

三姐黄霓是个侠肝义胆之女，她见青霞因相思日渐憔悴，非常同情。便瞒着大姐来到洞外，发现张青每天都在寻找洞口，对青霞一片痴情，顿生恻隐之心。一天，她特意变成一位又老又丑的老太婆躺在路上。这天，张青果然又来了，一见老太婆，忙扶起她，问她怎么会躺在这荒无人烟的山路上。老太婆有气无力地指了指肚子，摇了摇头。

张青想，老太婆一定又饥又渴，便掏出干粮，还接了一竹筒泉水，让老太婆吃。老太婆狼吞虎咽把干粮吃了个精光，才开口说她住在大佑山山顶，靠丈夫采药为生，只因丈夫5天前下山卖药不见回来，她急得下山来找，却不小心扭伤了脚，又饥又饿又伤心，只怕回不去了。话未说完，便号啕大哭。张青本性善良，忙安慰老太婆说："老婆婆，别伤心，我背你上山，说不定老爷爷在等你呢。"

谁知，张青背着老太婆好不容易爬到了大佑山山顶，老太婆却说："错了、错了，我说的是小佑山，你怎么这么笨，连大和小都听不清楚。"张青虽然浑身累得像散了架，仍二话不说，背起老太婆沿着原路下山。哎！奇了，下山的路才走到一半，突然浑身一轻，顿觉脚下生风，眨眼间便到了山下。更奇的是，身后的老太婆不见了，仙奶庙后出现了一个祥云缭绕、晶莹剔透的大洞。

张青喜出望外，跨进洞口。只见洞内分上中下三层，处处怪石林立，石幔、石笋、石帘、石钟乳……光怪陆离，万象丛生。其中一景"纺锤柱天"，如千万把纺锤直指苍天，莫非是众仙女编织的地方，景点背后五彩斑斓，有如织锦。从"月亮湾"曲径回栏上走过，但见湖水冰雕玉琢般晶莹剔透、清澈凝碧。在"猴子望月"景点，那猴子怎么看都像孙悟空。原来是孙大圣可怜七仙女好不容易来人间一趟，想让她们多玩一会儿，暗中拔了一根毫毛变成猴子望月，所谓"望月"就是盯住天上王母娘娘的寝宫，以便一发现王母娘娘醒来好立刻通知他们上天。谁知张青不懂，见到景点后面的"仙女沐浴池"，只顾察看青霞有没有在，却把猴子的视线挡住了。正当此时，王母娘娘醒了，见七仙女不在，便大发雷霆，带着天兵天将下凡捉拿七仙女。也就在此时，青霞发现了张青，冲过来抱住了张青。有情人终于相见，却不知危险正向他们逼近。

因张青与青霞相见，猴子恢复了视线，立刻发现王母娘娘怒气冲冲往七仙洞奔袭而来，于是追不及待地向孙悟空报告了消息。

却说有情人张青与青霞相见，王母娘娘发现后大怒。便从头上拔出玉簪往七仙洞一抛，玉簪立时变成一条恶龙冲向张青与青霞，青霞放手想与青龙搏斗，不料青龙从张青与青霞中间穿过，在月亮湾上一翻，月亮湾立时变成一方恶浪滔天的大湖，把张青与青霞隔在了湖两边。王母娘娘在天上恶狠狠地说："湖面接通，方可相会。"

咫尺天涯，不能相见，青霞和张青悲痛欲绝。

正巧爱管闲事的齐天大圣闻讯赶到，从天庭偷来金钟罩团住恶龙，变成洞内一景——"金钟降龙"；又从南海偷来定海神针接通月亮湾两岸，使月亮湾又恢复原样。张青从定海神针上顺利通过月亮湾，来到了青霞跟前。

不想王母娘娘已带着天兵天将赶到，下令把七位仙女捉回去，关进天牢，还恶狠狠地要把张青推入阴曹，永世不得翻身。孙大圣看不过去，拔出毫毛，变成无数个灵猴与天兵天将激战。自己截住王母娘娘斗法。趁着纷乱，三姐黄霓甩袖往洞内一指，洞内现出一条暗河，她叫青霞带着张青快逃。可青霞知道如果自己走了，其他姐妹就要受罪，顾念姐妹之情，她也扯下耳环，变成一只小船，叫张青坐船赶紧逃生。张青舍不得青霞，不想走。情急之下，青霞把张青往船上一抛，说了声"来生再见"，小船便从暗河走了。王母娘娘盛怒之下，抛下翻天印，想把孙大圣定住，却只把孙大圣用毫毛变成的替身定住。孙大圣知道帮不了忙了，忙用障眼法，一个筋斗溜走了。王母娘娘连忙指挥天兵天将把七仙女绑回天庭。后来，翻天印就变成了"镇国玉玺"的景点。

再说，张青坐小船从暗河逃出去后，走了十几里才回到七仙洞，可洞内已人去洞空。他睹物思人，终日以泪洗面，把这一洞取名为七仙洞，每天到仙奶庙祭拜。也许是得到天上青霞的保佑，他一直活到100多岁才终老，于是七仙洞香火日盛。

龙头山

龙头山位于沙县高桥镇新桥北部，特别高大，整座山的形状犹如神话传说中的龙头。山上长满了粗大又古老的青松。关于这座山与山上的青松，还有一个动人的传说。

很久以前，新桥这个地方年年发生干旱、水涝、虫害等灾害，使这个地方的粮食连年歉收。农民生活愈过愈苦，可是地主依然强迫农民缴租，官府的苛捐杂税多如牛毛，逼得农民家破人亡。许多农民被迫背井离乡，四处流浪。有一天，天上来了条青龙，它看见此处灾害不断，粮食歉收，农民的生活穷困，便决意拯救穷苦乡亲——遇到天旱就下雨，逢水灾就把水吸掉。此后，新桥一带风调雨顺，各种农作物长势喜人，年年大丰收。因此，流落异乡的农民又纷纷回到了新桥，过上好日子，农民都非常感谢青龙。

好景不长，过了两三年，这件事就让新桥的大地主知道了。他十分怨恨这条青龙坏了他的"好事"，便准备派人把青龙杀掉。这事被农民发觉后，自发组织起来，保护青龙，双方展开一场大搏斗，打了几天几夜。最后，地主家的一个家丁趁青龙未防备之机，一刀把青龙的头砍下，青龙就这样被杀死了。大地主听说青龙已经死了，得意忘形，一不小心掉到河中，也淹死了。

后来，青龙的头变成了一座大山，为保护青龙而牺牲的农民则变成了山上那些古老高大、挺拔不屈的青松。从此，新桥一带的人民为了纪念勇敢的青龙，就把这座山叫作龙头山。

天子帽·天子墓

沙县湖源乡锦街村有一连串与"天子"有关的地名：天子帽、天子墓、鼓山、金钟斋，沿用至今不变。

据说很久以前，沙县湖源的一个小山村，住着一户人家，母子二人。母亲白日耕田，晚上织布，加上祖业殷实，所以生活无忧，称得上是小富人家。母慈子孝，一家子其乐融融。

母亲望子成龙，教子心切。特聘了一个学识渊博、德才兼备的先生作为家庭教师。先生夜以继日，孜孜不倦，认真执教。小孩聪明好学，过目不忘，练就一目十行的本领，一天能学会数十篇文章。不到一年的时间，四书五经全部铭记在心里，先生的满腹经纶全被掏空。先生惊叹道："真乃神童也，日后必是栋梁之才。"

先生走后，神童的一举一动令人不可思议，不是舞枪弄棍，就是剪纸人、纸马、纸刀枪。而且口出狂言，说要当皇帝。

数年之后。纸人纸马、纸刀枪装满了一谷仓。逢人便说，这是他的百万雄师。

当然，村民半信半疑，认为只是儿童戏言，但也有人认为他是天子下凡，必成大器。消息一传十，十传百，竟然传到京城，当朝皇帝一听，吓出一身冷汗，马上召集大臣商议。一大臣说："耳听为虚，眼见为实。"建议皇帝下旨，指派三位大臣，化装成商人模样，微服私访。

三位大臣领旨后，不敢怠慢，日夜兼程，快马加鞭。约一个月后便到达沙县县城。下马后走进县衙，向县令说明来意。

不日就赶到湖源这个小山村。他们在村口见一小孩睡在路边。一根木棍当枕头，两手伸开一字形，两脚张开八字形。身旁一把弯刀插在刀鞘上，组成"天子"二字。当然，三位大臣没有看出门道，只看到一个小孩睡在路边，没有异样，没太在意。

经过暗访才知道想当皇帝的就是这个小屁孩，只不过是个山野顽童，貌不出众，不足为奇。他的母亲是一个妇道人家，没有见过世面，更没将她当回事。三位大臣此刻如释重负，舒了一口长气。只是虚惊一场，次日返回京城，向皇帝复命。

再说神童备足纸人纸马纸刀枪后，选择良辰吉日（三月初四五更）刺杀皇帝。当时没有计时用具，只能依据公鸡叫的遍数来定时间，所以叮咛母亲不要入睡，要专心听鸡叫。

神童此刻心情既兴奋又紧张，迫不及待地等五更的到来。整晚问了十几遍是否到五更了。母亲被他一问再问，问蒙了，错把四更当成五更。此时神童即刻走向花台，用芦苇当弓、芦秆当箭向京城皇宫方向射去。有诗为证："眼明手快向京城，一箭射出惊鬼神。金銮宝座倒一边，皇帝早朝一身惊。忙找军师来询问，掐指一算脸色青。福建果然出天子，顽童戏言竟成真。"

皇帝惊魂未定，连忙调兵遣将，一路浩浩荡荡向湖源进发，大军夜以继日，马不停蹄，几十日后就到了湖源。

此刻，母亲大惊失色，吓得魂不附体。然而神童却胸有成竹，镇定如神，认为我有百万雄师，何以惧之。忙叫母亲打开谷仓大门，门一打开，里面纸人纸马陆续变作真人真马冲出来，母亲被吓得六神无主，急忙把锅里滚烫的猪饲料用水瓢盛装，泼向谷仓的纸人纸马，母亲此举坏了大事，因此变出来的兵马大多都是残兵残将。

双方交战，天昏地暗，横尸遍野，叫喊连天，惨不忍睹，令人心碎。神童的兵马全军覆没，京城官兵死伤无数。最后神童以失败告终，自己战死，母亲气死，他的尸首最后由一个远房亲戚（大田广平镇元沙人）把他安葬在天子帽山脚下，后人都称此墓地为天子墓。

京城大军凯旋，班师回京。皇帝心有余悸，为防死灰复燃，军师出谋献策，叫皇帝把地图打开，在湖源土名叫天子帽的山头用朱笔一挥，顷刻天子帽马上崩塌。千余年来，此处寸草不长。

沙县地名拾趣

报个数

一字山（今三官堂东路）、二八曲（性天峰）、三官堂、四（西）山岭。五龙顶（湖源圳头南）、六坪村（高砂小洋）、七仙洞、八十桌（虬江）、九（旧）院头（古县）、十（市）头街（府南东路）、百桌洋（虬江）、千年山（富口）、万山坑（虬溪）。

走四方

东周（南霞）、南阳、西郊、北坑（郑湖）、中村（青州）、前峡（凤岗）、后垅（夏茂）。

论五行

金陵口（富口）、木科（南阳）、水美（凤岗）、火烧桥（虬江）、土堡（高砂）。

以色列

赤岭（高桥）、白溪（富口）、朱坑（郑湖）、黄地（富口）、乌藤坑、青州。

动物园

牛栏墘（夏茂）、马铺（青州）、鸭姆道（虬江）、鸡公楼（郑湖）、老虎窠（南霞）、龙山岭（虬江）、凤坡洋（南霞）、狐狸姆桥（南霞）、猫儿窠（夏茂）、猪仓（大洛）、渔珠（高砂）。

植物园

竹山、木科（南阳）、杉口、桂口（高桥）、梨树、李窠（夏茂）、茶坪、松林（南霞）、桦溪、蕉坑岭（凤岗）、樟墩、椒畔、桔山（高砂）、葛坪（郑湖）、林村、荷山（富口）、麦元（虬江）。

百家姓

江路、罗布、郑坑、肖墩、谭厝（虬江）、乐厝、李厝、俞邦（夏茂）、池村、姜后（富口）、潘坑、蒋坡、周坑、卓坑（南霞）、邓坑（高砂）、张家湾、何尾（凤岗）、官旱（大洛）、朱坑（青州）。

沙县地名谜语

谜面	谜目	谜底	属地
西岳出芙蓉	小区二	华山、莲花	凤岗街道
日出日落在何方	小区二	东山、西山	
沙源地	地名	古县	
叶展新姿云遮月	地名		
欲把西湖比西子	地名	水美	
十里平流如画图	地名		
多面手	地名	万能	
西岳自古一条路	地名	华山	
一人入川泪纵横	地名	大洲	
而立之年方得千金	地名	三姑	
有求必应数第一	地名	灵元	
战争无休止	地名	长角	
夕阳红	地名	西霞	凤岗街道（西霞）
虎背熊腰个头粗	地名	大墩	
阳光道，独木桥	地名二	大路、小路	
北方歉收	地名	南丰	
西湖垂钓虹相伴	地名	虬江	虬江街道
扬帆垂钓鸿鸟飞	地名		
太史溪清澈见游鱼	地名二	虬江（水美）	
促其领导澄是非	地名	墩头	
衣料大展销	地名	罗布	
木槿花香飘山冈	地名	桂岩	
宋代词人字子瞻	地名	东坡	

谜面	谜目	谜底	属地
我家在蟾宫	地名二	余厝（月邦）	虬江街道
永恒的太阳	地名	长江	
外资企业	地名	洋坊	
铜元	地名	金泉	
春水是主要来源	地名	柱源	
诵读流畅	地名	琅口	
三江汇合处	地名	大水湾	
四山环抱落日中	地名	田口	
擒贼先擒王	地名	镇头	
南音一曲留园中	地名	曹元	
一曲日出远行舟	地名		
春尽叶盛树成荫	地名	夏茂	夏茂镇
圭	地名	中街	
喜临门	地名	乐厝	
外币	地名	洋元	
西方首脑会	地名		
西方国家	地名	洋邦	
常青树成荫	地名	松林	
旧房子	地名	陈厝	
结灯扎彩，喜气盈门	地名二	乐厝（大布）	
百年富足	地名	长阜	
老通书	地名	黄历	
东方之子祠堂地	地名	李厝	
秀才金榜夺魁	地名	儒元	
赏石	地名	岩观	
在水一方	地名	溪口	
九霄之上广寒宫	地名	月邦	夏茂镇（梨树）
世界和平无尽头	地名	长安	
敲土块，深挖块	地名	松地	
水磨坊	地名	车碓	
孟德天下	地名	曹邦	
喜鹊搭渡银河上	地名	高桥	高桥镇
军烈属之家	地名	朱厝	
广西采山石	地名	桂岩	
房地产热	地名	兴楼	

沙村凤林

SHACUN FENGLIN

谜面	谜目	谜底	属地
考取第一名	地名	甲中	高桥镇
当期文武住公邸	地名	官庄	
一直求上进，是非也清楚	地名	正地	
四方太平	地名	安田	
红叶满香山	地名	赤岭	
人丁兴旺	地名	富口	富口镇
吃尽山珍海味	地名		
负太行、王屋	地名	荷山	
上岗有负担	地名		
夫差封土	地名	吴地	
南京人	地名	金陵口	
西方消费有陷阱	地名	洋花坑	
岭前进入即有水	地名	山氽	
清水流，流到川	地名	青州	青州镇
绿色垂柳蝉满枝	地名	青州	
山顶深处有人家	地名	白云村	
红河水	地名	朱源	
既往要究	地名	管前	
李纲被贬到闽中	地名	官蟹	高砂镇
津口	地名	渡头	
高面值	地名	大元	
海纳百川	地名	罗溪	
疑是银河落九天	地名	高溪	
华夏之母	地名	龙慈	
碧绿潺潺山涧水	地名	玉溪	
中国昆仑	地名	玉山	
中国国际	地名	玉口	
木	地名二	桥头、椒畔	
黄河	地名	龙江	
鲜花之乡	地名	华村	南阳乡
作曲家	地名	乐盾	
天下是非从嘴出	地名	大基口	
个个登上峰顶	地名	竹山	
楼头暗香伴星宿	地名	木科	
欢度本命年	地名	庆洋（羊）	郑湖乡

谜面	谜目	谜底	属地
拒绝诈骗	地名	杜坑	郑湖乡
层层梯田在何处	地名二	岭头、高地	
繁荣闹市	地名	锦街	湖源乡
十里长安花烂漫	地名	锦街	
洞庭水面荷花艳	地名	锦湖	
夕阳映山庄	地名	霞村	南霞乡
蛇鼠别称有特点	地名	长尾	
山中之王栖息地	地名	老虎窠	
敦煌石窟	地名	菩萨山	
银圆、辅币	地名二	大洋、小洋	
仕途亨通	地名	官昌	大洛镇
向日葵白天转	地名	朝阳	
欣欣此生意	地名	昌荣	
三寸不烂之舌	地名	华口	
旭日	地名二	朝阳（西霞）	
岸上有旗指示	地名	山际	
横看成岭侧成峰	地名	张山	

景点、路名、山名、巷名、站名谜语

谜面	谜目	谜底
三朵四朵层层绿	景点	七峰叠翠
五千米水路无波浪	景点	十里平流
山冈遍是常青树	景点	松柏岩
县老爷受膜拜	景点	城隍庙
虬城曲苑	景点	沙阳乐园
连摸三个白板	景点	淘金山
岸上种遍梧桐树	山名	凤凰山
观音宝座现南岳	山名	莲花山
宝岛阿里一日游	山名	天台山
御书	山名	龙笔山
首领先出	山名	岭（领）头山
天下西岳	山名	大华山
老鹰戏曲水	山名	鹞婆湾（山）

沙村凤林

SHACUN FENGLIN

谜面	谜目	谜底
君临天都	山名	天子峰
旭日喜微	山峰名	朝阳峰
假暴露	山峰名	真隐峰
又红以绝	山峰名	妙高峰
梁溪先生道	路名	李纲路
祭祀孔圣人设斋堂	路名	文庙路
经久不衰	路名二	长兴路、长盛路
张贴圣旨	路名	皇榜路
火腿之都	路名	金华路
好日子	路名	嘉辰（路）
景阳冈	路名	虎山路
尊尧舜，法贤人孔夫子	巷名	师古巷
经史子集，法如烟海	巷名	文昌巷
豫章先生胡同	巷名	罗家巷
港水弯弯流	巷名	曲巷
日光下彻，影布石上	巷名	清水巷
抵押店面	巷名	当铺巷
先生一直一个样	巷名	牛栏巷
鸾鸯于飞	古坊名	凤翥
郁郁葱葱绿欲滴	古阁名	凝翠
冠盖如云	水库名	官昌
大虫过隙	电站名	虎跳
信女聚庙宇	寺庙名	斋婆寺